企业高级法律顾问实务操作系列

职务犯罪案件
实务操作与案例精解

韩　骁 / 著

ZHIWU FANZUI ANJIAN
SHIWU CAOZUO YU ANLI JINGJIE

中国法制出版社
CHINA LEGAL PUBLISHING HOUSE

前言

职务犯罪是指国家机关、国有公司、企业、事业单位、人民团体工作人员利用已有职权，贪污、贿赂、徇私舞弊、滥用职权、玩忽职守，侵犯公民人身权利、民主权利，破坏国家对公务活动的规章规范，依照刑法应当予以刑事处罚的犯罪。[①]

职务犯罪的主体往往掌握一定的权力，他们借工作之便实施犯罪，具有很强的隐蔽性，很多时候都披着合法的外衣，不易被发现，且易得逞，对国家、社会和人民具有很大的危害性。职务犯罪不仅破坏了社会风气，更污染了党和国家的清正廉洁之风，寒了人民群众的心。职务犯罪毒害无穷，后患亦无穷，预防和打击职务犯罪，是我们党和国家一直以来关注的焦点。

对于广大国家工作人员来讲，要牢固树立为民意识，加强党风廉政建设，要从内心把实现好、维护好、发展好最广大人民群众的根本利益作为各项工作的出发点和最终归属，切实预防职务犯罪，坚决把一切违法犯罪行为的苗头消灭于萌芽状态。我们要站在人民群众的角度，要始终以群众答应不答应、高兴不高兴、满意不满意为出发点和落脚点，以人民为中心，为人民服务。同时，我们还要加强对法律的学习，特别是对刑法中关于各种职务犯罪知识的学习，认识并远离职务犯罪。

---

① 此概念来源于最高人民检察院官网，https：//www.spp.gov.cn/ztk/2014/qjy/zs/201410/t20141031_82979.shtml。

当然，预防职务犯罪，不仅需要国家工作人员从自身方面努力，更需要广大人民群众的大力监督。近年来，职务行为透明度日益加强，这为人民群众进行监督提供了极大的便利。对于人民群众来讲，认识和理解职务犯罪，有助于监督工作的深度进行。

在此，为了方便大家认识和预防职务犯罪，我们特别编写了《职务犯罪案件实务操作与案例精解》。本书基本囊括了所有职务犯罪罪名，从概念、犯罪构成、刑事责任等方面对各个罪名进行了分析阐述，辅以案例分析的方式，以案说法，娓娓道来，并对相关人员提出诤言挚语，以期达到预防犯罪之目的。

由于编写人员水平有限，书中难免有不妥之处，欢迎大家批评指正。

本书编委会

2022 年 6 月

目录

第一章

贪污型犯罪

1. 贪污罪

贪污罪是指国家工作人员利用职务上的便利，侵吞、窃取、骗取或者以其他手段非法占有公共财物的行为。其中“利用职务上的便利”，是指行为人利用自己或与自己有隶属、制约关系的其他国家工作人员对公共财物的主管、管理、经营、经手的权力及方便条件。

贪污罪的主体是特殊主体，即国家工作人员。值得注意的是，国家工作人员除了包括在国家机关中从事公务的人员，即在各级国家权力机关、行政机关、司法机关和军事机关中行使一定职权、履行一定职务的人员；还包括在国有公司、企业、事业单位、人民团体中从事公务的人员和国家机关、国有公司、企业、事业单位委派到非国有公司、企业、事业单位、社会团体从事公务的人员，以及其他依照法律从事公务的人员。

贪污罪在主观方面表现为故意，即行为人明知自己利用职务便利实施的非法占有公共财物的行为会侵害职务行为的廉洁性和公共财物的所有权。此外，还要求行为人主观上有“非法占有目的”，即行为人在非法获取公共财物时就已经具有不归还的意思。

贪污罪侵犯的客体是国家工作人员职务行为的廉洁性、不可收买性和公共财物的所有权。作为国家工作人员，要俭以养德、廉以立身，合法合理地领取薪酬，不能利用自己职务的便利非法占有公共财物。

贪污罪在客观方面要求行为人利用职务上的便利实施了侵吞、窃取、骗取或者以其他手段非法占有公共财物的行为。结合司法实践来看，非法占有行为主要有以下几种类型：

（1）“侵吞型”。行为人利用职务上的便利，直接扣留自己依法主管、管理、经营或经手的公共财物，或者对于应当上交、支付、入账的公共财物而不上交、不支付、不入账，转化为自己或者第三人非法占有。

（2）“窃取型”。行为人利用职务上的便利，通过秘密窃取等方式非法占有自己与他人共同管理、经营的公共财物。

（3）“骗取型”。行为人利用职务上的便利，借助虚构事实、隐瞒真相的欺骗手段，使得对公共财物享有处分权的受骗人产生认识错误，从而将公共财物处分给行为人或者第三人非法所有。

（4）其他类型。结合《刑法》和相关司法解释的规定，主要包括：①在国内公务活动或者对外交往中接受礼物，依照国家规定应当交公而不交公；②国有保险公司工作人员和国有保险公司委派到非国有保险公司从事公务的人员，利用职务上的便利，故意编造未曾发生的保险事故进行虚假理赔，骗取保险金归自己所有；③携带挪用的公款潜逃；④操纵交易价格、将个人损失转嫁给单位；⑤在国家出资企业改制过程中故意通过低估资产、隐瞒债权、虚设债务、虚构产权交易等方式隐匿公司、企业财产，转为本人持有股份的改制后公司、企业所有。

除了上述四个条件，贪污罪的成立还要求非法占有的公共财物数额达到《刑法》规定的标准或者贪污行为存在其他较重情节。如果行为人贪污的数额较小，达不到规定的数额标准，或者情节显著轻微的，则不能构成贪污罪，只能作为一般违法行为进行处理。

根据《刑法》的规定，对犯贪污罪的，根据情节轻重，分别依照下列规定处罚：

（1）贪污数额较大或者有其他较重情节的，处三年以下有期徒刑或者拘役，并处罚金。

（2）贪污数额巨大或者有其他严重情节的，处三年以上十年以下有期徒刑，并处罚金或者没收财产。

（3）贪污数额特别巨大或者有其他特别严重情节的，处十年以上有期徒刑或者无期徒刑，并处罚金或者没收财产；数额特别巨大，并使国家和人民利益遭受特别重大损失的，处无期徒刑或者死刑，并处没收财产。

犯贪污罪，在提起公诉前如实供述自己罪行、真诚悔罪、积极退赃，避免、减少损害结果的发生，有上面第一项规定情形的，可以从轻、减轻或者免除处罚；有上面第二项、第三项规定情形的，可以从轻处罚。此外，有上面第三项规定情形被判处死刑缓期执行的，人民法院根据犯罪情节等情况可以同时决定在其死刑缓期执行二年期满依法减为无期徒刑后，终身监禁，不得减刑、假释。对于多次贪污未经处理的，按照累计的贪污数额定罪处罚。

案例：村民小组长在征地拆迁安置工作中非法占有公共财物，是否构成贪污罪？

何某是D县Y镇满玉村三组的组长。因为Y镇镇政府在受到县政府委托实施D县Y镇满玉村三组的征地拆迁安置工作后，指定该镇城乡建设管理办公室具体组织实施，并要求D县Y镇满玉村的村干部配合做好拆迁政策的宣传、解释、协调工作，以及被拆迁房屋的核实、丈量、附属物指认等工作。满玉村三组组长何某在从事协助工作中，为没有拆迁资格的赵某、汤某、夏某、唐某4人伪造户口及拆迁房屋等资料，为不符合拆迁安置条件的4户农户分别申请了一套拆迁安置房。之后，何某还代签了赵某、汤某、夏某、唐某4户的农房拆迁协议，并领取了拆迁搬家费、过渡费48640元，据为己有。村民小组长何某在征地拆迁安置工作中非法占有公共财物，是否构成贪污罪？

律师解析

在贪污罪的认定中，行为人是否具备国家工作人员的身份，会直接影响到犯罪的成立，所以本案是否构成犯罪，其关键点是村民组长能否认定为国家工作人员。村民小组属于村基层组织，会在一定情形下协助人民政府从事其他行政管理工作，而这种协助从事具体的行政管理事务实际上就是在依法从事公务，因此，村民小组长应当属于“其他依照法律从事公务的人员”的范围，以国家工作人员论，能够成为贪污罪的主体。但如果其从事的仅是集体经济组织中的事务，由于村民自治范围内的村、组集体事务不属于公务的范畴，就不能以国家工作人员论。因此，在上面的案例中，何某作为D县Y镇满玉村三组的组长，在协助D县Y镇满玉村三组的征地拆迁安置工作中，利用自己协助政府从事管理工作的便利，通过虚构事实和提供虚假材料的方式非法占有公共财物，已经构成了贪污罪。

诤言挚语

习近平总书记指出，“党风廉政建设和反腐败斗争，是党的建设的重大任务”。[①] 自党风廉政建设和各项反腐败斗争工作开展以来，我们始终保持着对腐败零容忍的态度，发现一起、处理一起，绝不姑息养奸，实现了通过严惩腐败、渎职行为倒逼国家机关工作人员奉公守法、尽职尽责的目的。与此同时，为了巩固反腐败斗争胜利的成果，从根本上、源头上消除腐败现象，实现国家繁荣发展、百姓安居乐业，国家工作人员要坚守清正廉洁的信仰、谨记为人民服务的职责，不断提高拒腐防变和抵御风险能力，增强自我净化、自我完善、自我革新、自我提高能力，筑牢廉政基石。

相关法条

《中华人民共和国刑法》

第三百八十二条　国家工作人员利用职务上的便利，侵吞、窃取、骗取或者以其他手段非法占有公共财物的，是贪污罪。

受国家机关、国有公司、企业、事业单位、人民团体委托管理、经营国有财产的人员，利用职务上的便利，侵吞、窃取、骗取或者以其他手段非法占有国有财物的，以贪污论。

---

① 习近平总书记在第十八届中央纪律检查委员会第二次全体会议上的讲话。

与前两款所列人员勾结，伙同贪污的，以共犯论处。

第三百八十三条 对犯贪污罪的，根据情节轻重，分别依照下列规定处罚：

（一）贪污数额较大或者有其他较重情节的，处三年以下有期徒刑或者拘役，并处罚金。

（二）贪污数额巨大或者有其他严重情节的，处三年以上十年以下有期徒刑，并处罚金或者没收财产。

（三）贪污数额特别巨大或者有其他特别严重情节的，处十年以上有期徒刑或者无期徒刑，并处罚金或者没收财产；数额特别巨大，并使国家和人民利益遭受特别重大损失的，处无期徒刑或者死刑，并处没收财产。

对多次贪污未经处理的，按照累计贪污数额处罚。

犯第一款罪，在提起公诉前如实供述自己罪行、真诚悔罪、积极退赃，避免、减少损害结果的发生，有第一项规定情形的，可以从轻、减轻或者免除处罚；有第二项、第三项规定情形的，可以从轻处罚。

犯第一款罪，有第三项规定情形被判处死刑缓期执行的，人民法院根据犯罪情节等情况可以同时决定在其死刑缓期执行二年期满依法减为无期徒刑后，终身监禁，不得减刑、假释。

第三百九十四条 国家工作人员在国内公务活动或者对外交往中接受礼物，依照国家规定应当交公而不交公，数额较大的，依照本法第三百八十二条、第三百八十三条的规定定罪处罚。

《最高人民法院、最高人民检察院关于办理贪污贿赂刑事案件适用法律若干问题的解释》

第一条第一款、第二款 贪污或者受贿数额在三万元以上不满二十万元的，应当认定为刑法第三百八十三条第一款规定的“数额较大”，依法判处三年以下有期徒刑或者拘役，并处罚金。

贪污数额在一万元以上不满三万元，具有下列情形之一的，应当认定为刑法第三百八十三条第一款规定的“其他较重情节”，依法判处三年以下有期徒刑或者拘役，并处罚金：

（一）贪污救灾、抢险、防汛、优抚、扶贫、移民、救济、防疫、社会捐助等特定款物的；

（二）曾因贪污、受贿、挪用公款受过党纪、行政处分的；

（三）曾因故意犯罪受过刑事追究的；

（四）赃款赃物用于非法活动的；

（五）拒不交代赃款赃物去向或者拒不配合追缴工作，致使无法追缴的；

（六）造成恶劣影响或者其他严重后果的。

第二条 贪污或者受贿数额在二十万元以上不满三百万元的，应当认定为刑法第三百八十三条第一款规定的“数额巨大”，依法判处三年以上十年以下有期徒刑，并处罚金或者没收财产。

贪污数额在十万元以上不满二十万元，具有本解释第一条第二款规定的情形之一的，应当认定为刑法第三百八十三条第一款规定的“其他严重情节”，依法判处三年以上十年以下有期徒刑，并处罚金或者没收财产。

受贿数额在十万元以上不满二十万元，具有本解释第一条第三款规定的情形之一的，应当认定为刑法第三百八十三条第一款规定的“其他严重情节”，依法判处三年以上十年以下有期徒刑，并处罚金或者没收财产。

第三条 贪污或者受贿数额在三百万元以上的，应当认定为刑法第三百八十三条第一款规定的“数额特别巨大”，依法判处十年以上有期徒刑、无期徒刑或者死刑，并处罚金或者没收财产。

贪污数额在一百五十万元以上不满三百万元，具有本解释第一条第二款规定的情形之一的，应当认定为刑法第三百八十三条第一款规定的“其他特别严重情节”，依法判处十年以上有期徒刑、无期徒刑或者死刑，并处罚金或者没收财产。

受贿数额在一百五十万元以上不满三百万元，具有本解释第一条第三款规定的情形之一的，应当认定为刑法第三百八十三条第一款规定的“其他特别严重情节”，依法判处十年以上有期徒刑、无期徒刑或者死刑，并处罚金或者没收财产。

第四条　贪污、受贿数额特别巨大，犯罪情节特别严重、社会影响特别恶劣、给国家和人民利益造成特别重大损失的，可以判处死刑。

符合前款规定的情形，但具有自首，立功，如实供述自己罪行、真诚悔罪、积极退赃，或者避免、减少损害结果的发生等情节，不是必须立即执行的，可以判处死刑缓期二年执行。

符合第一款规定情形的，根据犯罪情节等情况可以判处死刑缓期二年执行，同时裁判决定在其死刑缓期执行二年期满依法减为无期徒刑后，终身监禁，不得减刑、假释。

《全国人民代表大会常务委员会关于〈中华人民共和国刑法〉第九十三条第二款的解释》

全国人民代表大会常务委员会讨论了村民委员会等村基层组织人员在从事哪些工作时属于刑法第九十三条第二款规定的“其他依照法律从事公务的人员”，解释如下：

村民委员会等村基层组织人员协助人民政府从事下列行政管理工作，属于刑法第九十三条第二款规定的“其他依照法律从事公务的人员”：

（一）救灾、抢险、防汛、优抚、扶贫、移民、救济款物的管理；

（二）社会捐助公益事业款物的管理；

（三）国有土地的经营和管理；

（四）土地征收、征用补偿费用的管理；

（五）代征、代缴税款；

（六）有关计划生育、户籍、征兵工作；

（七）协助人民政府从事的其他行政管理工作。

村民委员会等村基层组织人员从事前款规定的公务，利用职务上的便利，非法占有公共财物、挪用公款、索取他人财物或者非法收受他人财物，构成犯

罪的，适用刑法第三百八十二条和第三百八十三条贪污罪、第三百八十四条挪用公款罪、第三百八十五条和第三百八十六条受贿罪的规定。

2. 挪用公款罪

挪用公款罪是指国家工作人员利用职务上的便利，挪用公款归个人使用、进行非法活动的，或者挪用公款数额较大、进行盈利活动的，或者挪用公款数额较大、超过三个月未还的行为。

挪用公款罪的主体是特殊主体，即国家工作人员，构成挪用公款罪的国家工作人员包括：在国家机关中从事公务的国家工作人员；在国有公司、企事业单位和人民团体中从事公务的人员；受国有单位委派到非国有单位中从事公务的人员；其他依照法律从事公务的人员。

挪用公款罪在主观方面是直接故意，即行为人明知是公共财产而故意利用职务上的便利将其挪作他用，犯罪的主要目的是非法取得公共财产的使用权。

挪用公款罪侵犯的客体，主要是公共财产的所有权，同时也侵犯了国家的经济管理制度，损害了国家机关的权威性。

挪用公款罪在客观方面表现为三种情形：一是挪用公款归个人使用，数额较大、超过三个月未还的；二是挪用公款数额较大，归个人进行营利活动，不受挪用时间和是否归还的限制；三是挪用公款归个人使用，进行赌博、走私等非法活动，不受“数额较大”和挪用时间的限制。

挪用公款罪中的挪用公款“归个人使用”包括以下三种情形：一是将公款提供给本人、亲友或者其他自然人使用。无论是本人、亲友还是其他自然人，相对于单位来说都属于个人的范畴。二是以个人名义将公款供其他单位使用，这里主要强调“以个人名义”。三是个人决定以单位名义将公款供其他单位使用，以谋取个人利益。个人打着单位的旗号用公款谋取私利，若是经“集体讨论决定”将公款供其他单位使用，并不是“以个人名义”，也就不构成挪用公款罪。

根据《刑法》第三百八十四条的规定，犯挪用公款罪的，处五年以下有期徒刑或者拘役；情节严重的，处五年以上有期徒刑。挪用公款数额巨大不退还的，处十年以上有期徒刑或者无期徒刑。如果挪用用于救灾、抢险、防汛、优抚、扶贫、移民、救济款物归个人使用的，从重处罚。

案例：挪用征地补偿款赌博，构成挪用公款罪吗？

赵某曾担任某镇镇长。2018 年 8 月至 2019 年 12 月，赵某在组织安排某镇征地工作期间，面对 500 万元的征地补偿款，心生贪念，利用其代管征地补偿款的职务便利，将本应分发给村民的 500 万元征地补偿款私自挪用了 200 万元，用于购买某博彩。赵某原本打算只是暂时使用这 200 万元，等中了奖就把这亏空给补上。但是赵某最终血本无归，无法填补其挪用的 200 万元。后此事被村民举报。本案中赵某是否构成挪用公款罪？

律师解析

本案中，赵某私自挪用征地补偿款进行赌博，构成挪用公款罪。赵某作为镇长，利用职务上的便利，将本应分发给村民的征地补偿款用于购买博彩，这属于《刑法》第三百八十四条规定的国家工作人员利用职务上的便利，挪用公款进行非法活动，挪用资金的大小不作为定罪的标准，但作为量刑的标准。赵某挪用 200 万元征地补偿款，属于情节严重的情形，应从重处罚。

挪用公款罪与贪污罪存在很多相似之处，但本案中赵某构成挪用公款罪，不构成贪污罪，因为赵某挪用公款是非法占用公款，想着赚钱后归还，目的在于非法获得对公款的使用权，没有据为己有的意图，而贪污罪是非法占有公共财物，目的在于非法获得公共财物的所有权，即想要永远地占有公共财物。

诤言挚语

作为一名国家工作人员，心里想着的应该是老百姓，作为人民的“公仆”，应该为人民办实事。人民赋予国家工作人员权力，并不是让其借职务之便，以权谋私，损害人民的利益。泱泱中华，需要国家工作人员牢记使命，不忘初心，与人民携手共赴小康，实现中华民族伟大复兴的中国梦。

相关法条

《中华人民共和国刑法》

第三百八十四条 国家工作人员利用职务上的便利，挪用公款归个人使用，进行非法活动的，或者挪用公款数额较大、进行营利活动的，或者挪用公款数额较大、超过三个月未还的，是挪用公款罪，处五年以下有期徒刑或者拘役；情节严重的，处五年以上有期徒刑。挪用公款数额巨大不退还的，处十年以上有期徒刑或者无期徒刑。

挪用用于救灾、抢险、防汛、优抚、扶贫、移民、救济款物归个人使用的，从重处罚。

《全国人民代表大会常务委员会关于〈中华人民共和国刑法〉第三百八十四条第一款的解释》

全国人民代表大会常务委员会讨论了刑法第三百八十四条第一款规定的国家工作人员利用职务上的便利，挪用公款“归个人使用”的含义问题，解释如下：

有下列情形之一的，属于挪用公款“归个人使用”：

（一）将公款供本人、亲友或者其他自然人使用的；

（二）以个人名义将公款供其他单位使用的；

（三）个人决定以单位名义将公款供其他单位使用，谋取个人利益的。

《最高人民法院、最高人民检察院关于办理贪污贿赂刑事案件适用法律若干问题的解释》

第五条　挪用公款归个人使用，进行非法活动，数额在三万元以上的，应当依照刑法第三百八十四条的规定以挪用公款罪追究刑事责任；数额在三百万元以上的，应当认定为刑法第三百八十四条第一款规定的“数额巨大”。具有下列情形之一的，应当认定为刑法第三百八十四条第一款规定的“情节严重”：

（一）挪用公款数额在一百万元以上的；

（二）挪用救灾、抢险、防汛、优抚、扶贫、移民、救济特定款物，数额在五十万元以上不满一百万元的；

（三）挪用公款不退还，数额在五十万元以上不满一百万元的；

（四）其他严重的情节。

第六条　挪用公款归个人使用，进行营利活动或者超过三个月未还，数额在五万元以上的，应当认定为刑法第三百八十四条第一款规定的“数额较大”；数额在五百万元以上的，应当认定为刑法第三百八十四条第一款规定的“数额巨大”。具有下列情形之一的，应当认定为刑法第三百八十四条第一款规定的“情节严重”：

（一）挪用公款数额在二百万元以上的；

（二）挪用救灾、抢险、防汛、优抚、扶贫、移民、救济特定款物，数额在一百万元以上不满二百万元的；

（三）挪用公款不退还，数额在一百万元以上不满二百万元的；

（四）其他严重的情节。

《最高人民法院关于挪用公款犯罪如何计算追诉期限问题的批复》

……

根据刑法第八十九条、第三百八十四条的规定，挪用公款归个人使用，进行非法活动的，或者挪用公款数额较大、进行营利活动的，犯罪的追诉期限从挪用行为实施完毕之日起计算；挪用公款数额较大、超过三个月未还的，犯罪的追诉期限从挪用公款罪成立之日起计算。挪用公款行为有连续状态的，犯罪的追诉期限应当从最后一次挪用行为实施完毕之日或者犯罪成立之日起计算。

《最高人民法院关于审理挪用公款案件具体应用法律若干问题的解释》

第一条 刑法第三百八十四条规定的“挪用公款归个人使用”，包括挪用者本人使用或者给他人使用。

挪用公款给私有公司、私有企业使用的，属于挪用公款归个人使用。

第二条 对挪用公款罪，应区分三种不同情况予以认定：

（一）挪用公款归个人使用，数额较大、超过三个月未还的，构成挪用公款罪。

挪用正在生息或者需要支付利息的公款归个人使用，数额较大，超过三个月但在案发前全部归还本金的，可以从轻处罚或者免除处罚。给国家、集体造成的利息损失应予追缴。挪用公款数额巨大，超过三个月，案发前全部归还的，可以酌情从轻处罚。

（二）挪用公款数额较大，归个人进行营利活动的，构成挪用公款罪，不受挪用时间和是否归还的限制。在案发前部分或者全部归还本息的，可以从轻处罚；情节轻微的，可以免除处罚。

挪用公款存入银行、用于集资、购买股票、国债等，属于挪用公款进行营利活动。所获取的利息、收益等违法所得，应当追缴，但不计入挪用公款的数额。

（三）挪用公款归个人使用，进行赌博、走私等非法活动的，构成挪用公款罪，不受“数额较大”和挪用时间的限制。

挪用公款给他人使用，不知道使用人用公款进行营利活动或者用于非法活动，数额较大、超过三个月未还的，构成挪用公款罪；明知使用人用于营利活动或者非法活动的，应当认定为挪用人挪用公款进行营利活动或者非法活动。

第三条 挪用公款归个人使用，“数额较大、进行营利活动的”，或者

“数额较大、超过三个月未还的”，以挪用公款一万元至三万元为“数额较大”的起点，以挪用公款十五万元至二十万元为“数额巨大”的起点。挪用公款“情节严重”，是指挪用公款数额巨大，或者数额虽未达到巨大，但挪用公款手段恶劣；多次挪用公款；因挪用公款严重影响生产、经营，造成严重损失等情形。

“挪用公款归个人使用，进行非法活动的”，以挪用公款五千元至一万元为追究刑事责任的数额起点。挪用公款五万元至十万元以上的，属于挪用公款归个人使用，进行非法活动“情节严重”的情形之一。挪用公款归个人使用，进行非法活动，情节严重的其他情形，按照本条第一款的规定执行。

各高级人民法院可以根据本地实际情况，按照本解释规定的数额幅度，确定本地区执行的具体数额标准，并报最高人民法院备案。

挪用救灾、抢险、防汛、优抚、扶贫、移民、救济款物归个人使用的数额标准，参照挪用公款归个人使用进行非法活动的数额标准。

第四条　多次挪用公款不还，挪用公款数额累计计算；多次挪用公款，并以后次挪用的公款归还前次挪用的公款，挪用公款数额以案发时未还的实际数额认定。

第五条　“挪用公款数额巨大不退还的”，是指挪用公款数额巨大，因客观原因在一审宣判前不能退还的。

第六条　携带挪用的公款潜逃的，依照刑法第三百八十二条、第三百八十三条的规定定罪处罚。

第七条　因挪用公款索取、收受贿赂构成犯罪的，依照数罪并罚的规定处罚。

挪用公款进行非法活动构成其他犯罪的，依照数罪并罚的规定处罚。

第八条　挪用公款给他人使用，使用人与挪用人共谋，指使或者参与策划取得挪用款的，以挪用公款罪的共犯定罪处罚。

3. 私分国有资产罪

私分国有资产罪是指国家机关、国有公司、企业、事业单位、人民团体，违反国家规定，以单位名义将国有资产集体私分给个人，数额较大的行为。其中，“以单位名义”实施的行为是指经单位负责人决定或者单位决策机构集体研究决定后实施的私分国有资产的行为。根据《最高人民检察院关于人民检察院直接受理立案侦查案件立案标准的规定（试行）》的规定，“国有资产”是指国家依法取得和认定的，或者国家以各种形式对企业投资和投资收益、国家向行政事业单位拨款等形成的资产。

私分国有资产罪的主体是特殊主体，即国家机关、国有公司、企业、事业单位、人民团体。该罪是单位犯罪，但处罚时追究责任的主体是直接负责的主管人员和其他直接责任人员。其中，直接负责的主管人员是指在该犯罪活动中有主要决策责任的国有单位负责人或其他领导人员，具体包括：第一类，直接作出私分决定的单位负责人；第二类，直接作出私分决定的单位分管领导；第三类，参与集体研究并同意研究决定的领导；第四类，具体指挥私分行为的领导。其他直接责任人员是指除直接负责的主管人员外，其他对该类犯罪行为负有责任的人员，也就是单位犯罪行为的直接实施或协助实施者，包括提出私分建议并具体策划私分行为的人员，以及具体组织实施私分行为的人员。

私分国有资产罪在主观方面表现为故意，即行为人明知是国有资产而以单位名义私分给个人。

私分国有资产罪侵犯的客体是国有资产的管理制度和国有资产的所有权。

私分国有资产罪在客观方面表现为国家机关、国有公司、企业、事业单位、人民团体，违反国家规定，通过单位负责人决定或者单位决策机构集体研究决定，以单位名义将国有资产集体私分给个人，数额较大的行为。

根据《刑法》的规定，对犯私分国有资产罪的单位，数额较大的，对其直接负责的主管人员和其他直接责任人员，处三年以下有期徒刑或者拘役，并处或者单处罚金；数额巨大的，处三年以上七年以下有期徒刑，并处罚金。

案例：单位的分支机构或内设部门能否成为私分国有资产罪的主体？

李某是某国有公司内设部门网络中心的主管人员，全权负责该部门的所有事宜。由于疫情来袭，该部门上半年的绩效很不好，公司员工也深受打击。因此，为了鼓舞士气，李某决定将政府为支持创新而对该公司投资的50万元，以单位的名义下发给公司所有员工。那么，在本案中，李某以国有公司下设部门的名义实施的行为，是否构成私分国有资产罪？

律师解析

根据《刑法》的规定，私分国有资产罪是单位犯罪。单位犯罪包括以下含义：一是以单位名义实施犯罪行为，体现单位的意志；二是犯罪所得归单位所有。根据《全国法院审理金融犯罪案件工作座谈会纪要》的规定，以单位的分支机构或者内设机构、部门的名义实施犯罪，违法所得亦归分支机构或者内设机构、部门所有的，应认定为单位犯罪。不能因为单位的分支机构或者内设机构、部门没有可供执行罚金的财产，就不将其认定为单位犯罪，而按照个人犯罪处理。因此，根据上述规定，单位分支机构或内设部门实施的私分国有资产的行为，应以私分国有资产罪追究刑事责任。同时，对于单位犯罪，除了对单位判处罚金之外，应追究直接负责的主管人员和其他直接责任人员的责任。所以，在本案中，应该以私分国有资产罪追究李某的刑事责任。

诤言挚语

国有资产属于经济资源，能为国家提供经济和社会效益。私分国有资产的行为扰乱了国有资产的管理制度，侵犯了国有资产的所有权。因此，国家机关、国有公司、企业、事业单位应该严格按照国家规定使用国有资产，确保国有资产能发挥最大效用。私分国有资产罪属于单位犯罪，单位犯罪和个人犯罪一样都具有危害性，其造成的损害后果甚至大于个人犯罪，因为单位犯罪体现了单位的意志，凝聚了集体的共识。因此，对于私分国有资产的行为，要严厉打击，依法追究直接负责的主管人员和其他直接责任人员的刑事责任。

相关法条

《中华人民共和国刑法》

第三百九十六条第一款 国家机关、国有公司、企业、事业单位、人民团体，违反国家规定，以单位名义将国有资产集体私分给个人，数额较大的，对其直接负责的主管人员和其他直接责任人员，处三年以下有期徒刑或者拘役，并处或者单处罚金；数额巨大的，处三年以上七年以下有期徒刑，并处罚金。

《最高人民检察院关于人民检察院直接受理立案侦查案件立案标准的规定（试行）》[①]

一、贪污贿赂犯罪案件

（十一）私分国有资产案（第 396 条第 1 款）

……

① 2018 年《监察法》颁布施行后，公职人员涉嫌贪污贿赂、滥用职权、玩忽职守、权力寻租、利益输送、徇私舞弊以及浪费国家资财等职务违法和职务犯罪案件由监察机关依法调查，涉嫌职务犯罪的移送人民检察院审查起诉。根据 2018 年修正的《刑事诉讼法》，贪污贿赂犯罪、国家工作人员的渎职犯罪不再由检察机关立案侦查，但此前发布的《最高人民检察院关于人民检察院直接受理立案侦查案件立案标准的规定（试行）》《最高人民检察院关于渎职侵权犯罪案件立案标准的规定》《人民检察院直接受理立案侦查的渎职侵权重特大案件标准（试行）》等司法解释并未失效，仍有参考价值，本书列出供读者参考，下同。

涉嫌私分国有资产，累计数额在10万元以上的，应予立案。

《最高人民法院、最高人民检察院关于办理国家出资企业中职务犯罪案件具体应用法律若干问题的意见》

二、关于国有公司、企业在改制过程中隐匿公司、企业财产归职工集体持股的改制后公司、企业所有的行为的处理

国有公司、企业违反国家规定，在改制过程中隐匿公司、企业财产，转为职工集体持股的改制后公司、企业所有的，对其直接负责的主管人员和其他直接责任人员，依照刑法第三百九十六条第一款的规定，以私分国有资产罪定罪处罚。

……

4. 私分罚没财物罪

私分罚没财物罪是指司法机关、行政执法机关违反国家规定，将应当上缴国家的罚没财物，以单位名义集体私分给个人的行为。其中，“以单位名义集体私分的行为”是指经单位负责人决定或者单位决策机构集体研究决定后实施的私分罚没财物的行为。

私分罚没财物罪的主体是特殊主体，为司法机关、行政执法机关。其中，“司法机关”是指人民法院、人民检察院。“行政执法机关”是指公安局、税务局等。在追究刑事责任时，除了对单位判处罚金之外，其直接负责的主管人员和其他直接责任人员也应该负刑事责任。

私分罚没财物罪在主观方面表现为故意，即单位明知是应当上缴国家的罚没财物，仍然以单位名义集体私分给个人。

私分罚没财物罪侵犯的客体是国家对罚没财物的管理制度以及对罚没财物的所有权。

私分罚没财物罪在客观方面表现为司法机关、行政执法机关违反国家规

定，将应当上缴国家的罚没财物，以单位名义集体私分给个人的行为。其中，“罚没财物”包括：

（1）司法机关、行政执法机关追缴、没收的违法犯罪所得的赃款、赃物及其犯罪工具等；

（2）行政执法机关依据有关法律、法规，对公民、法人组织的行政罚款；

（3）法律、法规授权的机构依据有关法律、法规，对违背有关行政法律秩序的公民、法人组织的罚款。

根据《刑法》的规定，对犯实施私分罚没财物罪的单位，对其直接负责的主管人员和其他直接责任人员根据犯罪数额大小，分别依照下列规定处罚：

（1）数额较大的，处三年以下有期徒刑或者拘役，并处或者单处罚金；

（2）数额巨大的，处三年以上七年以下有期徒刑，并处罚金。

案例：将应上缴的罚没财物分给自己，其行为构成私分罚没财物罪吗？

某法院最近审理了一起重大的毒品案件，根据判决结果，要对犯罪分子实施违法犯罪所得的赃款进行没收。该法院执行庭庭长张某，由于前段时间投资失败，身负巨债，最近一直被追债。因此，张某将没收的100万元赃款通过职权上的便利，采取欺骗的手段，划到自己账户上。那么，在本案中，张某的行为构成私分罚没财物罪吗？

律师解析

私分罚没财物罪是指司法机关、行政执法机关违反国家规定，将应当上缴国家的罚没财物，以单位名义集体私分给个人的行为。该罪是单位犯罪，应体现单位意志。同时，行为人在主观上没有非法占有该财物的故意。在本案中，张某采取欺骗手段，将应当上缴国家的罚没财物，利用职权上的便利，进行非法占有，其行为符合贪污罪的构成要件。因此，将应上缴的罚没财物分给自己的，不构成私分罚没财物罪，而构成贪污罪。

净言挚语

司法机关、行政执法机关属于公权力机关，是国家机关系统中的重要组成部分。国家公权力机关应该依法行事，不能利用职务上的便利造成国家财产的流失、扰乱国家对财物的管理制度。国家工作人员是国家机关运行起来的主体，只有其严格要求自己，才能使得民众信服，从而树立起公权力的威信。因此，在实践中，公务人员应该按照法定程序严格执法，维护法律秩序。

相关法条

《中华人民共和国刑法》

第三百九十六条第二款 司法机关、行政执法机关违反国家规定，将应当上缴国家的罚没财物，以单位名义集体私分给个人的，依照前款的规定处罚。

《最高人民检察院关于人民检察院直接受理立案侦查案件立案标准的规定（试行）》

一、贪污贿赂犯罪案件

（十二）私分罚没财物案（第 396 条第 2 款）

……

涉嫌私分罚没财物，累计数额在 10 万元以上，应予立案。

第二章

贿赂型犯罪

5. 受贿罪

受贿罪是指国家工作人员利用职务上的便利，索取他人财物，或者非法收受他人财物，为他人谋取利益的犯罪行为。其中，“利用职务上的便利”是指利用本人职务范围内的权力，即自己职务上主管、负责或者承办某项公共事务的职权及其所形成的便利条件。

受贿罪的主体是国家工作人员，这里的“国家工作人员”包括两类主体：

（1）国家机关中从事公务的人员。

（2）国有公司、企业、事业单位、人民团体中从事公务的人员和国家机关、国有公司、企业、事业单位委派到非国有公司、企业、事业单位、社会团体从事公务的人员，以及其他依照法律从事公务的人员。

受贿罪在主观方面表现为故意，即行为人明知自己在利用职务上的便利而向他人索取财物，或非法收受财物，为他人谋取利益。

受贿罪侵犯的客体是国家机关工作人员的职务廉洁性。作为国家机关工作人员，其只能从国家领取薪酬，而不能利用自己职务上的便利非法收取财物。

受贿罪在客观方面表现为国家工作人员利用职务上的便利，索取他人财物，或者非法收受他人财物，为他人谋取利益。

受贿罪的行为方式主要有：

（1）索取贿赂。即国家工作人员利用职务上的便利，索取他人财物的行为。索取他人财物的，不论是否“为他人谋取利益”，均可构成受贿罪。

（2）收受贿赂。需要注意的是，非法收受他人财物的，必须同时具备“为他人谋取利益”的条件，才能构成受贿罪。但是为他人谋取的利益是否正当，为他人谋取的利益是否实现，不影响受贿罪的认定。

（3）收受回扣。即国家工作人员在经济往来中，违反国家规定，收受各种名义的回扣、手续费，归个人所有的行为。

（4）斡旋受贿。斡旋受贿，也称为间接受贿，是指国家工作人员利用本人职权或者地位形成的便利条件，通过其他国家工作人员职务上的行为，为请托人谋取不正当利益，索取请托人财物或者收受请托人财物的行为。

根据《刑法》的规定，对犯受贿罪的，根据情节轻重，分别依照下列规定处罚：

（1）受贿数额较大或者有其他较重情节的，处三年以下有期徒刑或者拘役，并处罚金。

（2）受贿数额巨大或者有其他严重情节的，处三年以上十年以下有期徒刑，并处罚金或者没收财产。

（3）受贿数额特别巨大或者有其他特别严重情节的，处十年以上有期徒刑或者无期徒刑，并处罚金或者没收财产；数额特别巨大，并使国家和人民利益遭受特别重大损失的，处无期徒刑或者死刑，并处没收财产。

犯受贿罪，在提起公诉前如实供述自己罪行、真诚悔罪、积极退赃，避免、减少损害结果的发生，有上面第一项规定情形的，可以从轻、减轻或者免除处罚；有上面第二项、第三项规定情形的，可以从轻处罚。此外，有上面第三项规定情形被判处死刑缓期执行的，人民法院根据犯罪情节等情况可以同时决定在其死刑缓期执行二年期满依法减为无期徒刑后，终身监禁，不得减刑、假释。对多次受贿未经处理的，按照累计受贿数额处罚。索贿的从重处罚。

案例：收受了别人的钱财，却没有为他人谋取利益的，构成受贿罪吗？

刘某是某基层法院民庭庭长，目前正在审理一起关于包装厂和其工人之间的劳动纠纷案。该厂厂长认为，如果他们官司输了，包装厂在当地的声誉就会变差，生意必定受到影响。于是该厂厂长找到了刘某，希望刘某帮忙，判该厂胜诉，并以20万元作为报酬。刘某收了钱，答应了厂长的请求，争取判其胜诉。但在审理阶段，刘某几次想插手该案，均被主审该案的法官以各种理由拒绝了，使得刘某根本无法接触该案。主审法官依法作出了该厂败诉的判决，刘某最终未能为该厂争取到利益。事后，刘某收取包装厂厂长钱财的行为败露，刘某辩称虽然其收受了钱财，但是并没有为包装厂谋取到实质利益，因此不构成受贿罪。那么，在本案中，刘某的行为是否构成受贿罪？

律师解析

在本案中，刘某收受了厂长的钱财，即使没有为包装厂谋取到实质利益，刘某的行为也构成受贿罪。在受贿罪的认定中，对于被动收受财物的行为，必须要有为他人谋取利益这一条件，但是为他人谋取利益不代表为他人谋到了利益，只要答应为他人谋取利益，就成立受贿罪。因此，在上面的案例中，刘某收受厂长的财物，并答应为厂长办事，即构成受贿罪。至于答应厂长的事办没办成，有没有为包装厂谋取到切实的利益，并不影响受贿罪的成立。即刘某的行为构成受贿罪，依法应被追究刑事责任。

诤言挚语

贿赂在钱权之间搭建了桥梁，使得坚持正义与真理的人只能靠边站，这不仅会让公平和正义价值贬值，更会滋生各种腐败，造成社会再分配的不公。贿赂是无耻之行，不管是国家工作人员，还是社会百姓，都应该坚决抵制贿赂行为。英国作家塞缪尔·约翰逊曾说："要向灿烂夺目的贿赂投以蔑视的目光，不要为了黄金去出卖黄金买不到的东西。"

相关法条

《中华人民共和国刑法》

第三百八十五条 国家工作人员利用职务上的便利，索取他人财物的，或者非法收受他人财物，为他人谋取利益的，是受贿罪。

国家工作人员在经济往来中，违反国家规定，收受各种名义的回扣、手续费，归个人所有的，以受贿论处。

第三百八十六条 对犯受贿罪的，根据受贿所得数额及情节，依照本法第三百八十三条的规定处罚。索贿的从重处罚。

第三百八十八条 国家工作人员利用本人职权或者地位形成的便利条件，通过其他国家工作人员职务上的行为，为请托人谋取不正当利益，索取请托人财物或者收受请托人财物的，以受贿论处。

《最高人民法院、最高人民检察院关于办理受贿刑事案件适用法律若干问题的意见》

一、关于以交易形式收受贿赂问题

国家工作人员利用职务上的便利为请托人谋取利益，以下列交易形式收受请托人财物的，以受贿论处：

（1）以明显低于市场的价格向请托人购买房屋、汽车等物品的；

（2）以明显高于市场的价格向请托人出售房屋、汽车等物品的；

（3）以其他交易形式非法收受请托人财物的。

受贿数额按照交易时当地市场价格与实际支付价格的差额计算。

前款所列市场价格包括商品经营者事先设定的不针对特定人的最低优惠价格。根据商品经营者事先设定的各种优惠交易条件，以优惠价格购买商品的，不属于受贿。

二、关于收受干股问题

干股是指未出资而获得的股份。国家工作人员利用职务上的便利为请托人谋取利益，收受请托人提供的干股的，以受贿论处。进行了股权转让登记，或者相关证据证明股份发生了实际转让的，受贿数额按转让行为时股份价值计算，所分红利按受贿孳息处理。股份未实际转让，以股份分红名义获取利益的，实际获利数额应当认定为受贿数额。

三、关于以开办公司等合作投资名义收受贿赂问题

国家工作人员利用职务上的便利为请托人谋取利益，由请托人出资，“合作”开办公司或者进行其他“合作”投资的，以受贿论处。受贿数额为请托人给国家工作人员的出资额。

国家工作人员利用职务上的便利为请托人谋取利益，以合作开办公司或者其他合作投资的名义获取“利润”，没有实际出资和参与管理、经营的，以受贿论处。

四、关于以委托请托人投资证券、期货或者其他委托理财的名义收受贿赂问题

国家工作人员利用职务上的便利为请托人谋取利益，以委托请托人投资证券、期货或者其他委托理财的名义，未实际出资而获取“收益”，或者虽然实际出资，但获取“收益”明显高于出资应得收益的，以受贿论处。受贿数额，前一情形，以“收益”额计算；后一情形，以“收益”额与出资应得收益额的差额计算。

五、关于以赌博形式收受贿赂的认定问题

根据《最高人民法院、最高人民检察院关于办理赌博刑事案件具体应用法律若干问题的解释》第七条规定，国家工作人员利用职务上的便利为请托人谋取利益，通过赌博方式收受请托人财物的，构成受贿。

实践中应注意区分贿赂与赌博活动、娱乐活动的界限。具体认定时，主要应当结合以下因素进行判断：（1）赌博的背景、场合、时间、次数；（2）赌资来源；（3）其他赌博参与者有无事先通谋；（4）输赢钱物的具体情况和金额大小。

六、关于特定关系人“挂名”领取薪酬问题

国家工作人员利用职务上的便利为请托人谋取利益，要求或者接受请托人以给特定关系人安排工作为名，使特定关系人不实际工作却获取所谓薪酬的，以受贿论处。

七、关于由特定关系人收受贿赂问题

国家工作人员利用职务上的便利为请托人谋取利益，授意请托人以本意见所列形式，将有关财物给予特定关系人的，以受贿论处。

特定关系人与国家工作人员通谋，共同实施前款行为的，对特定关系人以受贿罪的共犯论处。特定关系人以外的其他人与国家工作人员通谋，由国家工作人员利用职务上的便利为请托人谋取利益，收受请托人财物后双方共同占有的，以受贿罪的共犯论处。

八、关于收受贿赂物品未办理权属变更问题

国家工作人员利用职务上的便利为请托人谋取利益，收受请托人房屋、汽车等物品，未变更权属登记或者借用他人名义办理权属变更登记的，不影响受贿的认定。

认定以房屋、汽车等物品为对象的受贿，应注意与借用的区分。具体认定时，除双方交代或者书面协议之外，主要应当结合以下因素进行判断：（1）有无借用的合理事由；（2）是否实际使用；（3）借用时间的长短；（4）有无归还的条件；（5）有无归还的意思表示及行为。

九、关于收受财物后退还或者上交问题

国家工作人员收受请托人财物后及时退还或者上交的，不是受贿。

国家工作人员受贿后，因自身或者与其受贿有关联的人、事被查处，为掩饰犯罪而退还或者上交的，不影响认定受贿罪。

十、关于在职时为请托人谋利，离职后收受财物问题

国家工作人员利用职务上的便利为请托人谋取利益之前或者之后，约定在其离职后收受请托人财物，并在离职后收受的，以受贿论处。

国家工作人员利用职务上的便利为请托人谋取利益，离职前后连续收受请托人财物的，离职前后收受部分均应计入受贿数额。

十一、关于“特定关系人”的范围

本意见所称“特定关系人”，是指与国家工作人员有近亲属、情妇（夫）以及其他共同利益关系的人。

《最高人民法院、最高人民检察院关于办理贪污贿赂刑事案件适用法律若干问题的解释》

第一条 贪污或者受贿数额在三万元以上不满二十万元的，应当认定为刑法第三百八十三条第一款规定的“数额较大”，依法判处三年以下有期徒刑或者拘役，并处罚金。

贪污数额在一万元以上不满三万元，具有下列情形之一的，应当认定为刑法第三百八十三条第一款规定的“其他较重情节”，依法判处三年以下有期徒刑或者拘役，并处罚金：

（一）贪污救灾、抢险、防汛、优抚、扶贫、移民、救济、防疫、社会捐助等特定款物的；

（二）曾因贪污、受贿、挪用公款受过党纪、行政处分的；

（三）曾因故意犯罪受过刑事追究的；

（四）赃款赃物用于非法活动的；

（五）拒不交待赃款赃物去向或者拒不配合追缴工作，致使无法追缴的；

（六）造成恶劣影响或者其他严重后果的。

受贿数额在一万元以上不满三万元，具有前款第二项至第六项规定的情形之一，或者具有下列情形之一的，应当认定为刑法第三百八十三条第一款规定的“其他较重情节”，依法判处三年以下有期徒刑或者拘役，并处罚金：

（一）多次索贿的；

（二）为他人谋取不正当利益，致使公共财产、国家和人民利益遭受损失的；

（三）为他人谋取职务提拔、调整的。

第二条 贪污或者受贿数额在二十万元以上不满三百万元的，应当认定为刑法第三百八十三条第一款规定的“数额巨大”，依法判处三年以上十年以下有期徒刑，并处罚金或者没收财产。

贪污数额在十万元以上不满二十万元，具有本解释第一条第二款规定的情形之一的，应当认定为刑法第三百八十三条第一款规定的“其他严重情节”，依法判处三年以上十年以下有期徒刑，并处罚金或者没收财产。

受贿数额在十万元以上不满二十万元，具有本解释第一条第三款规定的情形之一的，应当认定为刑法第三百八十三条第一款规定的“其他严重情节”，依法判处三年以上十年以下有期徒刑，并处罚金或者没收财产。

第三条 贪污或者受贿数额在三百万元以上的，应当认定为刑法第三百八十三条第一款规定的“数额特别巨大”，依法判处十年以上有期徒刑、无期徒刑或者死刑，并处罚金或者没收财产。

贪污数额在一百五十万元以上不满三百万元，具有本解释第一条第二款规定的情形之一的，应当认定为刑法第三百八十三条第一款规定的“其他特别严重情节”，依法判处十年以上有期徒刑、无期徒刑或者死刑，并处罚金或者没收财产。

受贿数额在一百五十万元以上不满三百万元，具有本解释第一条第三款规定的情形之一的，应当认定为刑法第三百八十三条第一款规定的“其他特别严重情节”，依法判处十年以上有期徒刑、无期徒刑或者死刑，并处罚金或者没收财产。

第四条 贪污、受贿数额特别巨大，犯罪情节特别严重、社会影响特别恶劣、给国家和人民利益造成特别重大损失的，可以判处死刑。

符合前款规定的情形，但具有自首，立功，如实供述自己罪行、真诚悔罪、积极退赃，或者避免、减少损害结果的发生等情节，不是必须立即执行的，可以判处死刑缓期二年执行。

符合第一款规定情形的，根据犯罪情节等情况可以判处死刑缓期二年执行，同时裁判决定在其死刑缓期执行二年期满依法减为无期徒刑后，终身监禁，不得减刑、假释。

《全国人民代表大会常务委员会关于〈中华人民共和国刑法〉第九十三条第二款的解释》

全国人民代表大会常务委员会讨论了村民委员会等村基层组织人员在从事哪些工作时属于刑法第九十三条第二款规定的“其他依照法律从事公务的人员”，解释如下：

村民委员会等村基层组织人员协助人民政府从事下列行政管理工作，属于刑法第九十三条第二款规定的“其他依照法律从事公务的人员”：

（一）救灾、抢险、防汛、优抚、扶贫、移民、救济款物的管理；

（二）社会捐助公益事业款物的管理；

（三）国有土地的经营和管理；

（四）土地征收、征用补偿费用的管理；

（五）代征、代缴税款；

（六）有关计划生育、户籍、征兵工作；

（七）协助人民政府从事的其他行政管理工作。

村民委员会等村基层组织人员从事前款规定的公务，利用职务上的便利，非法占有公共财物、挪用公款、索取他人财物或者非法收受他人财物，构成犯罪的，适用刑法第三百八十二条和第三百八十三条贪污罪、第三百八十四条挪用公款罪、第三百八十五条和第三百八十六条受贿罪的规定。

6. 单位受贿罪

单位受贿罪是指国家机关、国有公司、企业、事业单位、人民团体，索取、非法收受他人财物，为他人谋取利益，情节严重的行为。

单位受贿罪的犯罪主体为特殊主体，只能由国家机关、国有公司、企业、事业单位、人民团体构成，是单位犯罪，而非自然人犯罪。由于单位本身无法实施犯罪行为，故单位受贿罪通常是经单位决策机构的授权或同意，由其直接负责的主管人员和其他责任人员故意收受或索取贿赂，并实施为他人谋取利益的行为。另外，单位受贿罪中自然人的罪名依单位受贿罪的罪名确定。

单位受贿罪在主观方面表现为故意，收取或索取贿赂是经领导机构决策的，是单位集体意志的体现，单位集体明知道该行为违反法律禁止性规定，但仍故意收受或索取贿赂，为他人谋取利益。

单位受贿罪侵犯的客体主要是国有、事业单位和人民团体的正常管理活动和声誉。只有情节严重才构成单位受贿罪。

单位受贿罪在客观方面表现为利用职权之便，索取、非法收受他人财物，为他人谋取利益，情节严重的行为。所谓“利用职权”，是指利用单位职责范围内的权限。另外，国家机关、国有公司、企业、事业单位、人民团体等，在经济往来活动中，在账外暗中收受各种名义的回扣、手续费的，以单位受贿罪追究刑事责任。

根据《刑法》的规定，对犯单位受贿罪的，对单位判处罚金，并对其直接负责的主管人员和其他直接责任人员，处五年以下有期徒刑或者拘役。

案例：事业单位为谋取利益，在账外以各种名义收受回扣的，是否构成单位受贿罪？

某职业学校在2017年至2019年，一直从A公司订购教材。A公司为与该校保持长期合作关系，向该校提出提供赞助费。经该校的校级领导共同商议同意后，A公司总经理分三次向该校校长张某的银行卡转款将近20万元，张某从该卡内取出19万元交给该校会计存入学校账户。

2018年至2019年，该校为开展“假期实践”活动与B公司签订“学生假期社会实践协议”，B 公司为从中谋取劳务中介利益，提出向该校给付赞助费。经校级领导同意，B 公司先后五次给付该校现金共计 100 余万元。以上款项均被该校用于各类经费开支，该校的上述行为是否构成单位受贿罪？

律师解析

该校非法收受他人贿赂，为他人谋取利益，情节严重，其行为已构成单位受贿罪；张某在其担任该校直接负责的主管人员期间，在单位实施的犯罪中起决定、授意作用，其行为已构成单位受贿罪，应予惩处。

单位犯罪是以单位名义，经单位集体研究决定，为单位谋取非法利益，体现单位整体意志的行为。本案中，张某系该单位的法定代表人，对单位事务具有决定、批准、领导的作用，其召集各校级领导，共同商议后决定将 A 公司给付的赞助款存入校工会账户，收受 B 公司的现金贿赂，其决定是单位集体意志的体现，符合单位犯罪主观上的直接故意，和经单位集体决定实施客观行为的主客观要件，并且为 A 公司和 B 公司谋取了利益，构成单位受贿罪。张某在单位实施犯罪中起决定作用，其决定行为是引发单位实施犯罪的直接原因，应以单位受贿罪论处。

诤言挚语

国家机关、国有企业、国有事业单位应依法行使职权，如经单位集体研究，为他人谋取利益，收受贿赂，情节严重的，构成单位犯罪，其直接责任人员也将依法按单位受贿罪受到刑事处罚。

相关法条

《中华人民共和国刑法》

第三百八十七条 国家机关、国有公司、企业、事业单位、人民团体，索取、非法收受他人财物，为他人谋取利益，情节严重的，对单位判处罚金，并对其直接负责的主管人员和其他直接责任人员，处五年以下有期徒刑或者拘役。

前款所列单位，在经济往来中，在帐外暗中收受各种名义的回扣、手续费的，以受贿论，依照前款的规定处罚。

《最高人民检察院关于人民检察院直接受理立案侦查案件立案标准的规定（试行）》

一、贪污贿赂犯罪案件

（四）单位受贿案（第387条）

……

索取他人财物或者非法收受他人财物，必须同时具备为他人谋取利益的条件，且是情节严重的行为，才能构成单位受贿罪。

国家机关、国有公司、企业、事业单位、人民团体，在经济往来中，在账外暗中收受各种名义的回扣、手续费的，以单位受贿罪追究刑事责任。

涉嫌下列情形之一的，应予立案：

1. 单位受贿数额在10万元以上的；

2. 单位受贿数额不满10万元，但具有下列情形之一的：

（1）故意刁难、要挟有关单位、个人，造成恶劣影响的；

（2）强行索取财物的；

（3）致使国家或者社会利益遭受重大损失的。

7. 利用影响力受贿罪

利用影响力受贿罪是指国家工作人员的近亲属或者其他与该国家工作人员关系密切的人，通过该国家工作人员职务上的行为，或者利用该国家工作人员职权或者地位形成的便利条件，通过其他国家工作人员职务上的行为，为请托人谋取不正当利益，索取请托人财物或者收受请托人财物，数额较大或者有其他较重情节的行为。离职的国家工作人员或者其近亲属以及其他与其关系密切的人，利用该离职的国家工作人员原职权或者地位形成的便利条件实施前述行为的，也以利用影响力受贿罪论处。

利用影响力受贿罪的犯罪主体是特殊主体，主要包括国家工作人员的近亲属或者其他与该国家工作人员关系密切的人，以及离职的国家工作人员或者其近亲属以及其他与其关系密切的人。首先，所谓的近亲属，根据《刑事诉讼法》第一百零八条的规定，包括：夫、妻、父、母、子、女、同胞兄弟姊妹。其次，其他与其关系密切的人，包括基于血缘或者婚姻所产生的“近亲属”之外的其他亲缘关系，基于学习或者业务所产生的师生关系、同学关系和同事关系，以及基于其他情形而形成的互相帮助、互相信赖的关系等。

利用影响力受贿罪在主观方面为故意，表现为该行为人认识到自己是某国家工作人员的关系密切人，足以让第三人相信其能够利用该国家工作人员的职务便利条件，或者能够利用该国家工作人员职权或者地位形成的便利条件，通过其他国家工作人员职务上的行为为请托人谋取不正当利益，希望请托人能够给付财物或其主动向请托人索贿。

利用影响力受贿罪的犯罪客体就是国家机关工作人员的职务行为的正当性。该罪实质上是变相或间接利用国家工作人员的职务便利，为请托人谋取不正当利益，侵犯了其正当的职务行为。

利用影响力受贿罪在客观方面表现为：首先，行为人利用了其对国家工作人员的“影响力”，对国家工作人员产生影响，使其为或不为某种行为。该罪中的“影响力”是基于行为人与国家工作人员之间的亲属、密切关系等而衍生的与他人之间的利益关系。其次，通过国家工作人员的职务行为为请托人谋取不正当利益，必须是由行为人以外的国家工作人员实施的行为。再次，国家工作人员的这种职务行为必须是根据法律规定或在履行正当程序后所从事的组织、领导、监督、管理等公共事务的活动。最后，行为人索取或者收受请托人财物须具备“数额较大”或者“情节严重”的程度。

根据《刑法》第三百八十八条之一的规定，对犯利用影响力受贿罪的，处三年以下有期徒刑或者拘役，并处罚金；数额巨大或者有其他严重情节的，处三年以上七年以下有期徒刑，并处罚金；数额特别巨大或者有其他特别严重情节的，处七年以上有期徒刑，并处罚金或者没收财产。

案例：他人利用与国家机关工作人员的密切关系，通过国家机关工作人员的职务行为，为请托人谋取不正当利益，收受请托人财物的，是否构成利用影响力受贿罪?

自 2016 年起，李某开始担任某市市委主要领导的专职司机。因平时与该领导关系密切，2019 年，李某便利用该市委主要领导的地位所形成的便利条件，通过某招商引资处处长孙某某，为该市某有限公司承揽工程的张某等请托人谋取不正当利益，并收受上述请托人所送的贿赂款共计人民币 10 万余元。李某的上述行为是否构成利用影响力受贿罪?

律师解析

李某的行为构成利用影响力受贿罪。利用影响力受贿罪的犯罪主体包括国家工作人员的近亲属或者其他与该国家工作人员关系密切的人。其中，其他关系密切的人，包括基于业务所产生的同事关系，以及基于其他情形而形成的互相帮助、互相信赖的关系等。李某自2016年起至2019年，一直担任市委主要领导的专职驾驶员，从社会大众的视角看，李某在任职的三年时间里，与市委主要领导接触密切，彼此之间关系的亲密程度远远超过其他普通社会人群，系与该领导关系密切的人，属于“其他关系密切的人”的范畴，符合该罪的主体要件。该罪的主观方面是直接故意，即行为人系明知其利用影响力受贿的行为会危害国家工作人员职务行为的正当性、廉洁性以及影响国家机关工作的正常秩序，仍希望并且追求这种危害结果的发生。本案中李某明知张某等请托人提出的请托事项违法，仍积极请求其他国家工作人员帮忙处理请托之事，并期待请托人不正当利益的实现，从而使其能够获得请托人的好处费，其主观心态系直接故意，符合该罪的主观方面要件。该罪的客观方面系利用影响力，通过其他国家工作人员职务上的行为，为请托人谋取不正当利益，索取或者收受请托人财物，数额较大的行为。本案中，张某等请托人认为李某作为与市委主要领导关系密切的人，对其他国家工作人员具有影响力，李某也认为其作为市委主要领导的专职驾驶员，其他国家工作人员看在市委主要领导的面子上，会对其提出的请托事项尽量予以关照。而事实上，受托的某招商引资处处长孙某某确实顾及市委主要领导的面子，积极帮助李某处理请托之事。李某在请托事项处理完毕后，已收受请托人贿赂款共计10万余元。

综上，李某作为市委主要领导的专职驾驶员，作为与该领导关系密切的人，其利用该领导地位形成的便利条件，通过其他国家工作人员职务上的行为，为请托人谋取不正当利益，并收受请托人贿赂款共计10万余元，数额较大，李某的行为完全符合利用影响力受贿罪的犯罪构成要件，其行为已触犯《刑法》，构成利用影响力受贿罪。

诤言挚语

国家机关工作人员应严格遵守法律法规，而作为其近亲属或其他与其关系密切的人，应当更好地配合国家机关工作人员廉洁奉公、勤政为民，而非利用国家机关工作人员的影响力，妨碍国家工作人员职务行为的正当性、廉洁性。上述人员如触犯《刑法》，也将依法受到相应的刑事处罚。

相关法条

《中华人民共和国刑法》

第三百八十八条之一　国家工作人员的近亲属或者其他与该国家工作人员关系密切的人，通过该国家工作人员职务上的行为，或者利用该国家工作人员职权或者地位形成的便利条件，通过其他国家工作人员职务上的行为，为请托人谋取不正当利益，索取请托人财物或者收受请托人财物，数额较大或者有其他较重情节的，处三年以下有期徒刑或者拘役，并处罚金；数额巨大或者有其他严重情节的，处三年以上七年以下有期徒刑，并处罚金；数额特别巨大或者有其他特别严重情节的，处七年以上有期徒刑，并处罚金或者没收财产。

离职的国家工作人员或者其近亲属以及其他与其关系密切的人，利用该离职的国家工作人员原职权或者地位形成的便利条件实施前款行为的，依照前款的规定定罪处罚。

8. 行贿罪

行贿罪是指为谋取不正当利益，给予国家工作人员财物的行为。国家依法严厉打击行贿受贿犯罪行为，行贿人将会被以行贿罪追究刑事责任，受贿人则会被依法追究受贿罪的刑事责任。

行贿罪的主体为一般主体，即达到相应刑事责任年龄、具有刑事责任能力的自然人均能作为行贿罪的主体。

行贿罪在主观方面表现为故意，即行贿人明知自己向国家工作人员或者其他从事公务的人员行贿是违法的，但为了谋取不正当利益，故意给予对方财物。

行贿罪侵犯的客体是国家机关的正常管理活动和国家工作人员公务行为的廉洁性。

行贿罪在客观方面表现为行为人以谋取不正当利益为目的而给予国家工作人员或者其他从事公务的人员财物，数额较大的行为。所谓谋取不正当利益，《最高人民法院、最高人民检察院关于在办理受贿犯罪大要案的同时要严肃查处严重行贿犯罪分子的通知》对此作了明确规定："对于为谋取不正当利益而行贿，构成行贿罪、向单位行贿罪、单位行贿罪的，必须依法追究刑事责任。'谋取不正当利益'是指谋取违反法律、法规、国家政策和国务院各部门规章规定的利益，以及要求国家工作人员或者有关单位提供违反法律、法规、国家政策和国务院各部门规章规定的帮助或者方便条件。"

根据《刑法》的规定，对犯行贿罪的，处五年以下有期徒刑或者拘役，并处罚金；因行贿谋取不正当利益，情节严重的，或者使国家利益遭受重大损失的，处五年以上十年以下有期徒刑，并处罚金；情节特别严重的，或者使国家利益遭受特别重大损失的，处十年以上有期徒刑或者无期徒刑，并处罚金或者没收财产。

行贿人在被追诉前主动交代行贿行为的，可以从轻或者减轻处罚。其中，犯罪较轻的，对侦破重大案件起关键作用的，或者有重大立功表现的，可以减轻或者免除处罚。

案例：国家工作人员为自身利益向其他国家工作人员送财物，是否构成行贿罪？

某年，时任某市林业局副局长的方某，为了升职被推选为区委四套班子候选人，四处托人找关系。当得知该市市委书记姚某正在党校学习，方某遂到党校看望姚某，并在党校的后院送给姚某20万元。次年1月，方某如愿被该市市委任命为所属区的区委副书记一职。为了表示对姚某的感谢，方某到姚某办公室又送给其18万元。那么，方某的行为是否构成行贿罪？

律师解析

方某为谋取不正当利益，给予国家工作人员财物，数额较大，其行为侵犯了国家工作人员的职务廉洁性和国家的廉政建设制度，已构成行贿罪，应当按行贿罪依法追究刑事责任。此外，方某的行为不仅违反了国法，还违反了党纪，应当同时受到纪律处分。

净言挚语

任何人不得为谋取不当利益，侵犯国家工作人员公务的廉洁性，否则将依法受到刑事制裁。作为国家工作人员，其手中的权力是人民赋予的，其在执行公务时代表的是国家和人民，必须时刻保持其行为的合法、廉洁，自觉抵制不良分子的侵蚀。

相关法条

《中华人民共和国刑法》

第三百八十九条 为谋取不正当利益，给予国家工作人员以财物的，是行贿罪。

在经济往来中，违反国家规定，给予国家工作人员以财物，数额较大的，或者违反国家规定，给予国家工作人员以各种名义的回扣、手续费的，以行贿论处。

因被勒索给予国家工作人员以财物，没有获得不正当利益的，不是行贿。

第三百九十条 对犯行贿罪的，处五年以下有期徒刑或者拘役，并处罚金；因行贿谋取不正当利益，情节严重的，或者使国家利益遭受重大损失的，处五年以上十年以下有期徒刑，并处罚金；情节特别严重的，或者使国家利益遭受特别重大损失的，处十年以上有期徒刑或者无期徒刑，并处罚金或者没收财产。

行贿人在被追诉前主动交待行贿行为的，可以从轻或者减轻处罚。其中，犯罪较轻的，对侦破重大案件起关键作用的，或者有重大立功表现的，可以减轻或者免除处罚。

《最高人民法院、最高人民检察院关于办理贪污贿赂刑事案件适用法律若干问题的解释》

第七条 为谋取不正当利益，向国家工作人员行贿，数额在三万元以上的，应当依照刑法第三百九十条的规定以行贿罪追究刑事责任。

行贿数额在一万元以上不满三万元，具有下列情形之一的，应当依照刑法第三百九十条的规定以行贿罪追究刑事责任：

（一）向三人以上行贿的；

（二）将违法所得用于行贿的；

（三）通过行贿谋取职务提拔、调整的；

（四）向负有食品、药品、安全生产、环境保护等监督管理职责的国家工作人员行贿，实施非法活动的；

（五）向司法工作人员行贿，影响司法公正的；

（六）造成经济损失数额在五十万元以上不满一百万元的。

第八条 犯行贿罪，具有下列情形之一的，应当认定为刑法第三百九十条第一款规定的“情节严重”：

（一）行贿数额在一百万元以上不满五百万元的；

（二）行贿数额在五十万元以上不满一百万元，并具有本解释第七条第二款第一项至第五项规定的情形之一的；

（三）其他严重的情节。

为谋取不正当利益，向国家工作人员行贿，造成经济损失数额在一百万元以上不满五百万元的，应当认定为刑法第三百九十条第一款规定的“使国家利益遭受重大损失”。

第九条 犯行贿罪，具有下列情形之一的，应当认定为刑法第三百九十条第一款规定的“情节特别严重”：

（一）行贿数额在五百万元以上的；

（二）行贿数额在二百五十万元以上不满五百万元，并具有本解释第七条第二款第一项至第五项规定的情形之一的；

（三）其他特别严重的情节。

为谋取不正当利益，向国家工作人员行贿，造成经济损失数额在五百万元以上的，应当认定为刑法第三百九十条第一款规定的“使国家利益遭受特别重大损失”。

《最高人民检察院关于人民检察院直接受理立案侦查案件立案标准的规定（试行）》

一、贪污贿赂犯罪案件

（五）行贿案（第 389 条、第 390 条）

……

在经济往来中，违反国家规定，给予国家工作人员以财物，数额较大的，或者违反国家规定，给予国家工作人员以各种名义的回扣、手续费的，以行贿罪追究刑事责任。

涉嫌下列情形之一的，应予立案：

1. 行贿数额在 1 万元以上的；

2. 行贿数额不满 1 万元，但具有下列情形之一的；

（1）为谋取非法利益而行贿的；

（2）向 3 人以上行贿的；

（3）向党政领导、司法工作人员、行政执法人员行贿的；

（4）致使国家或者社会利益遭受重大损失的；

因被勒索给予国家工作人员以财物，已获得不正当利益的，以行贿罪追究刑事责任。

9. 对有影响力的人行贿罪

对有影响力的人行贿罪是指为谋取不正当利益，向国家工作人员的近亲属或者其他与该国家工作人员关系密切的人，或者向离职的国家工作人员或者其近亲属以及其他与其关系密切的人行贿的行为。

对有影响力的人行贿罪的主体为一般主体，即凡达到刑事责任年龄且具有刑事责任能力的人，均可构成该罪主体。

对有影响力的人行贿罪在主观方面表现为故意，行贿人为了谋取不正当利益，可能因某种原因无法直接向相关国家工作人员行贿，便通过向其身边的近亲属、关系密切的人行贿，最终达到行贿的目的，而对于这一行为的违法性，行贿人是明知而有意为之的。

对有影响力的人行贿罪侵犯的客体是国家机关正常管理活动和国家工作人员的廉洁性。

对有影响力的人行贿罪在客观方面表现为，行为人为谋取不正当利益，向国家工作人员或离职的国家工作人员的近亲属或其他与其关系密切的人行贿的行为。

根据《刑法》的规定，对犯对有影响力的人行贿罪的，处三年以下有期徒刑或者拘役，并处罚金；情节严重的，或者使国家利益遭受重大损失的，处三年以上七年以下有期徒刑，并处罚金；情节特别严重的，或者使国家利益遭受特别重大损失的，处七年以上十年以下有期徒刑，并处罚金。

单位犯此罪的，对单位判处罚金，并对其直接负责的主管人员和其他直接责任人员，处三年以下有期徒刑或者拘役，并处罚金。

案例：行为人为谋取不正当利益，向与国家工作人员有密切关系的人行贿，是否构成对有影响力的人行贿罪？

张某是某省报社记者负责人兼该报社某市办事处主任。该报社为国有事业单位，因经常需要报道政府消息等相关新闻，与该市所属县的县委领导关系密切，张某与几位县领导私交非常好。某年，该县启动了棚户区改造项目，尚某因未经招标程序而违规参与前期拆迁、施工，被人举报，尚某的公司面临停工停业、需要重启招投标程序的不利情形。尚某遂找到张某请求协调此事，张某联系时任该县县委书记的胡某某，经过协调，该项目最终仍由尚某继续参与施工作业。尚某为了感谢张某的帮助，给予其现金 9 万元，张某全部收受。尚某的行为是否构成对有影响力的人行贿罪？

律师解析

本案中，尚某明知张某与该县县领导关系好，为挽回企业败局，利用张某的特殊影响力，向张某寻求帮助并给予其钱款，其行贿的对象张某本人并没有帮助他人安排项目工程、协调工程事宜等职权，而是借助了该县主要领导与其关系亲密的这种影响力，并利用这种影响力通过其他国家工作人员的职务行为，为尚某谋取项目工程方面的不正当利益。本案中，尚某在主观上存在利用张某的影响力为其谋取不正当利益的故意，客观上也实施了给付财物的行贿行为，侵犯了国家机关的正常管理秩序和公职人员职务行为的不可收买性，尚某的行为构成对有影响力的人行贿罪。

诤言挚语

国家机关公职人员的职务行为不可收买，一旦行贿人为谋取不正当利益向国家机关工作人员近亲属或其他与其有密切关系的人给付了财物，如对国家机关工作人员有影响力的人收受财物并承诺替行贿人谋取不正当利益，将破坏国家机关的正常管理秩序与公职人员职务行为的不可收买性，因而要受到相应的刑事处罚。

相关法条

《中华人民共和国刑法》

第三百九十条之一 为谋取不正当利益，向国家工作人员的近亲属或者其他与该国家工作人员关系密切的人，或者向离职的国家工作人员或者其近亲属以及其他与其关系密切的人行贿的，处三年以下有期徒刑或者拘役，并处罚金；情节严重的，或者使国家利益遭受重大损失的，处三年以上七年以下有期徒刑，并处罚金；情节特别严重的，或者使国家利益遭受特别重大损失的，处七年以上十年以下有期徒刑，并处罚金。

单位犯前款罪的，对单位判处罚金，并对其直接负责的主管人员和其他直接责任人员，处三年以下有期徒刑或者拘役，并处罚金。

《最高人民法院、最高人民检察院关于办理贪污贿赂刑事案件适用法律若干问题的解释》

第十条第二款 刑法第三百九十条之一规定的对有影响力的人行贿罪的定罪量刑适用标准，参照本解释关于行贿罪的规定执行。

10. 对单位行贿罪

对单位行贿罪是指为谋取不正当利益，给予国家机关、国有公司、企业、事业单位、人民团体以财物，或者在经济往来中，违反国家规定，给予上述单位各种名义的回扣、手续费的行为。

对单位行贿罪的主体是一般主体，即任何达到刑事责任年龄且具有刑事责任能力的自然人和单位都能成为本罪的主体。

对单位行贿罪在主观方面表现为故意，且以谋取不正当利益为目的。

对单位行贿罪侵犯的客体是国家机关、国有公司、企业、事业单位、人民团体等国有单位的正常管理活动。行贿的对象必须是国家机关、国有公司、企业、事业单位、人民团体等国有单位。

对单位行贿罪在客观方面表现为：给予国家机关、国有公司、企业、事业单位、人民团体财物或在经济往来中，违反国家规定，给予国家机关、国有公司、企业、事业单位、人民团体各种名义的回扣、手续费。

根据《刑法》的规定，对犯对单位行贿罪的，处三年以下有期徒刑或者拘役，并处罚金。单位犯此罪的，对单位判处罚金，并对其直接负责的主管人员和其他直接责任人员，依照前款的规定处罚。

案例：行为人为获取不正当利益，向单位行贿的，是否构成犯罪？

2018年3月至2019年6月，宋某为了使其经营的某运输公司的超载车辆不被该市交警部门查处，每月以“协调费”的名义多次送钱给该市公安局交警直属大队的下属各中队，送礼金额共计人民币十几万元，均被各中队用于工作餐等支出。宋某送了“协调费”后，该市交警基本没有再查过该公司的超载车辆，即使有时候查到了，也只是暂时扣下司机的行驶证，等宋某把“协调费”送去后就直接将证件归还，不作任何处罚。那么，宋某的行为是否构成对单位行贿罪？

律师解析

在上面的案例中，宋某为了避免遭受超载处罚，给交警部门送“协调费”，实际上是为了谋取不当利益，给予国家机构以财物，其行为触犯了《刑法》第三百九十一条之规定，业已构成对单位行贿罪，依法应当追究其刑事责任。当然，对于收受好处的交警部门来说，可能涉嫌构成单位受贿罪。

诤言挚语

国家机关、国有公司、企业、事业单位、人民团体工作具有廉洁性，正是因为这份廉洁性才能保证各项工作的公正性、秩序性。因此，我们特别有必要尊重并保护其廉洁性，切莫做“行贿”之事。相应地，前述单位的工作人员也应该洁身自好，坚决抵制各种非法利益的诱惑。

相关法条

《中华人民共和国刑法》

第三百九十一条 为谋取不正当利益，给予国家机关、国有公司、企业、事业单位、人民团体以财物的，或者在经济往来中，违反国家规定，给予各种名义的回扣、手续费的，处三年以下有期徒刑或者拘役，并处罚金。

单位犯前款罪的，对单位判处罚金，并对其直接负责的主管人员和其他直接责任人员，依照前款的规定处罚。

《最高人民检察院关于人民检察院直接受理立案侦查案件立案标准的规定（试行）》

一、贪污贿赂犯罪案件

（六）对单位行贿案（第391条）

……

涉嫌下列情形之一的，应予立案：

1. 个人行贿数额在10万元以上、单位行贿数额在20万元以上的；

2. 个人行贿数额不满10万元、单位行贿数额在10万元以上不满20万元，但具有下列情形之一的：

（1）为谋取非法利益而行贿的；

（2）向3个以上单位行贿的；

（3）向党政机关、司法机关、行政执法机关行贿的；

（4）致使国家或者社会利益遭受重大损失的。

11. 介绍贿赂罪

介绍贿赂罪是指向国家工作人员介绍贿赂，情节严重的行为。“介绍贿赂”是指在行贿人与受贿人之间沟通关系、撮合条件，使贿赂行为得以实现的行为。

介绍贿赂罪主体为一般主体，即达到刑事责任年龄，具备刑事责任能力的自然人，均可构成本罪的犯罪主体。本罪的犯罪主体还有一定的特殊性，行为人需具备能够在行贿人与受贿人之间斡旋、撮合的机会、条件和可能，否则，其无法实施本罪犯罪行为。

介绍贿赂罪在主观方面表现为故意。即行为人明知是行贿、受贿行为而故意沟通、撮合，希望贿赂行为得以实现。

介绍贿赂罪侵犯的客体是国家工作人员职务行为的廉洁性和职务行为的不可收买性，以及国家机关的正常管理秩序。

介绍贿赂罪在客观方面表现为行为人在行贿人和受贿人之间沟通关系、撮合条件，促使行贿与受贿得以实现的行为。介绍贿赂行为，只有情节严重的，才构成犯罪。

根据《刑法》的规定，对犯介绍贿赂罪的，处三年以下有期徒刑或者拘役，并处罚金。介绍贿赂人在被追诉前主动交代介绍贿赂行为的，可以减轻处罚或者免除处罚。

案例：行为人接受他人请托，介绍他人向国家工作人员行贿，是否构成犯罪?

刘某接受某乡个体工商户陈某的请托，介绍陈某与某县国税局某区分局负责人吴某认识后，斡旋陈某购买该乡国税所房产一事，并向吴某转交陈某行贿的现金6万元，刘某同时非法获利8000元。案发后刘某将其所得8000元赃款退还。刘某的行为是否构成介绍贿赂罪?

律师解析

刘某向国家工作人员介绍贿赂，情节严重，其行为已触犯了《刑法》第三百九十二条之规定，构成介绍贿赂罪。刘某主观上明知撮合的是行贿行为而有意为之，并促成了贿赂交易。在客观方面，陈某接受行贿人陈某的请托，在行贿人陈某与受贿人吴某之间引荐、撮合，促使行贿与受贿得以实现，情节严重。因此，刘某的行为构成介绍贿赂罪。

诤言挚语

自然人明知介绍的是贿赂行为而促使贿赂成立，破坏了国家工作人员职务行为的廉洁性和不可被收买性。如果没有其介绍贿赂的行为，行贿与受贿的行为都难以发生，且都不会产生危害社会的后果。因此，必须严厉打击介绍贿赂行为，以对该类犯罪行为起到教育、震慑作用。

相关法条

《中华人民共和国刑法》

第三百九十二条　向国家工作人员介绍贿赂，情节严重的，处三年以下有期徒刑或者拘役，并处罚金。

介绍贿赂人在被追诉前主动交待介绍贿赂行为的，可以减轻处罚或者免除处罚。

《最高人民检察院关于人民检察院直接受理立案侦查案件立案标准的规定（试行）》

一、贪污贿赂犯罪案件

（七）介绍贿赂案（第 392 条）

……

涉嫌下列情形之一的，应予立案：

1. 介绍个人向国家工作人员行贿，数额在 2 万元以上的；介绍单位向国家工作人员行贿，数额在 20 万元以上的；

2. 介绍贿赂数额不满上述标准，但具有下列情形之一的：

（1）为使行贿人获取非法利益而介绍贿赂的；

（2）3 次以上或者为 3 人以上介绍贿赂的；

（3）向党政领导、司法工作人员、行政执法人员介绍贿赂的；

（4）致使国家或者社会利益遭受重大损失的。

12. 单位行贿罪

单位行贿罪是指公司、企业、事业单位、机关、团体为谋取不正当利益而行贿，或者违反国家规定，给予国家工作人员回扣、手续费，情节严重的行为。

单位行贿罪的主体是单位，包括公司、企业、事业单位、机关、团体等。但是，由于单位无法直接实施犯罪行为，因此在实践中常见的犯罪行为人一般是上述单位的责任人。

单位行贿罪在主观方面表现为故意，以谋取不正当利益为目的。单位经过集体商议后，单位的负责人按照单位的集体意志，明知是在向他人行贿而故意实施。

单位行贿罪侵犯的客体是国家机关、公司、企事业单位和团体的正常管理活动。

单位行贿罪在客观方面表现为单位为了谋取不正当利益，给予国家工作人员以财物，或者违反国家规定，给予国家工作人员回扣、手续费，情节严重的行为。

根据《刑法》第三百九十三条的规定，对犯单位行贿罪的单位判处罚金，并对其直接负责的主管人员和其他直接责任人员，处五年以下有期徒刑或者拘役，并处罚金。因行贿取得的违法所得归个人所有的，依照《刑法》第三百八十九条、第三百九十条的规定定罪处罚。

案例：单位为谋取不正当利益，向国家工作人员行贿，是否构成单位行贿罪？

某房产开发有限责任公司未经规划和自然资源部门批准，非法占用土地开发某房产项目，地上非法建筑物依法应予以拆除，但为了使该项目一期工程违法建筑物合法化，该房产公司经高层会议商议，决定向国家工作人员马某行贿 18 万元。吴某作为该房产公司主管，按照公司委托将钱款打入当地规划和自然资源局局长马某指定的银行卡。马某在收受钱款后，在该项目存在违法建筑物未处理、依法不能办理相关国有土地使用权出让手续的情况下仍为其办理了相关手续，致使该房产公司开发的一期项目获得了预售许可证，获取了非法利益。该房产公司的行为是否构成单位行贿罪？

律师解析

该房产公司在某工地一期建设项目中，为使其违法建筑取得合法用地手续而向该县规划和自然资源局局长马某行贿 18 万元，其行为已构成单位行贿罪；吴某作为该房产公司的主管人员，因直接参与行贿，亦应以单位行贿罪追究其刑事责任。

本案中，该房产公司为使未批先建的建筑物取得合法用地手续而向国家工作人员行贿，其行为属于为谋取不正当利益而行贿，且实际获取了非法利益。吴某作为该房产公司直接负责的主管人员，具体实施了行贿行为，也涉嫌犯罪。该房产公司为谋取非法利益而行贿 18 万元，该房产公司、吴某的行为符合单位行贿罪的构成要件，应以单位行贿罪定罪处罚。

诤言挚语

单位为获取不正当利益，向国家工作人员行贿或者给予回扣、手续费，其实质均是以财物的形式贿赂国家工作人员，破坏了国家公职人员职务行为的不可收买性，扰乱了国家机关的管理秩序，单位及实施贿赂的直接责任人员均将被以单位行贿罪追究刑事责任。

相关法条

《中华人民共和国刑法》

第三百九十三条 单位为谋取不正当利益而行贿，或者违反国家规定，给予国家工作人员以回扣、手续费，情节严重的，对单位判处罚金，并对其直接负责的主管人员和其他直接责任人员，处五年以下有期徒刑或者拘役，并处罚金。因行贿取得的违法所得归个人所有的，依照本法第三百八十九条、第三百九十条的规定定罪处罚。

《最高人民检察院关于人民检察院直接受理立案侦查案件立案标准的规定（试行）》

一、贪污贿赂犯罪案件

（八）单位行贿案（第393条）

……

涉嫌下列情形之一的，应予立案：

1. 单位行贿数额在20万元以上的；

2. 单位为谋取不正当利益而行贿，数额在10万元以上不满20万元，但具有下列情形之一的：

（1）为谋取非法利益而行贿的；

（2）向3人以上行贿的；

（3）向党政领导、司法工作人员、行政执法人员行贿的；

（4）致使国家或者社会利益遭受重大损失的。

因行贿取得的违法所得归个人所有的，依照本规定关于个人行贿的规定立案，追究其刑事责任。

13. 非国家工作人员受贿罪

非国家工作人员受贿罪是指公司、企业或者其他单位的工作人员利用职务上的便利，索取他人财物或者非法收受他人财物，为他人谋取利益，数额较大的行为。

非国家工作人员受贿罪的主体是特殊主体，即公司、企业或者其他单位的工作人员，且为非国家工作人员。该罪不包括国有公司、企业、其他国有单位中从事公务的人员和国有公司、企业、其他国有单位委派到非国有单位从事公务的人员，上述从事公务的人员利用职务上的便利受贿的，应依法按受贿罪处罚。

非国家工作人员受贿罪在主观方面表现为故意，即非国家工作人员故意利用其职务之便收受或索取贿赂，为他人谋取利益。

非国家工作人员受贿罪侵犯的客体是公司、企业以及非国有事业单位、其他组织的工作人员的管理制度。

非国家工作人员受贿罪在客观方面表现为：（1）行为人利用职务上的便利，索取他人财物或非法收受他人财物，为他人谋取利益，数额较大的行为。（2）在经济往来中，行为人利用职务上的便利，违反国家规定，收受各种名义的回扣、手续费，归个人所有的行为。

根据《刑法》的规定，对犯此罪的，处三年以下有期徒刑或者拘役，并处罚金；数额巨大或者有其他严重情节的，处三年以上十年以下有期徒刑，并处罚金；数额特别巨大或者有其他特别严重情节的，处十年以上有期徒刑或者无期徒刑，并处罚金。

公司、企业或者其他单位的工作人员在经济往来中，利用职务上的便利，违反国家规定，收受各种名义的回扣、手续费，归个人所有的，依照此罪的规定处罚。

国有公司、企业或者其他国有单位中从事公务的人员和国有公司、企业或者其他国有单位委派到非国有公司、企业以及其他单位从事公务的人员有前述行为的，依照《刑法》第三百八十五条、第三百八十六条关于受贿罪的规定定罪处罚。

案例：非国家工作人员利用职务之便，为他人谋取利益，收受他人财物的行为是否构成非国家工作人员受贿罪？

江某在担任A公司采购部部长期间，利用负责编写物资采购申请、审批物资采购合同等职务之便，为他人谋取利益，非法收受梁某、张某贿送的财物共计8万元。其中，江某利用职务之便，在B公司、C公司承接A公司钢材供应业务过程中予以关照，先后3次收受B公司经理梁某出于感谢所贿送的人民币5万元，先后5次收受C公司总经理张某出于感谢所贿送的价值人民币3万元的购物卡。江某的行为是否构成非国家工作人员受贿罪？

律师解析

江某在A公司工作期间，利用职务上的便利，非法收受他人财物，为他人谋取利益，数额较大，其行为构成非国家工作人员受贿罪。江某利用其编写物资采购申请、审批物资采购合同的职务之便，非法收受他人财物。其中，所谓的财物，包括货币、物品和财产性利益，江某收受的现金和购物卡均属于法律规定的“财物”范围。鉴于江某收受他人财物后，为他人谋取了非法利益，其行为应按照非国家人员受贿罪定罪处罚。

诤言挚语

公司、企业以及其他单位、组织的工作人员应合法行使自己的职权，以确保这些单位在市场经济中的正常秩序，如上述单位的工作人员非法收受或索取贿赂，将侵犯该单位的正常管理制度，危害该单位的根本利益，也将破坏市场经济下的交易秩序，因此公司、企业以及其他单位、组织的工作人员受贿，将依法被追究刑事责任。

相关法条

《中华人民共和国刑法》

第一百六十三条 公司、企业或者其他单位的工作人员，利用职务上的便利，索取他人财物或者非法收受他人财物，为他人谋取利益，数额较大的，处三年以下有期徒刑或者拘役，并处罚金；数额巨大或者有其他严重情节的，处三年以上十年以下有期徒刑，并处罚金；数额特别巨大或者有其他特别严重情节的，处十年以上有期徒刑或者无期徒刑，并处罚金。

公司、企业或者其他单位的工作人员在经济往来中，利用职务上的便利，违反国家规定，收受各种名义的回扣、手续费，归个人所有的，依照前款的规定处罚。

国有公司、企业或者其他国有单位中从事公务的人员和国有公司、企业或者其他国有单位委派到非国有公司、企业以及其他单位从事公务的人员有前两款行为的，依照本法第三百八十五条、第三百八十六条的规定定罪处罚。

《最高人民法院、最高人民检察院关于办理贪污贿赂刑事案件适用法律若干问题的解释》

第一条第一款 贪污或者受贿数额在三万元以上不满二十万元的，应当认定为刑法第三百八十三条第一款规定的“数额较大”，依法判处三年以下有期徒刑或者拘役，并处罚金。

第二条第一款　贪污或者受贿数额在二十万元以上不满三百万元的，应当认定为刑法第三百八十三条第一款规定的“数额巨大”，依法判处三年以上十年以下有期徒刑，并处罚金或者没收财产。

第三条第一款　贪污或者受贿数额在三百万元以上的，应当认定为刑法第三百八十三条第一款规定的“数额特别巨大”，依法判处十年以上有期徒刑、无期徒刑或者死刑，并处罚金或者没收财产。

第十一条第一款　刑法第一百六十三条规定的非国家工作人员受贿罪、第二百七十一条规定的职务侵占罪中的“数额较大”“数额巨大”的数额起点，按照本解释关于受贿罪、贪污罪相对应的数额标准规定的二倍、五倍执行。

第十二条　贿赂犯罪中的“财物”，包括货币、物品和财产性利益。财产性利益包括可以折算为货币的物质利益如房屋装修、债务免除等，以及需要支付货币的其他利益如会员服务、旅游等。后者的犯罪数额，以实际支付或者应当支付的数额计算。

第十三条　具有下列情形之一的，应当认定为“为他人谋取利益”，构成犯罪的，应当依照刑法关于受贿犯罪的规定定罪处罚：

（一）实际或者承诺为他人谋取利益的；

（二）明知他人有具体请托事项的；

（三）履职时未被请托，但事后基于该履职事由收受他人财物的。

国家工作人员索取、收受具有上下级关系的下属或者具有行政管理关系的被管理人员的财物价值三万元以上，可能影响职权行使的，视为承诺为他人谋取利益。

第三章

隐藏财产型犯罪

14. 巨额财产来源不明罪

巨额财产来源不明罪是指国家工作人员的财产或者支出明显超出合法收入，差额巨大，而本人又不能说明其来源是合法的行为。

巨额财产来源不明罪的主体只能是国家工作人员。《刑法》中明确规定国家工作人员是指在国家机关中从事公务的人员。国有公司、企业、事业单位、人民团体中从事公务的人员和国家机关、国有公司、企业、事业单位委派到非国有公司、企业、事业单位、社会团体从事公务的人员，以及其他依照法律从事公务的人员，以国家工作人员论。即该罪的主体是由刑法明确规定的，非法定的主体不构成该罪。

巨额财产来源不明罪在主观方面表现为故意。即行为人明知非法占有公私财物的行为违反国家机关的正常管理制度却放任这种结果的发生，其对国家机关的正常管理制度的侵害为间接故意。同时，行为人明知其财产、支出明显超过合法收入，却拒不说明或不如实说明其合法来源，主观上有以非法占有公私财产为目的的直接故意。

巨额财产来源不明罪侵犯的客体是复杂客体，该罪首先侵犯了国家机关管理制度，使得国家机关的形象和威信受损，即违反了对行为人执业职责廉洁性的要求；其次侵犯了公私财产所有权。

巨额财产来源不明罪在客观方面表现为：（1）国家工作人员的财产或者支出明显超过合法收入，须达到差额巨大的程度。所谓明显超过，是指已知的公开合法收入的数额与实际支出和公开财产状况存在差额，法律上对差额的程度要求为数额巨大。（2）对于上述差额巨大的事实，行为人拒不说明或拒不如实说明财产来源，即其应该履行说明来源的义务但是拒不履行。（3）司法机关经侦查后也无法查明差额部分财产的真实来源也是该罪的考量要件。司法机关经过充分的侦查，以最大努力调用相关的侦查手段，核实一切已经掌握的案件线索，但是仍从客观上不能查明行为人的巨大差额部分的财产的真实来源，即司法机关穷尽合理、合法手段及资源也无法查明。

根据《刑法》的规定，对犯巨额财产来源不明罪的，处五年以下有期徒刑或者拘役；差额特别巨大的，处五年以上十年以下有期徒刑。财产的差额部分予以追缴。

案例：国家工作人员的财产明显超过合法收入，差额巨大的，构成巨额财产来源不明罪吗？

某国有银行的行长刘某某，任职期间经人举报，其子女均去国外留学，刘某某在国内有十几套房产。经国家相关部门调查，刘某某除上述房产外，其家庭人员还拥有存款人民币 300 万元，另有豪华车 3 辆。而根据其收入情况，刘某某的财产明显超过合法收入，差额巨大，经侦查机关立案侦查，刘某某无法说明其巨额财产的合法来源。刘某某的行为是否构成巨额财产来源不明罪？

律师解析

本案中，刘某某作为国家工作人员，经侦查机关调查核实，刘某某拥有大额存款、多处房产等巨额财产，其拥有的财产明显超过合理收入，差额巨大，且不能说明财产来源的合法性，其行为已构成巨额财产来源不明罪。刘某某依法应受到相应的刑事处罚。

净言挚语

国家工作人员作为履行公务职责的人员，应遵纪守法。尤其是现在反腐要求日益提高，老百姓对反腐的呼声也日益强烈，国家工作人员尤其要遵守廉洁方面的要求和规范，《刑法》是廉洁要求的最后底线。国家工作人员须时刻谨记职业职责，遵守职业廉洁性，提高职业操守，对国家、对公民均应该尽力履行职责，如有违法行为不仅是对国家机关的形象及威信的损害，也是对国家及公民财产权利的侵犯。要知道法网恢恢疏而不漏，如果国家工作人员触犯《刑法》的规定，将会受到相应的刑事处罚。

相关法条

《中华人民共和国刑法》

第三百九十五条第一款　国家工作人员的财产、支出明显超过合法收入，差额巨大的，可以责令该国家工作人员说明来源，不能说明来源的，差额部分以非法所得论，处五年以下有期徒刑或者拘役；差额特别巨大的，处五年以上十年以下有期徒刑。财产的差额部分予以追缴。

《最高人民检察院关于人民检察院直接受理立案侦查案件立案标准的规定（试行）》

一、贪污贿赂犯罪案件

（九）巨额财产来源不明案（第395条第1款）

……

涉嫌巨额财产来源不明，数额在30万元以上的，应予立案。

15. 隐瞒境外存款罪

隐瞒境外存款罪是指国家工作人员违反国家规定，故意隐瞒不报在境外的存款，数额较大的行为。

隐瞒境外存款罪的主体是特殊主体，即只能由国家工作人员构成。

隐瞒境外存款罪在主观方面为故意，即国家工作人员明知其在境外存款依照国家规定应当申报而故意隐瞒不报。如果不是出于故意而隐瞒，则不能构成此罪。无论隐瞒不报境外存款的动机如何，都不影响隐瞒境外存款罪的成立。

隐瞒境外存款罪的客体是复杂客体，即国家机关的正常活动和国家对外汇的管制。

隐瞒境外存款罪在客观方面表现为，在境外有数额较大的存款，依照国家有关规定应当申报而隐瞒不报的行为。所谓“依照国家规定”，是指依照《外汇管理条例》等有关规定。所谓“隐瞒不报”，是指国家工作人员隐瞒在境外相关银行存入所得的合法收入或非法收入，而不按国家有关规定申报。

该罪的行为方式表现为不作为，即行为人负有申报境外存款的法定义务，却隐瞒不报。

根据《刑法》的规定，犯隐瞒境外存款罪的，处二年以下有期徒刑或者拘役；情节较轻的，由其所在单位或者上级主管机关酌情给予行政处分。

案例：国家工作人员在境外有大额存款，在应当申报的情况下却不申报的，是否构成隐瞒境外存款罪?

谭某系某市城乡建设局局长，其在负责本市规划审批土地使用权的过程中，因收受贿赂被立案调查。经调查发现，在未向有关部门申报的情况下，谭某委托他人并以他人名义在境外开设个人银行账户，且在任职期间，借用他人名义利用购买外币等手段分多次向其掌管的境外账户汇入大额外币。谭某除了触犯受贿罪之外，其在境外有大额存款应当申报但是却未申报，谭某是否构成隐瞒境外存款罪?

律师解析

首先，从本罪的犯罪主体来说，隐瞒境外存款罪的犯罪主体为国家工作人员，谭某身为某市城乡建设局局长，属于国家工作人员，符合该罪的主体特征。

其次，根据国务院发布的《国际收支统计申报办法》第七条的规定，“中国居民和在中国境内发生经济交易的非中国居民应当按照规定及时、准确、完整地申报国际收支信息”，凡是中国居民对其国际收支信息均有申报的义务，《外汇管理条例》第六条亦明确了该申报的义务，故谭某具有申报境外存款的义务。谭某作为公职人员，应清楚国家规定的收入申报制度，尤其是个人在境外存款和投资、收益的申报。最后，谭某多次以他人的名义向境外其掌管的账户汇款，故意规避国家关于个人对外汇款的相关规定，并且不按规定进行申报，该客观行为亦反映出其主观上具备隐瞒其境外存款的故意。综上，谭某身为国家工作人员，隐瞒其境外的存款不报，数额较大，其行为已构成隐瞒境外存款罪。

诤言挚语

国家工作人员代表国家行使权力，应当树立遵纪守法、廉洁奉公的楷模。国家工作人员在境外的存款，应当依照国家规定申报。某些国家工作人员置宪法和法律规定于不顾，在涉外公务活动中，不惜损害国家的利益，以权谋私，进行钱权交易，大肆进行贪污、受贿等违法犯罪活动，将在国内外贪污、受贿等非法所得的赃款存入境外账户，隐瞒不报，破坏了国家廉政制度，同时也侵犯了国家对外汇的管理，理应依法受到相应的行政、刑事处罚。

相关法条

《中华人民共和国刑法》

第九十三条　本法所称国家工作人员，是指国家机关中从事公务的人员。

国有公司、企业、事业单位、人民团体中从事公务的人员和国家机关、国有公司、企业、事业单位委派到非国有公司、企业、事业单位、社会团体从事公务的人员，以及其他依照法律从事公务的人员，以国家工作人员论。

第三百九十五条第二款 国家工作人员在境外的存款，应当依照国家规定申报。数额较大、隐瞒不报的，处二年以下有期徒刑或者拘役；情节较轻的，由其所在单位或者上级主管机关酌情给予行政处分。

《最高人民检察院关于人民检察院直接受理立案侦查案件立案标准的规定（试行）》

一、贪污贿赂犯罪案件

（十）隐瞒境外存款案（第 395 条第 2 款）

……

涉嫌隐瞒境外存款，折合人民币数额在 30 万元以上的，应予立案。

《国际收支统计申报办法》

第七条 中国居民和在中国境内发生经济交易的非中国居民应当按照规定及时、准确、完整地申报国际收支信息。

《中华人民共和国外汇管理条例》

第六条 国家实行国际收支统计申报制度。

国务院外汇管理部门应当对国际收支进行统计、监测，定期公布国际收支状况。

第四章

滥用职权型犯罪

16. 滥用职权罪

滥用职权罪是指国家机关工作人员超越职权，违法决定、处理其无权决定、处理的事项，或者违反规定处理公务，致使公共财产、国家和人民利益遭受重大损失的行为。

滥用职权罪的主体是国家机关工作人员，这里的“国家机关工作人员”主要是指在国家机关中从事公务的人员，包括在各级国家权力机关、行政机关、司法机关和军事机关中从事公务的人员。此外，在依照法律、法规规定行使国家行政管理职权的组织中从事公务的人员，或者在受国家机关委托代表国家行使职权的组织中从事公务的人员，或者虽未列入国家机关人员编制但在国家机关中从事公务的人员，在代表国家机关行使职权时，视为国家机关工作人员。在乡（镇）以上中国共产党机关、人民政协机关中从事公务的人员，视为国家机关工作人员。

滥用职权罪在主观方面表现为故意，具体是指行为人明知自己滥用职权的行为会发生致使公共财产、国家和人民利益遭受重大损失的结果，并且希望或者放任这种结果发生。

滥用职权罪侵犯的客体是国家机关的正常活动。

滥用职权罪在客观方面表现为行为人滥用职权，致使公共财产、国家和人民利益遭受重大损失的行为。

滥用职权罪表现为行为人超越自身职务权限实施不法行为，本罪可以表现为作为方式，即超越自身职务权限，任意决定事由或者随意对职权范围以外的事务进行干预和处置；也可以表现为不作为方式，即对于本职工作本应当妥善处理，但是在自身能够履行或者处理的情况下，拒绝履行或处理，或者是本应完全妥当地履行而故意不适当、不完善地履行，本应尽职尽责地处理事务却故意搪塞和放弃。

根据《刑法》的规定，犯滥用职权罪的，处三年以下有期徒刑或者拘役；情节特别严重的，处三年以上七年以下有期徒刑。《刑法》另有规定的，依照规定。

国家机关工作人员徇私舞弊，犯此罪的，处五年以下有期徒刑或者拘役；情节特别严重的，处五年以上十年以下有期徒刑。《刑法》另有规定的，依照规定。

案例：为增加业绩，派出所所长授意下属违规乱罚的，构成滥用职权罪吗？

李某是某地派出所所长。为了满足自身的享乐需求，李某与时任派出所副所长的王某等人商议，通过给所内民警提成的方式，鼓励民警在上班期间违规罚款，增大罚款力度，以此筹集金钱供自己享受挥霍。在巨大利益的诱惑下，当地民警罚款力度不断加大，其间，所内民警赵某、白某等人曾在当地菜市场内，对正常经营的小商小贩无理由地大肆罚款，商贩张某向赵某索要处罚依据，遭到赵某等人打骂。该地在李某等人的管辖下，社会秩序遭受了极大的破坏，社会影响极其恶劣。李某被举报后，相关机关进行了细致的调查。案件起诉到法院后，李某以自己未参与相关罚款、民警的违法行为应当由民警自己承担为由主张免责。李某授意下属违规乱罚，是否构成滥用职权罪？

律师解析

对于滥用职权罪的认定，核心是把握本罪的主体身份，即国家机关工作人员而非普通人员。在本案中，李某作为国家机关工作人员，在任职期间，伙同王某等人以权谋私，违反法律规定处理公务，滥用行政权力，明知自己的行为会对国家和个人的财产造成严重的破坏，仍然鼓励和授意下属违规罚款，从事违法犯罪行为，明显具有主观故意，其犯罪行为对当地的社会秩序造成了严重影响，对国家机关的正常活动造成了严重的破坏，其行为已经构成滥用职权罪。

诤言挚语

政治家埃德蒙·伯克曾说："权力越大，滥用起来就越危险"。可见，对于权力的拥有者来说，一旦利欲熏心、行为不慎，就会滥用权力。特别是国家机关工作人员，身处要职，理应全心全意为人民服务，但是，总有些贪官被利益所诱惑，滥用掌握的权力为自己谋求私利，给国家、社会和个人的利益造成严重的损失，给国家的公务活动带来极大的破坏，对社会秩序造成严重的影响。作为国家机关工作人员，应当严于律己，以高标准要求自己，时刻警示自己；社会大众也要依法进行监督、举报，共同促进法治政府建设。

相关法条

《中华人民共和国刑法》

第三百九十七条　国家机关工作人员滥用职权或者玩忽职守，致使公共财产、国家和人民利益遭受重大损失的，处三年以下有期徒刑或者拘役；情节特别严重的，处三年以上七年以下有期徒刑。本法另有规定的，依照规定。

国家机关工作人员徇私舞弊，犯前款罪的，处五年以下有期徒刑或者拘役；情节特别严重的，处五年以上十年以下有期徒刑。本法另有规定的，依照规定。

《最高人民法院、最高人民检察院关于办理渎职刑事案件适用法律若干问题的解释（一）》

第一条　国家机关工作人员滥用职权或者玩忽职守，具有下列情形之一的，应当认定为刑法第三百九十七条规定的"致使公共财产、国家和人民利益遭受重大损失"：

（一）造成死亡1人以上，或者重伤3人以上，或者轻伤9人以上，或者重伤2人、轻伤3人以上，或者重伤1人、轻伤6人以上的；

（二）造成经济损失30万元以上的；

（三）造成恶劣社会影响的；

（四）其他致使公共财产、国家和人民利益遭受重大损失的情形。

具有下列情形之一的，应当认定为刑法第三百九十七条规定的“情节特别严重”：

（一）造成伤亡达到前款第（一）项规定人数3倍以上的；

（二）造成经济损失150万元以上的；

（三）造成前款规定的损失后果，不报、迟报、谎报或者授意、指使、强令他人不报、迟报、谎报事故情况，致使损失后果持续、扩大或者抢救工作延误的；

（四）造成特别恶劣社会影响的；

（五）其他特别严重的情节。

第二条 国家机关工作人员实施滥用职权或者玩忽职守犯罪行为，触犯刑法分则第九章第三百九十八条至第四百一十九条规定的，依照该规定定罪处罚。

国家机关工作人员滥用职权或者玩忽职守，因不具备徇私舞弊等情形，不符合刑法分则第九章第三百九十八条至第四百一十九条的规定，但依法构成第三百九十七条规定的犯罪的，以滥用职权罪或者玩忽职守罪定罪处罚。

17. 国有公司、企业、事业单位人员滥用职权罪

国有公司、企业、事业单位人员滥用职权罪是指国有公司、企业的工作人员，由于滥用职权，造成国有公司、企业破产或者严重损失，致使国家利益遭受重大损失的行为，以及国有事业单位的工作人员，由于滥用职权，致使国家利益遭受重大损失的行为。

国有公司、企业、事业单位人员滥用职权罪的主体是国有公司、企业、事

业单位的工作人员。另外，根据相关司法解释的规定，国有公司、企业委派到国有控股、参股公司从事公务的人员；国家出资企业中的国家工作人员，滥用职权，构成犯罪的，以本罪论。

国有公司、企业、事业单位人员滥用职权罪在主观方面表现为过失或间接故意。行为人滥用职权的行为虽然是直接故意，但其对造成国有公司、企业破产或者严重损失，致使国家利益遭受重大损失这些危害结果却是过失的，或者是间接故意的，其并不希望这些损失发生。

国有公司、企业滥用职权罪的客体是国有公司、企业的经济利益、管理秩序，以及社会主义市场经济秩序。国有事业单位人员滥用职权罪的客体是国家利益，具体而言是指社会主义市场经济秩序。

国有公司、企业、事业单位人员滥用职权罪在客观方面表现为行为人滥用职权，造成国有公司、企业破产或者严重损失，致使国家利益遭受重大损失的行为。国有公司、企业工作人员滥用职权，只有造成国有公司、企业破产或者严重损失，致使国家利益遭受重大损失才构成本罪；事业单位工作人员滥用职权，只有致使国家利益遭受重大损失，才构成本罪。

根据《刑法》的规定，对犯国有公司、企业、事业单位人员滥用职权罪的，根据情节轻重，分别依照下列规定处罚：

（1）国有公司、企业工作人员，滥用职权，造成国有公司、企业破产或者严重损失，致使国家利益遭受重大损失的，处三年以下有期徒刑或者拘役。

（2）国有公司、企业工作人员，滥用职权，造成国有公司、企业破产或者严重损失，致使国家利益遭受特别重大损失的，处三年以上七年以下有期徒刑。

（3）国有事业单位工作人员滥用职权，致使国家利益遭受重大损失的，依照第一项、第二项的规定处罚。

（4）国有公司、企业、事业单位的工作人员，徇私舞弊，犯本罪的，依照第一项、第二项的规定从重处罚。

案例：国有公司工作人员收受他人钱财，利用职权为他人谋取利益，如何定罪处罚？

孙某系某排水有限公司（国有公司）的总经理。2019 年 3 月，孙某负责某海域的海带养殖征收补偿工作（公务）。按照当时市政府会议纪要规定的征收补偿标准，养殖户可获得的补偿远低于往年市政府会议纪要规定的征收补偿标准。蒋某是一个海带养殖户，为了谋求更多的补偿款，蒋某找到孙某，并送给其 10 万元现金，希望其能帮助自己争取更多的补偿款。孙某收受了蒋某所赠财物，并利用自己全权负责该征收补偿工作的职权地位，适用已经失效的补偿标准，多支付蒋某 50 万元的补偿款。孙某构成何种犯罪，应受何种处罚？

律师解析

孙某构成受贿罪和国有公司人员滥用职权罪，应数罪并罚。本案中，孙某系某国有公司总经理，属于国家工作人员，在履行征收补偿的公务期间，其利用职务便利，收受蒋某财物，为蒋某多谋取补偿款，成立受贿罪。另外，孙某作为国有公司的总经理，其滥用自身全权负责征收补偿工作的职权地位，为他人谋取非法利益，造成该国有公司 50 万元的经济损失，致使国家利益遭受重大损失，构成国有公司人员滥用职权罪。孙某有受贿和滥用职权两个犯罪行为，故应以受贿罪和国有公司人员滥用职权罪数罪并罚。

诤言挚语

国有公司、企业、事业单位人员滥用职权罪与滥用职权罪不是一个罪名，两者的区别主要在于犯罪主体。滥用职权罪的主体是国家机关工作人员；而国有公司、企业、事业单位人员滥用职权罪的主体是国有公司、企业、事业单位人员。要注意“国家机关工作人员”不等于“国家工作人员”，“国家工作人员”包括“国家机关工作人员”和在国有公司、企业、事业单位等从事公务的人员以及其他人员。国有公司、企业、事业单位人员也应当在职权范围内合法实施行为，不侵犯本单位及国家利益。

相关法条

《中华人民共和国刑法》

第一百六十八条　国有公司、企业的工作人员，由于严重不负责任或者滥用职权，造成国有公司、企业破产或者严重损失，致使国家利益遭受重大损失的，处三年以下有期徒刑或者拘役；致使国家利益遭受特别重大损失的，处三年以上七年以下有期徒刑。

国有事业单位的工作人员有前款行为，致使国家利益遭受重大损失的，依照前款的规定处罚。

国有公司、企业、事业单位的工作人员，徇私舞弊，犯前两款罪的，依照第一款的规定从重处罚。

《最高人民法院关于如何认定国有控股、参股股份有限公司中的国有公司、企业人员的解释》

为准确认定刑法分则第三章第三节中的国有公司、企业人员，现对国有控股、参股的股份有限公司中的国有公司、企业人员解释如下：

国有公司、企业委派到国有控股、参股公司从事公务的人员，以国有公司、企业人员论。

《最高人民法院、最高人民检察院关于办理国家出资企业中职务犯罪案件具体应用法律若干问题的意见》

一、关于国家出资企业工作人员在改制过程中隐匿公司、企业财产归个人持股的改制后公司、企业所有的行为的处理

……

在企业改制过程中未采取低估资产、隐瞒债权、虚设债务、虚构产权交易等方式故意隐匿公司、企业财产的，一般不应当认定为贪污；造成国有资产重大损失，依法构成刑法第一百六十八条或者第一百六十九条规定的犯罪的，依照该规定定罪处罚。

四、关于国家工作人员在企业改制过程中的渎职行为的处理

国家出资企业中的国家工作人员在公司、企业改制或者国有资产处置过程中严重不负责任或者滥用职权，致使国家利益遭受重大损失的，依照刑法第一百六十八条的规定，以国有公司、企业人员失职罪或者国有公司、企业人员滥用职权罪定罪处罚。

……

《最高人民检察院研究室关于中国农业发展银行及其分支机构的工作人员法律适用问题的答复》

……

中国农业发展银行及其分支机构的工作人员严重不负责任或者滥用职权，构成犯罪的，应当依照刑法第一百六十八条的规定追究刑事责任。

《最高人民法院关于审理扰乱电信市场管理秩序案件具体应用法律若干问题的解释》

第六条 国有电信企业的工作人员，由于严重不负责任或者滥用职权，造成国有电信企业破产或者严重损失，致使国家利益遭受重大损失的，依照刑法第一百六十八条的规定定罪处罚。

《最高人民法院、最高人民检察院关于办理妨害预防、控制突发传染病疫情等灾害的刑事案件具体应用法律若干问题的解释》

第四条 国有公司、企业、事业单位的工作人员，在预防、控制突发传染病疫情等灾害的工作中，由于严重不负责任或者滥用职权，造成国有公司、企业破产或者严重损失，致使国家利益遭受重大损失的，依照刑法第一百六十八条的规定，以国有公司、企业、事业单位人员失职罪或者国有公司、企业、事业单位人员滥用职权罪定罪处罚。

18. 挪用公款罪

挪用公款罪是指国家工作人员利用职务上的便利，挪用公款归个人使用，进行非法活动的，或者挪用公款数额较大、进行营利活动的，或者挪用公款数额较大、超过三个月未还的行为。

挪用公款罪的主体是国家工作人员，这里的“国家工作人员”包括两类主体：

（1）国家机关中从事公务的人员。

（2）国有公司、企业、事业单位、人民团体中从事公务的人员和国家机关、国有公司、企业、事业单位委派到非国有公司、企业、事业单位、社会团体从事公务的人员，以及其他依照法律从事公务的人员。

挪用公款罪在主观方面表现为直接故意，即行为人有积极犯罪并追求结果发生的动机，需行为人明知是公款而故意挪作他用，其犯罪目的是利用自己职务上的便利非法取得公款的使用权。

挪用公款罪侵犯的客体是国家工作人员职务的廉洁性、国家财经管理制度和公共财产的所有权、使用权。挪用公款罪侵犯的对象主要是公款，此处的公款指的是资金而非单纯指现金。例如，失业保险基金、下岗职工基本生活保障资金、公有国库券等也属于挪用公款罪的公款的范围。

挪用公款罪在客观方面表现为行为人实施了利用职务上的便利，挪用公款归个人使用，进行非法活动，或者挪用数额较大的公款进行营利活动，或者挪用数额较大的公款超过三个月未归还的行为。该行为包含三个要件：第一，无权处分的行为人擅自实施了挪用公款的行为；第二，行为人利用职务之便而非工作之便实施上述行为；第三，行为人挪用公款归个人使用，此处的个人不限于本人，也包括他人。同时，挪用公款的客观方面应主要从行为、使用目的、数额以及次数上进行把控。

根据《刑法》的规定，对犯挪用公款罪的，根据情节轻重，分别依照下列规定处罚：

（1）挪用公款归个人使用、进行非法活动的，或者挪用公款数额较大、进行营利活动的，或者挪用公款数额较大、超过三个月未还的，处五年以下有期徒刑或者拘役。

（2）挪用公款情节严重的，处五年以上有期徒刑。

（3）挪用公款数额巨大不退还的，处十年以上有期徒刑或者无期徒刑。

挪用用于救灾、抢险、防汛、优抚、扶贫、移民、救济款物归个人使用的，从重处罚。挪用上述款物归个人使用的数额标准，参照挪用公款归个人使用进行非法活动的数额标准。多次挪用公款不还，挪用公款数额累计计算；多次挪用公款，并以后次挪用的公款归还前次挪用的公款，挪用公款数额以案发时未还的实际数额认定。挪用公款进行非法活动构成其他犯罪的，依照数罪并罚的规定处罚。

案例：挪用公款给他人验资周转使用，是否构成挪用公款罪？

李某曾于2006年至2008年任中国农业银行某支行储蓄所主任。在任职期间，其多次将客户存入银行的存款挪用给王某用于注册公司验资周转，并于3个月内归还。2008年案发后李某畏罪潜逃，2018年李某被抓捕归案，人民检察院于2019年2月对其以挪用公款罪向人民法院提起诉讼。但是李某辩称现中国农业银行股份有限公司并非国有独资金融机构，自己并非国家工作人员，其工作不具有《刑法》上的公务性，同时客户存款并非公款，且李某将资金转至公司账户给王某注册公司验资周转并于3个月内归还的行为并非供个人使用进行营利活动，认为其不构成挪用公款罪。那么，李某的行为是否构成挪用公款罪？

律师解析

李某的行为构成挪用公款罪。首先，李某犯罪时中国农业银行为国有商业银行，其在国有金融机构从事公务，虽然中国农业银行已改制为中国农业银行股份有限公司，但因其从事犯罪活动时，仍符合《刑法》第一百八十五条第二款国有金融机构要件要求，故其主体身份属于国家工作人员。其次，根据《最高人民检察院关于人民检察院直接受理立案侦查案件立案标准的规定（试行）》，国有金融机构工作人员和国有金融机构委派到非国有金融机构从事公务的人员，利用职务上的便利，挪用本单位或者客户资金的，以挪用公款罪追究刑事责任。被告人李某挪用的款项系储户在银行的存款，应归属于公款。再次，挪用公款给私有公司、私有企业使用的，属于挪用公款归个人使用。最后，李某将挪用的资金用作王某开办公司验资周转，是为进行营利活动做准备，是王某开办公司进行营利活动不可分割的组成部分，属于挪用公款进行营利活动。故李某的行为构成挪用公款罪。

诤言挚语

一时的贪念可能获得暂时的利益，但是君子爱财，取之有道，国家工作人员利用自己手中的权力，游走于法律的边缘，终将害人害己。除却道德的约束，法律是维护社会公平正义的最后一道防线。无论身处什么岗位，作为国家工作人员，都应当恪守自己的本职工作，勿因一点点利益丧失做人的底线，突破法律的界限终会将自己推向无底的深渊。

相关法条

《中华人民共和国刑法》

第一百八十五条第二款 国有商业银行、证券交易所、期货交易所、证券公司、期货经纪公司、保险公司或者其他国有金融机构的工作人员和国有商业银行、证券交易所、期货交易所、证券公司、期货经纪公司、保险公司或者其他国有金融机构委派到前款规定中的非国有机构从事公务的人员有前款行为的，依照本法第三百八十四条的规定定罪处罚。

第二百七十二条 公司、企业或者其他单位的工作人员，利用职务上的便利，挪用本单位资金归个人使用或者借贷给他人，数额较大、超过三个月未还的，或者虽未超过三个月，但数额较大、进行营利活动的，或者进行非法活动的，处三年以下有期徒刑或者拘役；挪用本单位资金数额巨大的，处三年以上七年以下有期徒刑；数额特别巨大的，处七年以上有期徒刑。

国有公司、企业或者其他国有单位中从事公务的人员和国有公司、企业或者其他国有单位委派到非国有公司、企业以及其他单位从事公务的人员有前款行为的，依照本法第三百八十四条的规定定罪处罚。

有第一款行为，在提起公诉前将挪用的资金退还的，可以从轻或者减轻处罚。其中，犯罪较轻的，可以减轻或者免除处罚。

第三百八十四条 国家工作人员利用职务上的便利，挪用公款归个人使用，进行非法活动的，或者挪用公款数额较大、进行营利活动的，或者挪用公款数额较大、超过三个月未还的，是挪用公款罪，处五年以下有期徒刑或者拘役；情节严重的，处五年以上有期徒刑。挪用公款数额巨大不退还的，处十年以上有期徒刑或者无期徒刑。

挪用用于救灾、抢险、防汛、优抚、扶贫、移民、救济款物归个人使用的，从重处罚。

《最高人民法院关于审理挪用公款案件具体应用法律若干问题的解释》

第一条　刑法第三百八十四条规定的“挪用公款归个人使用”，包括挪用者本人使用或者给他人使用。

挪用公款给私有公司、私有企业使用的，属于挪用公款归个人使用。

第二条　对挪用公款罪，应区分三种不同情况予以认定：

（一）挪用公款归个人使用，数额较大、超过三个月未还的，构成挪用公款罪。

挪用正在生息或者需要支付利息的公款归个人使用，数额较大，超过三个月但在案发前全部归还本金的，可以从轻处罚或者免除处罚。给国家、集体造成的利息损失应予追缴。挪用公款数额巨大，超过三个月，案发前全部归还的，可以酌情从轻处罚。

（二）挪用公款数额较大，归个人进行营利活动的，构成挪用公款罪，不受挪用时间和是否归还的限制。在案发前部分或者全部归还本息的，可以从轻处罚；情节轻微的，可以免除处罚。

挪用公款存入银行、用于集资、购买股票、国债等，属于挪用公款进行营利活动。所获取的利息、收益等违法所得，应当追缴，但不计入挪用公款的数额。

（三）挪用公款归个人使用，进行赌博、走私等非法活动的，构成挪用公款罪，不受“数额较大”和挪用时间的限制。

挪用公款给他人使用，不知道使用人用公款进行营利活动或者用于非法活动，数额较大、超过三个月未还的，构成挪用公款罪；明知使用人用于营利活动或者非法活动的，应当认定为挪用人挪用公款进行营利活动或者非法活动。

第三条第一款、第二款、第四款　挪用公款归个人使用，“数额较大、进行营利活动的”，或者“数额较大、超过三个月未还的”，以挪用公款一万元至三万元为“数额较大”的起点，以挪用公款十五万元至二十万元为“数额巨大”的起点。挪用公款“情节严重”，是指挪用公款数额巨大，或者数额虽未达到巨大，但挪用公款手段恶劣；多次挪用公款；因挪用公款严重影响生产、经营，造成严重损失等情形。

“挪用公款归个人使用，进行非法活动的”，以挪用公款五千元至一万元为追究刑事责任的数额起点。挪用公款五万元至十万元以上的，属于挪用公款归个人使用，进行非法活动，“情节严重”的情形之一。挪用公款归个人使用，进行非法活动，情节严重的其他情形，按照本条第一款的规定执行。

挪用救灾、抢险、防汛、优抚、扶贫、移民、救济款物归个人使用的数额标准，参照挪用公款归个人使用进行非法活动的数额标准。

第四条 多次挪用公款不还，挪用公款数额累计计算；多次挪用公款，并以后次挪用的公款归还前次挪用的公款，挪用公款数额以案发时未还的实际数额认定。

第六条 携带挪用的公款潜逃的，依照刑法第三百八十二条、第三百八十三条的规定定罪处罚。

第七条 因挪用公款索取、收受贿赂构成犯罪的，依照数罪并罚的规定处罚。

挪用公款进行非法活动构成其他犯罪的，依照数罪并罚的规定处罚。

第八条 挪用公款给他人使用，使用人与挪用人共谋，指使或者参与策划取得挪用款的，以挪用公款罪的共犯定罪处罚。

《最高人民检察院关于人民检察院直接受理立案侦查案件立案标准的规定（试行）》

一、贪污贿赂犯罪案件

（二）挪用公款案（第384条、第185条第2款、第272条第2款）

……

国有金融机构工作人员和国有金融机构委派到非国有金融机构从事公务的人员，利用职务上的便利，挪用本单位或者客户资金的，以挪用公款罪追究刑事责任。

国有公司、企业或者其他国有单位中从事公务的人员和国有公司、企业或者其他国有单位委派到非国有公司、企业以及其他单位从事公务的人员，利用职务上的便利，挪用本单位资金归个人使用或者借贷给他人，数额较大，超过三个月未还的，或者虽未超过三个月，但数额较大，进行营利活动的，或者进行非法活动的，以挪用公款罪追究刑事责任。

涉嫌下列情形之一的，应予立案：

1. 挪用公款归个人使用，数额在5千元至1万元以上，进行非法活动的；

2. 挪用公款数额在1万元至3万元以上，归个人进行营利活动的；

3. 挪用公款归个人使用，数额在1万元至3万元以上，超过3个月未还的。

各省级人民检察院可以根据本地实际情况，在上述数额幅度内，确定本地区执行的具体数额标准，并报最高人民检察院备案。

“挪用公款归个人使用”，既包括挪用者本人使用，也包括给他人使用。

多次挪用公款不还的，挪用公款数额累计计算；多次挪用公款并以后次挪用的公款归还前次挪用的公款，挪用公款数额以案发时未还的数额认定。

挪用公款给其他个人使用的案件，使用人与挪用人共谋，指使或者参与策划取得挪用款的，对使用人以挪用公款罪的共犯追究刑事责任。

《全国人民代表大会常务委员会关于〈中华人民共和国刑法〉第九十三条第二款的解释》

全国人民代表大会常务委员会讨论了村民委员会等村基层组织人员在从事哪些工作时属于刑法第九十三条第二款规定的“其他依照法律从事公务的人员”，解释如下：

村民委员会等村基层组织人员协助人民政府从事下列行政管理工作，属于刑法第九十三条第二款规定的“其他依照法律从事公务的人员”：

（一）救灾、抢险、防汛、优抚、扶贫、移民、救济款物的管理；

（二）社会捐助公益事业款物的管理；

（三）国有土地的经营和管理；

（四）土地征收、征用补偿费用的管理；

（五）代征、代缴税款；

（六）有关计划生育、户籍、征兵工作；

（七）协助人民政府从事的其他行政管理工作。

村民委员会等村基层组织人员从事前款规定的公务，利用职务上的便利，非法占有公共财物、挪用公款、索取他人财物或者非法收受他人财物，构成犯罪的，适用刑法第三百八十二条和第三百八十三条贪污罪、第三百八十四条挪用公款罪、第三百八十五条和第三百八十六条受贿罪的规定。

19. 滥用管理公司、证券职权罪

滥用管理公司、证券职权罪是指市场监督管理、证券管理等国家有关主管部门的工作人员徇私舞弊，滥用职权，对不符合法律规定条件的公司设立、登记申请或者股票、债券发行、上市申请予以批准或者登记，致使公共财产、国家和人民利益遭受重大损失的行为，以及上级部门、当地政府强令登记机关及其工作人员实施上述行为的行为。

本罪的主体是国家有关主管部门的国家工作人员。国家有关主管部门是指负责对公司设立、登记申请或者股票、债券发行、上市申请的条件是否符合法律规定予以审核、批准或者登记的国家机关。国家有关主管部门的国家工作人员包括以下几类：

（1）法律、行政法规规定的审批有限责任公司设立的国家机关的国家工作人员。

（2）审批股份有限公司设立的国务院授权的部门或者省级人民政府中的国家工作人员。

（3）审批以募股方式设立股份有限公司的国务院证券管理部门中的国家工作人员。

（4）公司设立的登记机关中的国家工作人员，一般是指市场监督管理机关中的国家工作人员。

（5）审批股票发行的国务院授权部门或者省级人民政府，或者国务院证券管理部门中的国家工作人员。

（6）审批股票上市的国务院或者证券管理部门中的国家工作人员。

（7）审批债券发行的国务院证券管理部门中的国家工作人员。

本罪中的上级部门，既包括登记机关，即市场监督管理机关的上级领导管理部门，也包括市场监督管理机关以外的对市场监督管理机关负有领导责任的部门，既包括上级部门的负责人，也包括在上级部门工作的具体工作人员。

滥用管理公司、证券职权罪在主观方面表现为故意，即行为人对公司的设立、登记申请或者股票、债券发行、上市申请不符合法定条件是明知的，对非法批准、登记可能会造成公共财产、国家和人民利益遭受重大损失的结果持放任态度。

滥用管理公司、证券职权罪侵犯的客体是公司设立审批、登记机关和股票、债券发行、上市审批机关的正常秩序。

滥用管理公司、证券职权罪在客观方面表现为市场监督管理、证券管理等国家有关主管部门的工作人员徇私舞弊，滥用职权，对不符合法律规定条件的公司设立、登记申请或者股票、债券发行、上市申请予以批准或者登记，致使公共财产、国家和人民利益遭受重大损失的行为，以及上级部门、当地政府强令登记机关及其工作人员实施上述行为的行为。

根据《刑法》的规定，对犯滥用管理公司、证券职权罪的，处五年以下有期徒刑或者拘役。

上级部门强令登记机关及其工作人员实施前述行为的，对其直接负责的主管人员，依照此罪的规定处罚。

案例：滥用职权收取好处费，对不符合公司设立条件的公司予以审批通过后，退缴全部非法所得的，还构成滥用管理公司、证券职权罪吗？

王某在担任A市市场监督管理局行政许可服务科科长期间，发现A市某商务秘书公司的法定代表人张某在代办公司登记过程中提交的申请材料存在地址重复、签名雷同等问题，后张某明确告知王某其提供的申请材料除身份证外其余均系伪造。但在张某许诺每办理成功一家公司营业执照给王某500元好处费的情况下，王某对张某代办公司登记的行为均予以审批通过。因张某的代办业务量较大，王某每次都是在明知张某提供的材料不符合公司登记设立条件的情况下，仍予以审批通过。后张某使用虚假材料注册成功的公司虚开增值税普通发票，使国家税款的收取遭受了严重损失。截止到案发时，王某收受张某给予的好处费共计人民币25000元。案发后，王某退赔了其所收取的好处费，并经由检察机关收缴并上缴国库。王某收取好处费为张某办理公司审批登记，但案发后将非法所得全部退缴的行为，是否构成滥用管理公司、证券职权罪？

律师解析

在本案中，王某虽然将非法所得退缴，但王某的行为构成滥用管理公司、证券职权罪。首先，从主体来看，王某系市场监督管理部门的工作人员，符合本罪的主体要件的要求。其次，王某明知张某提供的系虚假的公司注册登记材料，仍滥用职权，违反审批程序，为其办理注册登记，致使张某利用虚假材料注册的公司虚开增值税普通发票的犯罪行为得逞，使国家税款遭受重大损失，其行为主观方面表现为故意，客观方面也完全符合滥用管理公司、证券职权罪的构成特征。最后，虽然王某于案发后将非法所得及时退缴，但是此要件仅作为量刑情节考虑而非犯罪构成要件。王某滥用职权，对不符合公司设立程序的公司审批通过，严重扰乱市场秩序，其行为完全符合滥用管理公司、证券职权罪的要件要求，故王某的行为构成滥用管理公司、证券职权罪，依法应当被追究刑事责任。

诤言挚语

程序于社会的公平而言具有非常重要的作用。作为国家工作人员，与普通的公民相比，只不过是社会分工不同。行政许可是对普通公民从事某些行业进行程序上的约束，只有程序上的正义才能更充分地保障实体上的正义，我们的社会生活才会变得有秩序。

相关法条

《中华人民共和国刑法》

第四百零三条　国家有关主管部门的国家机关工作人员，徇私舞弊，滥用职权，对不符合法律规定条件的公司设立、登记申请或者股票、债券发行、上市申请，予以批准或者登记，致使公共财产、国家和人民利益遭受重大损失的，处五年以下有期徒刑或者拘役。

上级部门强令登记机关及其工作人员实施前款行为的，对其直接负责的主管人员，依照前款的规定处罚。

《最高人民检察院关于渎职侵权犯罪案件立案标准的规定》

一、渎职犯罪案件

（十三）滥用管理公司、证券职权案（第四百零三条）

……

涉嫌下列情形之一的，应予立案：

1. 造成直接经济损失 50 万元以上的；

2. 工商行政管理部门[①]的工作人员对不符合法律规定条件的公司设立、登记申请，违法予以批准、登记，严重扰乱市场秩序的；

3. 金融证券管理机构工作人员对不符合法律规定条件的股票、债券发行、上市申请，违法予以批准，严重损害公众利益，或者严重扰乱金融秩序的；

4. 工商行政管理部门、金融证券管理机构的工作人员对不符合法律规定条件的公司设立、登记申请或者股票、债券发行、上市申请违法予以批准或者登记，致使犯罪行为得逞的；

5. 上级部门、当地政府直接负责的主管人员强令登记机关及其工作人员，对不符合法律规定条件的公司设立、登记申请或者股票、债券发行、上市申请予以批准或者登记，致使公共财产、国家或者人民利益遭受重大损失的；

6. 其他致使公共财产、国家和人民利益遭受重大损失的情形。

《人民检察院直接受理立案侦查的渎职侵权重特大案件标准（试行）》

十一、滥用管理公司、证券职权案

（一）重大案件

1. 造成直接经济损失五十万元以上的；

2. 因违法批准或者登记致使发生刑事犯罪的。

（二）特大案件

1. 造成直接经济损失一百万元以上的；

2. 因违法批准或者登记致使发生重大刑事犯罪的。

---

① 现为市场监督管理部门。

20. 故意泄露国家秘密罪

故意泄露国家秘密罪是指国家机关工作人员或者非国家机关工作人员违反《保守国家秘密法》，故意使国家秘密被不应知悉者知悉，或者故意使国家秘密超出了限定的接触范围，情节严重的行为。

故意泄露国家秘密罪的主体是特殊主体，主要是国家机关工作人员，但是一般主体也能构成本罪。国家机关工作人员，是指在各级人大及其常委会、各级人民政府以及审判机关、检察机关、军事机关工作的人员。

除上述主体外，国家机关工作人员还包括以下几类：

（1）在依照法律、法规规定行使国家行政管理职权的组织中从事公务的人员；

（2）在受国家机关委托代表国家机关行使职权的组织中从事公务的人员；

（3）虽未列入国家机关人员编制但在国家机关中从事公务的人员，在代表国家机关行使职权时，有渎职行为，构成犯罪的人员。

故意泄露国家秘密罪在主观方面表现为故意，即行为人明知自己的泄密行为会产生危害后果，仍然违反《保守国家秘密法》的规定，放任危害结果的发生，致使国家秘密泄露。

故意泄露国家秘密罪的客体是国家的保密制度。主要涉及有关保守国家秘密、防止泄露的制度，以及秘密种类、秘密等级、保密措施等一系列规定的制度。

故意泄露国家秘密罪在客观方面表现为国家机关工作人员或者非国家机关工作人员违反《保守国家秘密法》的相关规定，故意使国家秘密被不应知悉者知悉，或者故意使国家秘密超出了限定的接触范围，情节严重的行为。

根据《刑法》的规定，对犯故意泄露国家秘密罪，情节严重的，处三年以下有期徒刑或者拘役；情节特别严重的，处三年以上七年以下有期徒刑。

非国家机关工作人员犯此罪的，依照前述规定酌情处罚。

案例：以牟利为目的，在国家组织的考试过程中用电子设备向考生传递答案，构成故意泄露国家秘密罪吗？

2015年5月，为了牟利，罗某伙同他人通过电子设备向参加全国卫生专业技术资格考试的学生传递答案。考试前，罗某将传递答案的中转电子设备隐藏在考点周围，通过QQ接收答案，并将答案通过电子设备传递给考生。在作案过程中，罗某被当场抓获。后检察机关以故意泄露国家秘密罪将被告人罗某起诉至法院。但罗某却辩称，其行为不构成故意泄露国家秘密罪。首先，其不是国家工作人员，也不是国家秘密的持有者，其行为属于考试作弊，故不能以故意泄露国家秘密罪追究其刑事责任。其次，本案涉案的答案不是全部标准答案，而是教材中的答案，且部分答案可通过上网查阅到，不属于国家秘密。那么，在本案中，罗某的行为是否构成故意泄露国家秘密罪？

律师解析

在本案中，罗某以牟利为目的，在国家组织的考试过程中用电子设备向考生传递答案，构成故意泄露国家秘密罪。首先，本罪的主体并未完全框定在国家工作人员的范围内，一般主体也符合本罪主体要件的要求。其次，被告人提供的答案虽未与标准答案完全符合，但是已大部分重合。根据《国家医学统一考试安全保密工作管理办法实施意见》的规定，国家医学统一考试的试题、标准答案和评分标准在未启用前属机密级国家秘密事项，启用后至考试结束前试卷按照秘密事项管理。罗某在考试过程中外泄的部分标准答案属国家机密级事项，其以牟利为目的，故意泄露国家秘密的行为违反了《保守国家秘密法》的规定，符合以谋取私利为目的泄露国家秘密立案追责的要求，其行为已构成故意泄露国家秘密罪。在《刑法修正案（九）》施行后，罗某的行为亦可构成组织考试作弊罪，非法出售、提供试题、答案罪。

诤言挚语

行军可走千山万水，保密勿越雷池一步。秘密不保，国将不国。国家秘密关乎我们的国家安全、社会稳定，影响国家的发展。每一个公民都负有保密职责，切不可心存侥幸，随心所欲，置国家利益于不顾。

相关法条

《中华人民共和国刑法》

第三百九十八条　国家机关工作人员违反保守国家秘密法的规定，故意或者过失泄露国家秘密，情节严重的，处三年以下有期徒刑或者拘役；情节特别严重的，处三年以上七年以下有期徒刑。

非国家机关工作人员犯前款罪的，依照前款的规定酌情处罚。

《中华人民共和国保守国家秘密法》

第九条　下列涉及国家安全和利益的事项，泄露后可能损害国家在政治、经济、国防、外交等领域的安全和利益的，应当确定为国家秘密：

（一）国家事务重大决策中的秘密事项；

（二）国防建设和武装力量活动中的秘密事项；

（三）外交和外事活动中的秘密事项以及对外承担保密义务的秘密事项；

（四）国民经济和社会发展中的秘密事项；

（五）科学技术中的秘密事项；

（六）维护国家安全活动和追查刑事犯罪中的秘密事项；

（七）经国家保密行政管理部门确定的其他秘密事项。

政党的秘密事项中符合前款规定的，属于国家秘密。

第十条　国家秘密的密级分为绝密、机密、秘密三级。

绝密级国家秘密是最重要的国家秘密，泄露会使国家安全和利益遭受特别严重的损害；机密级国家秘密是重要的国家秘密，泄露会使国家安全和利益遭受严重的损害；秘密级国家秘密是一般的国家秘密，泄露会使国家安全和利益遭受损害。

第二十四条 机关、单位应当加强对涉密信息系统的管理，任何组织和个人不得有下列行为：

（一）将涉密计算机、涉密存储设备接入互联网及其他公共信息网络；

（二）在未采取防护措施的情况下，在涉密信息系统与互联网及其他公共信息网络之间进行信息交换；

（三）使用非涉密计算机、非涉密存储设备存储、处理国家秘密信息；

（四）擅自卸载、修改涉密信息系统的安全技术程序、管理程序；

（五）将未经安全技术处理的退出使用的涉密计算机、涉密存储设备赠送、出售、丢弃或者改作其他用途。

《最高人民检察院关于渎职侵权犯罪案件立案标准的规定》

一、渎职犯罪案件

（三）故意泄露国家秘密案（第三百九十八条）

……

涉嫌下列情形之一的，应予立案：

1. 泄露绝密级国家秘密 1 项（件）以上的；

2. 泄露机密级国家秘密 2 项（件）以上的；

3. 泄露秘密级国家秘密 3 项（件）以上的；

4. 向非境外机构、组织、人员泄露国家秘密，造成或者可能造成危害社会稳定、经济发展、国防安全或者其他严重危害后果的；

5. 通过口头、书面或者网络等方式向公众散布、传播国家秘密的；

6. 利用职权指使或者强迫他人违反国家保守秘密法的规定泄露国家秘密的；

7. 以牟取私利为目的泄露国家秘密的；

8. 其他情节严重的情形。

《人民检察院直接受理立案侦查的渎职侵权重特大案件标准（试行）》

三、故意泄露国家秘密案

（一）重大案件

1. 故意泄露绝密级国家秘密一项以上，或者泄露机密级国家秘密三项以上，或者泄露秘密级国家秘密五项以上的；

2. 故意泄露国家秘密造成直接经济损失五十万元以上的；

3. 故意泄露国家秘密对国家安全构成严重危害的；

4. 故意泄露国家秘密对社会秩序造成严重危害的。

（二）特大案件

1. 故意泄露绝密级国家秘密二项以上，或者泄露机密级国家秘密五项以上，或者泄露秘密级国家秘密七项以上的；

2. 故意泄露国家秘密造成直接经济损失一百万元以上的；

3. 故意泄露国家秘密对国家安全构成特别严重危害的；

4. 故意泄露国家秘密对社会秩序造成特别严重危害的。

《最高人民法院关于〈中华人民共和国刑法修正案（九）〉时间效力问题的解释》

第六条 对于2015年10月31日以前组织考试作弊，为他人组织考试作弊提供作弊器材或者其他帮助，以及非法向他人出售或者提供考试试题、答案，根据修正前刑法应当以非法获取国家秘密罪，非法生产、销售间谍专用器材罪或者故意泄露国家秘密罪等追究刑事责任的，适用修正前刑法的有关规定。但是，根据修正后刑法第二百八十四条之一的规定处刑较轻的，适用修正后刑法的有关规定。

21. 私放在押人员罪

私放在押人员罪是指司法工作人员私放在押（包括在羁押场所和押解途中）的犯罪嫌疑人、被告人或者罪犯的行为。

私放在押人员罪的主体是司法工作人员，在这里主要是指负有监管职责的司法工作人员，包括在羁押场所和押解途中工作的管教和看守人员，本罪行为人构成真正的身份犯。羁押场所包括看守所、拘留所、少年犯管教所和监狱等。对押解途中做扩大解释，包括执行逮捕和押解途中。

私放在押人员罪在主观方面表现为故意，属直接故意，即行为人明知是在押的犯罪嫌疑人、被告人或者罪犯，而故意将其非法释放，行为人希望在押人员得以释放这一危害结果发生。行为人的犯罪动机多种多样，比如贪赃受贿、包庇同伙、徇私情等，犯罪动机不影响本罪的成立。

私放在押人员罪侵犯的客体是国家监管机关的监管制度，即看守所、拘役所、少年犯管教所、监狱等监管机关的监管制度。本罪的犯罪对象，是依法被关押的（包括在羁押场所和押解途中）的犯罪嫌疑人、被告人和罪犯，不包括被行政拘留和司法拘留的人员。

私放在押人员罪在客观方面表现为利用职务便利私自释放在押的犯罪嫌疑人、被告人或者罪犯的行为。虽然《刑法》第四百条第一款规定并未出现“利用职务便利”这样的字眼，但因为本罪系属渎职罪且行为人是真正的身份犯，故实施本罪必然利用了职务便利。若依法释放罪犯或并未利用职务便利，则不构成本罪。“利用职务便利”是指司法工作人员利用其监管、押解以及提审等的工作上的便利条件。“私放”是指未经合法程序，擅自释放在押的犯罪嫌疑人、被告人或罪犯的行为。私放在押人员罪的行为方式包括作为和不作为两种。

常见的作为方式有以下几种：

（1）滥用职权，篡改刑期，使犯罪嫌疑人、被告人或者罪犯在“合法”

的外衣下逃避关押；

（2）假借事由，将刑期未满的犯罪嫌疑人、被告人或者罪犯私自“刑满”释放；

（3）编造事由，将依法逮捕的罪犯当作错捕予以释放；

（4）利用提审、押解罪犯的机会私放犯罪嫌疑人、被告人或者罪犯，谎称罪犯脱逃；

（5）为罪犯逃离关押场所创造条件等。

不作为方式主要是指在罪犯脱逃时不阻拦、不追捕。

私放在押人员罪与徇私枉法罪的区分：

相同点：两者的犯罪主体都是司法工作人员，都利用了职务上的便利，在犯罪客体方面，都侵犯了司法机关的正常活动。

不同点：（1）犯罪主体的职责权限不同。虽然两者的犯罪主体都是司法工作人员，但两者的具体职责权限不同，前者主要是对犯罪嫌疑人、被告人或者罪犯负有监管、押解或者提审等职责；后者主要是对刑事案件负有立案、侦查、起诉或审判等职责。

（2）犯罪客观方面的具体表现不同。前者主要是利用监管、押解等职务之便，擅自释放在押的犯罪嫌疑人、被告人或者罪犯；而后者主要是利用立案、侦查、起诉或审判等的职务之便，对明知有罪之人作出不立案、不侦查、不起诉、不审判或者裁定无罪等。

根据《刑法》的规定，对犯私放在押人员罪的，处五年以下有期徒刑或者拘役；情节严重的，处五年以上十年以下有期徒刑；情节特别严重的，处十年以上有期徒刑。

案例：私放在押犯罪嫌疑人、被告人与亲属会面，其又返回监所的，行为人是否构成私放在押人员罪？因收受贿赂而私放在押人员的，如何定罪量刑？

张某是某市公安局看守所所长。某日，刑事在押被告人孙某称儿子刚刚做过手术，想回家探望。张某于是将孙某带出看守所前往孙某儿子所在地，张某当晚在某酒店留宿，孙某自行回家省亲。第二天9时许，孙某到酒店与张某会合，两人共同返回看守所。经查：孙某出看守所当天通过其妻将人民币6万元交予张某，且张某在此期间的车票、酒店等费用均由孙某支付。本案中，孙某在看守所所长张某的同意下，自行短暂脱离监管又返回，张某是否构成私放在押人员罪？如何对张某定罪量刑？

律师解析

本案中，张某构成私放在押人员罪和受贿罪，应数罪并罚，依法被追究刑事责任。张某作为某市公安局看守所所长，具备司法工作人员身份，其利用职务便利，明知孙某为刑事在押人员，而未经法定程序私自帮助其脱离监管与亲属会面，违反了看守所的监管制度，构成私放在押人员罪。孙某返回看守所不影响本罪的成立和既遂，因为张某私自允许孙某自行回家省亲的行为已经违反了国家监管机关的监管制度，具备法益侵害性，张某的行为构成私放在押人员罪（既遂）。此外，张某作为国家工作人员，利用职务上的便利，非法收受孙某财物，为孙某回家省亲开辟“通道”，侵犯了国家机关工作人员的职务廉洁性，构成受贿罪（既遂）。虽然张某的受贿行为和私放在押人员行为具有原因和结果的牵连关系，属于牵连犯，但这两种行为侵犯了两种法益，故应当数罪并罚。综上，本案中，孙某在看守所所长张某的同意下，自行短暂脱离监管又返回，张某仍构成私放在押人员罪；应对张某以私放在押人员罪（既遂）和受贿罪（既遂）数罪并罚定罪论处。

诤言挚语

我们应当将权力关进制度的笼子里，而不是让权力凌驾于制度之上。国家工作人员应当廉洁奉公，尤其是司法工作人员，更应当自觉带头遵守国家法律法规和规章制度，而不是知法犯法。

相关法条

《中华人民共和国刑法》

第四百条第一款　司法工作人员私放在押的犯罪嫌疑人、被告人或者罪犯的，处五年以下有期徒刑或者拘役；情节严重的，处五年以上十年以下有期徒刑；情节特别严重的，处十年以上有期徒刑。

第九十四条　本法所称司法工作人员，是指有侦查、检察、审判、监管职责的工作人员。

《最高人民检察院关于渎职侵权犯罪案件立案标准的规定》

一、渎职犯罪案件

（九）私放在押人员案（第四百条第一款）

……

涉嫌下列情形之一的，应予立案：

1. 私自将在押的犯罪嫌疑人、被告人、罪犯放走，或者授意、指使、强迫他人将在押的犯罪嫌疑人、被告人、罪犯放走的；

2. 伪造、变造有关法律文书、证明材料，以使在押的犯罪嫌疑人、被告人、罪犯逃跑或者被释放的；

3. 为私放在押的犯罪嫌疑人、被告人、罪犯，故意向其通风报信、提供条件，致使该在押的犯罪嫌疑人、被告人、罪犯脱逃的；

4. 其他私放在押的犯罪嫌疑人、被告人、罪犯应予追究刑事责任的情形。

《最高人民检察院关于工人等非监管机关在编监管人员私放在押人员行为和失职致使在押人员脱逃行为适用法律问题的解释》

为依法办理私放在押人员犯罪案件和失职致使在押人员脱逃犯罪案件，对工人等非监管机关在编监管人员私放在押人员行为和失职致使在押人员脱逃行为如何适用法律问题解释如下：

工人等非监管机关在编监管人员在被监管机关聘用受委托履行监管职责的过程中私放在押人员的，应当依照刑法第四百条第一款的规定，以私放在押人员罪追究刑事责任；由于严重不负责任，致使在押人员脱逃，造成严重后果的，应当依照刑法第四百条第二款的规定，以失职致使在押人员脱逃罪追究刑事责任。

22. 放纵走私罪

放纵走私罪是指海关工作人员徇私舞弊，放纵走私，情节严重的行为。

放纵走私罪的主体为特殊主体，即海关工作人员。

放纵走私罪在主观方面表现为故意，即行为人明知自己的行为为徇私舞弊行为，明知自己的行为可能造成不利后果仍然违反法律规定。行为人的犯罪动机是出于徇私。

放纵走私罪侵犯的客体是国家的海关监督管理制度。海关是国家的进出关境监督管理机关。依照《海关法》和其他有关法律、行政法规的规定，海关负责监管进出境的运输工具、货物、行李物品、邮递物品和其他物品，征收关税和其他税、费，查缉走私，并编制海关统计和办理其他海关业务。海关工作人员徇私舞弊，放纵走私，不仅纵容走私这种违法犯罪行为，而且破坏了海关监管制度。根据《海关法》的规定，海关工作人员包庇、纵容走私或者与他人串通进行走私的，依法给予行政处分；有违法所得的，依法没收违法所得；构成犯罪的，依法追究刑事责任。

放纵走私罪在客观方面表现为海关工作人员徇私舞弊，放纵走私，情节严重的行为。构成该罪的海关工作人员必须有利用职务之便进行徇私舞弊的行为。放纵走私，是指海关工作人员以贪图钱财、袒护亲友等私情私利为动机，在明知是走私行为的情况下对其予以放纵的行为。海关工作人员徇私舞弊、放纵走私的行为只有在情节严重时才构成犯罪。所谓情节严重，是指多次放纵走私、放纵多名走私行为人、放纵走私犯罪分子、放纵走私行为造成严重后果。

根据《刑法》的规定，对犯放纵走私罪，情节严重的，处五年以下有期徒刑或者拘役；情节特别严重的，处五年以上有期徒刑。

案例：海关工作人员利用职务便利，多次放纵走私，是否构成放纵走私罪?

黄某于2018年间，利用其在某海关码头负责对通关货物进行查验的职务便利，在发现通关货物与单证不符时，仍作出虚假批注，多次放纵走私，并收受报关公司贿赂。其中，2018年3月，黄某在对A海关服务有限公司以一般贸易方式申报出口的文具等一系列货物实施人工查验时，未按照查验要求开拆足够箱数，也未对货物真实品名、数量等进行认真查验，且在发现货物实际绝大部分是仿真枪的情况下，仍在海关查验单上批注“发现实际到货除申报货物外，另有圆珠笔等，不涉通关单等监管条件变化”，提出“移交通关”的处理意见，并收受了该票货物报关公司赠送的现金。后经复查复验，该票货柜实际装载的通关货物绝大部分为“疑似仿真枪”。2018年4月，黄某在对B报关服务有限公司以衣物等申报出口的货物实施人工查验，发现货物实际为电器时，仍在海关查验单上批注“发现申报货物实际到货外，还有手袋等，不涉通关单等监管条件变化”，并收受了该票货物报关公司赠送的现金。黄某多次通过作出虚假批注的方式，放纵走私，是否构成放纵走私罪?

律师解析

黄某身为海关工作人员，徇私舞弊，多次放纵走私，情节严重，其行为已构成放纵走私罪。黄某身为国家工作人员，在放纵走私过程中收受他人贿赂，为他人谋取利益，其行为已构成受贿罪。根据《最高人民法院、最高人民检察院关于办理贪污贿赂刑事案件适用法律若干问题的解释》第十七条“国家工作人员利用职务上的便利，收受他人财物，为他人谋取利益，同时构成受贿罪和刑法分则第三章第三节、第九章规定的渎职犯罪的，除刑法另有规定外，以受贿罪和渎职犯罪数罪并罚”之规定以及参照《最高人民法院、最高人民检察院、海关总署关于办理走私刑事案件适用法律若干问题的意见》第十六条“海关工作人员收受贿赂又放纵走私的，应以受贿罪和放纵走私罪数罪并罚”之规定，依法应对黄某数罪并罚。

诤言挚语

海关工作人员依法履行职责，合法合规地办理海关业务，对维护国家的主权和利益、促进对外经济贸易具有重要作用。海关工作人员应严格遵守相关法律法规的规定，不得利用职务便利徇私枉法，否则会使国家海关法律、法规的实施受到严重干扰，更会损害海关的威信，将会受到法律的制裁。

相关法条

《中华人民共和国刑法》

第四百一十一条 海关工作人员徇私舞弊，放纵走私，情节严重的，处五年以下有期徒刑或者拘役；情节特别严重的，处五年以上有期徒刑。

《最高人民检察院关于渎职侵权犯罪案件立案标准的规定》

一、渎职犯罪案件

（二十三）放纵走私案（第四百一十一条）

……

涉嫌下列情形之一的，应予立案：

1. 放纵走私犯罪的；

2. 因放纵走私致使国家应收税额损失累计达10万元以上的；

3. 放纵走私行为3起次以上的；

4. 放纵走私行为，具有索取或者收受贿赂情节的；

5. 其他情节严重的情形。

《人民检察院直接受理立案侦查的渎职侵权重特大案件标准（试行）》

二十一、放纵走私案

（一）重大案件

造成国家税收损失累计达三十万元以上的。

（二）特大案件

造成国家税收损失累计达五十万元以上的。

《最高人民法院、最高人民检察院、海关总署关于办理走私刑事案件适用法律若干问题的意见》

十六、关于放纵走私罪的认定问题

依照刑法第四百一十一条的规定，负有特定监管义务的海关工作人员徇私舞弊，利用职权，放任、纵容走私犯罪行为，情节严重的，构成放纵走私罪。放纵走私行为，一般是消极的不作为。如果海关工作人员与走私分子通谋，在放纵走私过程中以积极的行为配合走私分子逃避海关监管或者在放纵走私之后分得赃款的，应以共同走私犯罪追究刑事责任。

海关工作人员收受贿赂又放纵走私的，应以受贿罪和放纵走私罪数罪并罚。

《中华人民共和国海关法》

第七十二条 海关工作人员必须秉公执法，廉洁自律，忠于职守，文明服务，不得有下列行为：

（一）包庇、纵容走私或者与他人串通进行走私；

（二）非法限制他人人身自由，非法检查他人身体、住所或者场所，非法检查、扣留进出境运输工具、货物、物品；

（三）利用职权为自己或者他人谋取私利；

（四）索取、收受贿赂；

（五）泄露国家秘密、商业秘密和海关工作秘密；

（六）滥用职权，故意刁难，拖延监管、查验；

（七）购买、私分、占用没收的走私货物、物品；

（八）参与或者变相参与营利性经营活动；

（九）违反法定程序或者超越权限执行职务；

（十）其他违法行为。

第九十六条 海关工作人员有本法第七十二条所列行为之一的，依法给予行政处分；有违法所得的，依法没收违法所得；构成犯罪的，依法追究刑事责任。

23. 放纵制售伪劣商品犯罪行为罪

放纵制售伪劣商品犯罪行为罪是指对生产、销售伪劣商品犯罪行为负有追究责任的国家机关工作人员徇私舞弊，不履行法律规定的追究职责，情节严重的行为。

放纵制售伪劣商品犯罪行为罪的主体为特殊主体，即对生产、销售伪劣商品犯罪的行为负有追究责任的国家机关工作人员，主要是指对查处生产、销售伪劣商品违法犯罪行为负有法定义务的国家机关工作人员。

放纵制售伪劣商品犯罪行为罪在主观方面是故意。即明知是生产、销售伪劣商品犯罪行为的犯罪分子，国家机关工作人员却徇私舞弊，不予追究其刑事责任。该罪的动机为徇私。

放纵制售伪劣商品犯罪行为罪侵犯的客体是国家对产品质量的监督管理制度。如为加强对产品质量的监督管理，《产品质量法》确定产品质量监督管理机构和制度，明确产品质量责任。国家机关工作人员徇私舞弊，不履行法定的追究职责，必然会破坏国家对产品质量的监督管理制度，严重妨害产品质量的监督管理活动。

放纵制售伪劣商品犯罪行为罪在客观方面表现为国家机关工作人员徇私舞弊，对生产、销售伪劣商品犯罪的行为不履行法定的追究责任，情节严重的行为。构成该罪的表现为不作为。

徇私舞弊是为了追求自身的私情私利，在进行追究责任的过程中，故意不顾事实和法律，不履行法定的追究职责，弄虚作假，应当作为而不作为的行为。该罪的客观表现为纯正的不作为。构成该罪，必须是不履行法定的追究生产、销售伪劣商品犯罪行为职责，达到情节严重的程度。

根据《刑法》的规定，对犯放纵制售伪劣商品犯罪行为罪的，处五年以下有期徒刑或者拘役。

案例：国家工作人员不履行法定的追究职责，放纵制售有毒、有害食品，是否构成放纵制售伪劣商品犯罪行为罪？

桑某向某市市场监督管理局申请办理饲料加工厂，经营范围为饲料加工销售，该申请由朱某受理，该市场监督管理局准予设立核准登记。但桑某却超出营业执照核准的经营范围，在该厂内使用工业原料对猪头、猪脚进行脱毛加工并销售。

某日，朱某与其他市场监督管理局的工作人员一同到桑某的饲料加工厂进行执法检查。在检查过程中，朱某发现该厂隐蔽处的厂房内正在用工业原料对猪头和猪脚进行脱毛，当即制作现场笔录。随后，桑某请求朱某帮忙不要对其进行处罚，并贿赂朱某等人，给予其现金，朱某等人并未对上述行为当场处理。之后桑某到市场监督管理局，就饲料厂用工业原料对猪头、猪脚进行脱毛一事接受调查，由朱某进行询问，另一位工作人员做笔录。做完笔录后，因为桑某托朱某的熟人向朱某说情，于是朱某决定对该案不予立案。之后桑某给了朱某若干现金。朱某是否构成放纵制售伪劣商品犯罪行为罪？

律师解析

朱某在某市场监督管理局任职期间，不履行法定的追究职责，放纵某厂生产和销售有毒、有害食品，其行为构成了放纵制售伪劣商品犯罪行为罪。朱某在查处桑某用工业原料加工猪头、猪脚时，接受桑某的贿赂，并未当场予以处理，且由于桑某托朱某熟人事后说情，于是朱某没有对桑某的行为立案查处，放纵其制售伪劣商品的犯罪行为，其行为违反了《刑法》的规定，应受到相应的刑事处罚。

诤言挚语

国家十分重视对生产、销售的商品质量的监督管理，负有相关法定职责的国家工作人员应严格依法履行职责，追究制售伪劣商品的犯罪活动，如国家工作人员罔顾法定职责，徇私舞弊，放纵制售伪劣商品犯罪，触犯《刑法》的规定，将受到法律的严惩。

相关法条

《中华人民共和国刑法》

第四百一十四条　对生产、销售伪劣商品犯罪行为负有追究责任的国家机关工作人员，徇私舞弊，不履行法律规定的追究职责，情节严重的，处五年以下有期徒刑或者拘役。

《最高人民检察院关于渎职侵权犯罪案件立案标准的规定》

一、渎职犯罪案件

（二十八）放纵制售伪劣商品犯罪行为案（第四百一十四条）

……

涉嫌下列情形之一的，应予立案：

1. 放纵生产、销售假药或者有毒、有害食品犯罪行为的；

2. 放纵生产、销售伪劣农药、兽药、化肥、种子犯罪行为的；

3. 放纵依法可能判处三年有期徒刑以上刑罚的生产、销售伪劣商品犯罪行为的；

4. 对生产、销售伪劣商品犯罪行为不履行追究职责，致使生产、销售伪劣商品犯罪行为得以继续的；

5. 3次以上不履行追究职责，或者对3个以上有生产、销售伪劣商品犯罪行为的单位或者个人不履行追究职责的；

6. 其他情节严重的情形。

《最高人民法院、最高人民检察院关于办理生产、销售伪劣商品刑事案件具体应用法律若干问题的解释》

第八条　国家机关工作人员徇私舞弊，对生产、销售伪劣商品犯罪不履行法律规定的查处职责，具有下列情形之一的，属于刑法第四百一十四条规定的“情节严重”：

（一）放纵生产、销售假药或者有毒、有害食品犯罪行为的；

（二）放纵依法可能判处二年有期徒刑以上刑罚的生产、销售、伪劣商品犯罪行为的；

（三）对三个以上有生产、销售伪劣商品犯罪行为的单位或者个人不履行追究职责的；

（四）致使国家和人民利益遭受重大损失或者造成恶劣影响的。

24. 办理偷越国（边）境人员出入境证件罪

办理偷越国（边）境人员出入境证件罪是指负责办理护照、签证以及其他出入境证件的国家机关工作人员，对明知是企图偷越国（边）境的人员，予以办理出入境证件的行为。

办理偷越国（边）境人员出入境证件罪的主体只能为负责办理护照、签证以及其他出入境证件的国家机关工作人员。根据我国出入境管理有关法律、法规的规定，负责办理护照、签证以及其他出入境证件的国家机关是公安部、公安部授权的地方公安机关、外交部和中国驻外使馆、领馆或者外交部委托的其他驻外机构。因而，只有上述国家机关工作人员才能构成该罪。

办理偷越国（边）境人员出入境证件罪在主观方面是故意，即明知他人是企图偷越国（边）境的人员而故意为其办理出入境证件。该罪主观上须以明知为要件，对“明知”的认定，应根据案件的过程情况、情节，且结合案件资料综合进行分析，只要能证明行为人知道或者应当知道相关人员是企图偷越国（边）境的人员而仍为其办理出入境证件，即可认定为“明知”。

办理偷越国（边）境人员出入境证件罪侵犯的客体是国家的出入境管理制度。国家对出入境的人员实行严格的管理制度，我国《出境入境管理法》明确规定了中国公民出境入境、外国人入境出境、外国人在中国境内停留居留的管理，以及交通运输工具出境入境的边防检查的相关出入境管理制度和出入境管理人员的职责。出入境管理人员违反法定职责，直接侵害了国家的出入国

（边）境管理制度。

办理偷越国（边）境人员出入境证件罪在客观方面表现为对明知是企图偷越国（边）境的人员，予以办理护照、签证以及其他出入境证件的行为。越境必须持有合法有效的护照、签证或其他相关的出入境证件，而在没有合法有效的出入境证件的情况下越境的，为偷越国（边）境。如果明知是企图偷越境人员而为其办理出入境证件，即可构成本罪。所谓办理，在该罪中是指，国家相关工作人员利用职务之便，即利用自己职责范围内的权力，以及地位形成的便利条件，为不符合法定条件的企图偷越境人员非法签发护照、签证等有效证件的行为。构成该罪，在客观上须存在利用职务上的便利的行为。

根据《刑法》第四百一十五条的规定，对犯办理偷越国（边）境人员出入境证件罪的，处三年以下有期徒刑或者拘役；情节严重的，处三年以上七年以下有期徒刑。

案例：负责办理护照的国家机关工作人员，为明知不符合办理出境护照条件的人员办理出境证件的，是否构成办理偷越国（边）境人员出入境证件罪？

钱某原系某市公安局出入境管理处民警。因受其姐姐的请托，钱某先后受理及托他人关系受理了张某代他人申办出国护照的材料，使多人凭虚假材料骗取出国护照，张某等亦从中谋取利益。钱某的行为是否构成办理偷越国（边）境人员出入境证件罪？

律师解析

钱某作为负责办理出国护照的国家工作人员，明知他人是企图偷越国（边）境人员而为多人办理出入境证件，情节严重，其行为已构成办理偷越国（边）境人员出入境证件罪。钱某明知张某是办出入境护照的“黄牛”，仍为不具备出境条件的人办理护照申请，且钱某作为从事出入境管理工作的人员，应当知道如何查验，并且应当知道张某送的材料中可能含有虚假内容，以及这些申请人办理护照的目的是非法出境，而仍为这些申请人办理护照，因此，钱某的行为已符合办理偷越国（边）境人员出入境证件罪的犯罪构成要件。为维护国家出入境管理制度不受侵犯，应依照《刑法》第四百一十五条的规定对其予以定罪处罚。

诤言挚语

国家边境不容侵犯，为维护国家的主权、安全和社会秩序，保护公民出入境的正当权益，国家机关相关工作人员应恪尽职守，不得利用职务便利，违法办理出入境证件，相关人员也应遵守法律规定，不得出于任何理由违反国家对出入境的管理要求。如国家机关人员违反法律规定办理出入境证件，将会给国家安全和社会管理秩序造成严重损害，此种违法行为必将受到刑事制裁。

相关法条

《中华人民共和国刑法》

第四百一十五条 负责办理护照、签证以及其他出入境证件的国家机关工作人员，对明知是企图偷越国（边）境的人员，予以办理出入境证件的，或者边防、海关等国家机关工作人员，对明知是偷越国（边）境的人员，予以放行的，处三年以下有期徒刑或者拘役；情节严重的，处三年以上七年以下有期徒刑。

《最高人民检察院关于渎职侵权犯罪案件立案标准的规定》

一、渎职犯罪案件

（二十九）办理偷越国（边）境人员出入境证件案（第四百一十五条）

……

负责办理护照、签证以及其他出入境证件的国家机关工作人员涉嫌在办理护照、签证以及其他出入境证件的过程中，对明知是企图偷越国（边）境的人员而予以办理出入境证件的，应予立案。

《中华人民共和国出境入境管理法》

第四条　公安部、外交部按照各自职责负责有关出境入境事务的管理。

中华人民共和国驻外使馆、领馆或者外交部委托的其他驻外机构（以下称驻外签证机关）负责在境外签发外国人入境签证。出入境边防检查机关负责实施出境入境边防检查。县级以上地方人民政府公安机关及其出入境管理机构负责外国人停留居留管理。

公安部、外交部可以在各自职责范围内委托县级以上地方人民政府公安机关出入境管理机构、县级以上地方人民政府外事部门受理外国人入境、停留居留申请。

公安部、外交部在出境入境事务管理中，应当加强沟通配合，并与国务院有关部门密切合作，按照各自职责分工，依法行使职权，承担责任。

第九条　中国公民出境入境，应当依法申请办理护照或者其他旅行证件。

中国公民前往其他国家或者地区，还需要取得前往国签证或者其他入境许可证明。但是，中国政府与其他国家政府签订互免签证协议或者公安部、外交部另有规定的除外。

中国公民以海员身份出境入境和在国外船舶上从事工作的，应当依法申请办理海员证。

第十二条　中国公民有下列情形之一的，不准出境：

（一）未持有效出境入境证件或者拒绝、逃避接受边防检查的；

（二）被判处刑罚尚未执行完毕或者属于刑事案件被告人、犯罪嫌疑人的；

（三）有未了结的民事案件，人民法院决定不准出境的；

（四）因妨害国（边）境管理受到刑事处罚或者因非法出境、非法居留、非法就业被其他国家或者地区遣返，未满不准出境规定年限的；

（五）可能危害国家安全和利益，国务院有关主管部门决定不准出境的；

（六）法律、行政法规规定不准出境的其他情形。

第八十八条 违反本法规定，构成犯罪的，依法追究刑事责任。

25. 放行偷越国（边）境人员罪

放行偷越国（边）境人员罪是指边防、海关等国家机关工作人员，对明知是偷越国（边）境的人员予以放行的行为。

放行偷越国（边）境人员罪的主体是边防、海关等国家机关工作人员。

放行偷越国（边）境人员罪在主观方面表现为故意，即明知是偷越国（边）境的人员，而故意给其放行。该罪犯罪动机可能是出于私利或出于亲友情面等，并不要求以营利为目的。

放行偷越国（边）境人员罪侵犯的客体是国家的海关或边防的正常管理制度。根据我国有关法律规定，海关、边防是出入境的监督管理和检查机关，对出入境人员进行查阅相关出入境证件，对未持有合法有效出入境证件的人员有权不予以放行，对出入境进行检查监管是边防、海关等国家机关工作人员必须履行的职责。

放行偷越国（边）境人员罪在客观方面表现为边防、海关等国家机关工作人员利用职务之便，对明知是持伪造、变造的护照或以偷渡等手段偷越国（边）境的人员，而故意给其放行的行为。所谓利用职务之便，是指利用对出入境查阅、监管检查等职务便利；所谓非法放行他人偷越国（边）境，是指违反相关规定，对企图偷越国（边）境人员予以放行的行为。

根据《刑法》的规定，对犯放行偷越国（边）境人员罪的，处三年以下有期徒刑或者拘役；情节严重的，处三年以上七年以下有期徒刑。

案例：出入境边防人员，对明知是企图偷越国（边）境的人员提供必要的条件，但偷越国（边）境者未能实际偷越过国（边）境，出入境边防人员是否构成放行偷越国（边）境人员罪？

言某在某市出入境边防检查站任检查员期间，利用职务上的便利，在并无人员入境的情况下，为使他人偷越国（边）境，在他人提供的10本中国护照及入境登记卡上，加盖入境验讫章，并伪造入境记录，同时录入电脑存档。某日，言某正在录入10本中的第8本护照的入境资料时，被查获归案，缴获10本护照。言某的行为是否构成放行偷越国（边）境人员罪？

律师解析

言某作为国家出入境边防检查机关的工作人员，应严格遵守国（边）境管理相关法律、法规，但其为了谋取私利，利用职务便利，在明知他人企图偷越国（边）境的情况下，为使偷越国（边）境人员顺利出境，在无人实际入境的情况下，在他人提供的护照上加盖入境验讫章，并伪造入境记录存档，其行为违反了国（边）境管理法规，已构成放行偷越国（边）境人员罪，应予惩处。言某在实施犯罪行为中被发现，应系犯罪未遂，故依法对言某依照《刑法》第四百一十五条的规定从轻处罚。

净言挚语

边防、海关等国家机关作为出入境检查监管的职能部门，其工作人员应严格执行国（边）境管理法规，依法履行职责，维护国家主权，保障国家国（边）境的秩序及安全。如有违反，则会对国家国（边）境的正常管理活动和管理制度造成破坏及不利结果，因此，对于利用职务便利放行偷越国（边）境人员的国家机关工作人员应予以严惩。

相关法条

《中华人民共和国刑法》

第四百一十五条 负责办理护照、签证以及其他出入境证件的国家机关工作人员，对明知是企图偷越国（边）境的人员，予以办理出入境证件的，或者边防、海关等国家机关工作人员，对明知是偷越国（边）境的人员，予以放行的，处三年以下有期徒刑或者拘役；情节严重的，处三年以上七年以下有期徒刑。

《最高人民检察院关于渎职侵权犯罪案件立案标准的规定》

一、渎职犯罪案件

（三十）放行偷越国（边）境人员案（第四百一十五条）

……

边防、海关等国家机关工作人员涉嫌在履行职务过程中，对明知是偷越国（边）境的人员而予以放行的，应予立案。

《人民检察院直接受理立案侦查的渎职侵权重特大案件标准（试行）》

二十八、放行偷越国（边）境人员案

（一）重大案件

1. 违法放行三人以上的；

2. 违法放行三次以上的；

3. 违法放行刑事犯罪分子的。

（二）特大案件

1. 违法放行五人以上的；

2. 违法放行五次以上的；

3. 违法放行严重刑事犯罪分子的。

《中华人民共和国出境入境边防检查条例》

第七条　出境、入境的人员必须按照规定填写出境、入境登记卡，向边防检查站交验本人的有效护照或者其他出境、入境证件（以下简称出境、入境证件），经查验核准后，方可出境、入境。

26. 阻碍解救被拐卖、绑架妇女、儿童罪

阻碍解救被拐卖、绑架妇女、儿童罪是指对被拐卖、绑架的妇女、儿童负有解救职责的公安、司法等国家机关工作人员利用职务便利阻碍解救被拐卖、绑架的妇女、儿童的行为。其中，“解救职责”是指国家机关工作人员主管、负责解放工作的人员把被拐卖、绑架的妇女、儿童从人贩子、绑架人或者收买人手中解救出来，以及安置送返被害人等工作职责；“利用职务”是指利用主管、负责解救工作的职务便利，而不是利用国家机关工作人员身份的便利。

阻碍解救被拐卖、绑架妇女、儿童罪的主体是特殊主体，即对被拐卖、绑架的妇女、儿童负有解救职责的国家机关工作人员。如果只是一般的国家机关工作人员，不具有解救职责，那么即便是客观上实施了阻碍解救的行为，也不能成立本罪。

阻碍解救被拐卖、绑架妇女、儿童罪在主观方面表现为故意，即行为人明知自己是在阻碍解救被拐卖、绑架的妇女、儿童，希望或是积极追求被拐卖、绑架的妇女、儿童未获解救的结果发生。

阻碍解救被拐卖、绑架妇女、儿童罪侵害的客体是国家机关及其工作人员的信誉和被拐卖、绑架妇女、儿童的人身权利。一方面，国家机关工作人员不负责任，不履行或者不正确履行国家机关公务，导致老百姓对国家机关工作人员的职能活动产生负面评价，进而损害国家机关的权威性、公信力；另一方面，这种滥用职权的行为不仅会导致被拐卖、绑架妇女、儿童得不到及时、有效的解救，甚至会导致被拐卖、绑架的妇女、儿童或者其亲属发生重伤、死亡

的严重结果。

阻碍解救被拐卖、绑架妇女、儿童罪在客观方面表现为负有解救职责的国家机关工作人员利用职务阻碍解救被拐卖、被绑架的妇女、儿童的行为。在司法实践中，“利用职务阻碍解救”的方式多样、手段繁杂，可以是向犯罪分子通风报信，泄露解救的执行人员、时间、步骤等消息，也可以是向其他执行解救公务的国家工作人员提供虚假的情况，或拒绝提供，或隐瞒情况，甚至是威胁、蒙骗要求解救的被拐卖、绑架的妇女、儿童及其亲属，令其不得报案、要求解救等。

根据《刑法》的规定，对犯阻碍解救被拐卖、绑架妇女、儿童罪的，处二年以上七年以下有期徒刑；情节较轻的，处二年以下有期徒刑或者拘役。

案例：派出所警察因被胁迫而阻碍解救被拐儿童的，还会构成阻碍解救被拐卖儿童罪吗?

范某是C市P县派出所的所长。一天，值班民警吴某接到何某报警，称自己7岁的儿子乐乐于两个月前被邻居张某拐骗走，至今下落不明。吴某听后安抚了何某的情绪，并在挂断电话后立即将该情况报给所长范某。范某随即下令立案侦查。过一段时间后，有民警在P县郊外的一个农家乐发现了疑似乐乐的小孩，于是范某组织相关民警一起制订了详细的解救计划。当天下午，范某接到一通陌生电话，威胁他将乐乐拐卖案件的具体情况告诉自己，并且要求范某在行动前向其通风报信，否则就把范某婚内出轨的事情曝光在网上。范某不想自己的丑事被揭发，便偷偷向拐卖者张某通风报信，泄露了部分解救计划，导致第二天一早民警吴某与同事到达时张某已逃跑，只剩下一些外卖盒子、烟头和乐乐的玩具。派出所警察因被胁迫而阻碍解救被拐儿童的，还会构成阻碍解救被拐卖儿童罪吗?

律师解析

在本案中，范某作为负有解救职责的国家机关工作人员，在明知向犯罪分子通风报信会阻碍解救乐乐的情况下，仍泄露了部分解救计划，导致解救行动失败，构成阻碍解救被拐卖儿童罪。在阻碍解救被拐卖、绑架妇女、儿童罪主观方面的认定中，只需行为人明知自己的行为是在阻碍解救被拐卖、绑架的妇女、儿童，并且希望或是积极追求被拐卖、绑架的妇女、儿童未获解救的结果发生即可，不要求行为人具备特定的犯罪动机。换言之，动机并不影响犯罪故意的认定。因此，在上面的案例中，范某作为负有解救被拐卖、绑架妇女、儿童职责的派出所所长，虽然是在受到威胁的情形下被迫向拐卖者张某通风报信，泄露部分解救计划，导致解救行动失败，但仍构成阻碍解救被拐卖、绑架妇女、儿童罪。

诤言挚语

妇女、儿童作为弱势群体，其合法权益很容易遭受侵害，这就需要我们从多方面加以保护。与不解救被拐卖、绑架妇女、儿童罪设立的初衷一样，阻碍解救被拐卖、绑架妇女、儿童罪也是为了加强对妇女、儿童的司法保护，督促负有解救职责的国家机关工作人员认真履职、尽职尽责，及时、有效地完成解救工作，通过严厉惩治的典型案例实现减少拐卖、绑架妇女、儿童事件的发生。

作为国家机关工作人员，尤其是负有解救职责的国家机关工作人员，要全身心投入“打击人贩子、解救被拐卖妇女儿童”的专项斗争中去，充分调动社会各界以及基层干部、群众的积极性，让他们主动配合、协助有关部门做好解救被拐卖妇女、儿童的工作。

相关法条

《中华人民共和国刑法》

第四百一十六条第二款 负有解救职责的国家机关工作人员利用职务阻碍解救的，处二年以上七年以下有期徒刑；情节较轻的，处二年以下有期徒刑或者拘役。

《最高人民检察院关于渎职侵权犯罪案件立案标准的规定》

一、渎职犯罪案件

（三十二）阻碍解救被拐卖、绑架妇女、儿童案（第四百一十六条第二款）

……

涉嫌下列情形之一的，应予立案：

1. 利用职权，禁止、阻止或者妨碍有关部门、人员解救被拐卖、绑架的妇女、儿童的；

2. 利用职务上的便利，向拐卖、绑架者或者收买者通风报信，妨碍解救工作正常进行的；

3. 其他利用职务阻碍解救被拐卖、绑架的妇女、儿童应予追究刑事责任的情形。

《公安部关于打击拐卖妇女儿童犯罪适用法律和政策有关问题的意见》

六、关于不解救或者阻碍解救被拐卖的妇女、儿童等渎职犯罪

对被拐卖的妇女、儿童负有解救职责的国家机关工作人员不履行解救职责，或者袒护、纵容甚至支持买卖妇女、儿童，为买卖妇女、儿童人员通风报信，或者以其他方法阻碍解救工作的，要依法处理：

（一）对被拐卖的妇女、儿童负有解救职责的公安、司法等国家机关工作人员接到被拐卖的妇女、儿童及其家属的解救要求或者接到其他人的举报，而对被拐卖的妇女、儿童不进行解救的，要交由其主管部门进行党纪、政纪、警纪处分；构成犯罪的，应当以不解救被拐卖妇女、儿童罪移送人民检察院追究

刑事责任。

（二）对被拐卖的妇女、儿童负有解救职责的公安、司法等国家机关工作人员利用职务阻碍解救被拐卖的妇女、儿童，构成犯罪的，应当以阻碍解救被拐卖妇女、儿童罪移送人民检察院追究刑事责任。

（三）行政执法人员徇私情、私利，伪造材料，隐瞒情况，弄虚作假，对依法应当移交司法机关追究刑事责任的拐卖妇女、儿童犯罪案件不移交司法机关处理，构成犯罪的，以徇私舞弊不移交刑事案件罪移送人民检察院追究刑事责任。

（四）有查禁拐卖妇女、儿童犯罪活动职责的国家机关工作人员，向拐卖妇女、儿童的犯罪分子通风报信、提供便利，帮助犯罪分子逃避处罚，构成犯罪的，以帮助犯罪分子逃避处罚罪移送人民检察院追究刑事责任。

27. 帮助犯罪分子逃避处罚罪

帮助犯罪分子逃避处罚罪是指有查禁犯罪活动职责的司法及公安、国家安全、海关、税务等国家机关工作人员，向犯罪分子通风报信、提供便利，帮助犯罪分子逃避处罚的行为。其中“犯罪分子”不仅包括已经被法院判处刑罚的犯罪分子，还包括犯罪后潜逃在外，尚未被抓获的犯罪分子以及犯罪后尚未被司法机关发觉的犯罪分子；“逃避处罚”则主要包括帮助犯罪分子逃避侦查、不被追诉、免予定罪、免予刑罚处罚，或者仅仅受到行政处罚，以及在法院判处刑罚后逃避刑罚执行。

帮助犯罪分子逃避处罚罪的主体是特殊主体，只能是具有查禁犯罪活动职责的国家机关工作人员，如公安、检察院、法院、海关、税务等国家机关的工作人员。

帮助犯罪分子逃避处罚罪在主观方面要求是故意，即行为人明知是处于查禁之列的犯罪分子，仍然向其通风报信、提供便利，帮助犯罪分子逃避处罚。

帮助犯罪分子逃避处罚罪侵害的客体为国家机关正常查禁犯罪的职能活动和威信。一方面，负有查禁犯罪活动职能的国家机关工作人员不好好履行自己的职责，反而利用职责的便利帮助犯罪分子逃避处罚，扰乱了国家机关正常查禁犯罪的职能活动秩序；另一方面，这种知法犯法的行为严重损害了国家机关的形象，极大程度上降低了国家机关在老百姓心中的司法公信力。

帮助犯罪分子逃避处罚罪在客观方面表现为有查禁犯罪活动职责的国家机关工作人员，向犯罪分子通风报信、提供便利，帮助犯罪分子逃避处罚的行为。“通风报信”，主要是指向犯罪分子泄露、提供有关查禁犯罪活动的情况或者具体案件信息，如泄露有关查禁犯罪活动的时间、地点、人员、方案、计划、部署等信息；“提供便利”，主要是指向犯罪分子提供钱物、交通工具、通信设备、隐藏处所等用以逃避处罚的便利条件，或者帮助、示意其串供、翻供、隐匿、毁灭、伪造、篡改证据等。

根据《刑法》的规定，对犯帮助犯罪分子逃避处罚罪的，处三年以下有期徒刑或者拘役；情节严重的，处三年以上十年以下有期徒刑。

案例：为犯罪分子逃避处罚提供便利，但犯罪分子实际没有逃掉处罚的，还构成帮助犯罪分子逃避处罚罪吗?

程某是K县看守所的民警。一天下午，程某利用其职务便利，违反看守所管理制度，私自将302监室的在押犯罪分子张某、305监室的在押犯罪分子王某先后带至303监室，与同案在押犯罪分子吴某进行会面串供。在三人会面期间，程某曾进入监室巡查，见到三人交谈不仅没有予以制止，反而催促快点说完。事后，因为张某、吴某、王某的串供意见不一致，导致三人逃避处罚的目的没有实现，程某的行为也被揭穿。程某辩称自己虽然实施了帮助犯罪分子逃避处罚的行为，但事实上没有出现犯罪后果，张某、吴某、王某的串供行为没有完成，情节显著轻微，可以不作为犯罪处理。程某为犯罪分子逃避处罚提供便利，但犯罪分子实际没有逃掉处罚的，还构成帮助犯罪分子逃避处罚罪吗？

律师解析

在本案中，程某作为负有查禁犯罪活动职责的国家机关工作人员，为犯罪分子逃避处罚提供便利，构成帮助犯罪分子逃避处罚罪。在帮助犯罪分子逃避处罚罪的认定中，只要行为人出于帮助犯罪分子逃避处罚的目的，实施了通风报信、提供便利的行为即可，至于犯罪分子是否实际上逃避了处罚，不影响本罪的成立。因此，在上面的案例中，程某身为看守所民警，在明知张某、吴某、王某是同案犯的情形下，还出于帮助他们逃避刑罚的目的，为三人串通案情提供便利，甚至在进入监室巡查期间，还催促三人快点说完，其行为已构成帮助犯罪分子逃避处罚罪。

净言挚语

每个人都应当为自己的行为买单，对自己的过错负责。惩罚犯罪就是让行为人为自己的犯罪行为买单，通过科处刑罚使其不再犯罪，同时也对那些准备越过犯罪红线的人起到警戒和抑制作用，警告他们不要轻举妄动、以身试法。法国政治家马克西米连·罗伯斯庇尔曾说："无辜者的安全，只有惩罚犯罪者才能保证。"如果不惩罚犯罪分子，任其逍遥法外，免受刑罚处罚，无疑会让老百姓感到不安全，给社会稳定带来潜在风险。在打击犯罪的过程中，国家机关工作人员帮助犯罪分子逃避处罚的做法，不仅会导致被害人得不到应有的、关键的司法救济，让其失去对国家机关工作人员的信任，而且也会助长犯罪分子的气焰，让其不断挑战、损害司法权威，甚至会造成更严重、更大范围的危害。因此，国家机关工作人员，尤其是负有查禁犯罪活动职责的国家机关工作人员，应当与犯罪分子划清界限，履行好打击犯罪、维护社会稳定的职责。

相关法条

《中华人民共和国刑法》

第四百一十七条 有查禁犯罪活动职责的国家机关工作人员，向犯罪分子通风报信、提供便利，帮助犯罪分子逃避处罚的，处三年以下有期徒刑或者拘役；情节严重的，处三年以上十年以下有期徒刑。

《最高人民检察院关于渎职侵权犯罪案件立案标准的规定》

一、渎职犯罪案件

（三十三）帮助犯罪分子逃避处罚案（第四百一十七条）

……

涉嫌下列情形之一的，应予立案：

1. 向犯罪分子泄漏有关部门查禁犯罪活动的部署、人员、措施、时间、地点等情况的；

2. 向犯罪分子提供钱物、交通工具、通讯设备、隐藏处所等便利条件的；

3. 向犯罪分子泄漏案情的；

4. 帮助、示意犯罪分子隐匿、毁灭、伪造证据，或者串供、翻供的；

5. 其他帮助犯罪分子逃避处罚应予追究刑事责任的情形。

《最高人民法院、最高人民检察院关于办理扰乱无线电通讯管理秩序等刑事案件适用法律若干问题的解释》

第七条 负有无线电监督管理职责的国家机关工作人员滥用职权或者玩忽职守，致使公共财产、国家和人民利益遭受重大损失的，应当依照刑法第三百九十七条的规定，以滥用职权罪或者玩忽职守罪追究刑事责任。

有查禁扰乱无线电管理秩序犯罪活动职责的国家机关工作人员，向犯罪分子通风报信、提供便利，帮助犯罪分子逃避处罚的，应当依照刑法第四百一十七条的规定，以帮助犯罪分子逃避处罚罪追究刑事责任；事先通谋的，以共同犯罪论处。

28. 包庇、纵容黑社会性质组织罪

包庇、纵容黑社会性质组织罪是指国家机关工作人员包庇黑社会性质的组织，或者纵容黑社会性质的组织进行违法犯罪活动的行为。其中，判断一个犯罪组织是否属于黑社会性质的组织，需要看其是否同时具备以下四个特征：（1）组织特征。形成的犯罪组织较稳定、人数较多、分工明确，有明确的组织者、领导者，而且骨干成员基本固定。（2）经济特征。通过违法犯罪活动或者其他手段获取经济利益，有用以支持该组织活动的经济实力。（3）行为特征。以暴力、威胁等手段多次进行违法犯罪活动，为非作恶，欺压、残害群众。（4）危害性特征。在一定区域或者行业内，形成非法控制或者重大影响，严重破坏经济、社会生活秩序。

包庇、纵容黑社会性质组织罪的主体是特殊主体，即只有国家机关工作人员才能成立本罪。所谓国家机关工作人员，是指在国家机关中从事公务的人员，包括在各级国家权力机关、行政机关、司法机关和军事机关中从事公务的人员。也就是说，国有企业、事业单位、各民主党派、妇联、工会、共青团等人民团体、社会团体的工作人员以及虽在国家机关工作但没有从事公务的人员是非国家机关工作人员，不构成本罪。

包庇、纵容黑社会性质组织罪在主观方面必须是故意，即明知是黑社会性质的组织而予以包庇，明知是黑社会性质的组织进行的违法犯罪活动而予以纵容。包庇、纵容的动机如何，并不影响本罪成立，也就是说，行为人不管是出于贪恋女色、获取贿赂、怕隐私被揭露、名誉被毁坏等各种动机而进行包庇、纵容，都不影响本罪成立。

包庇、纵容黑社会性质组织罪侵犯的客体是国家机关的正常管理活动和正常的社会秩序。国家机关工作人员包庇、纵容黑社会性质组织及其违法犯罪活动的行为，是不履行职责的体现，不仅会影响国家机关的正常管理活动，而且对正常的社会秩序构成严重威胁。

包庇、纵容黑社会性质组织罪在客观方面表现为包庇黑社会性质的组织或纵容黑社会性质的组织进行违法犯罪活动的行为。具体而言，包庇行为的本质在于使黑社会性质的组织及其成员逃避查禁，因此，包庇的行为表现形式较为多元化：既包括作假证明包庇黑社会性质组织及其成员，以及为黑社会性质组织的成员提供隐藏处所、财物，帮助其逃匿的行为；又包括诸如通风报信，隐匿、毁灭、伪造证据，阻止他人作证、检举、揭发，指使他人作伪证，阻挠国家机关工作人员查禁等其他包庇行为。纵容是国家机关工作人员不依法履行职责，放纵黑社会性质组织进行违法犯罪活动的行为，既包括国家机关工作人员不依法履行职责，又包括虽履行职责，但不严格依法办事，不全面认真履行查处职责，敷衍了事、应付上级，还包括不依法及时查处，故意拖延等。

根据《刑法》的规定，对犯包庇、纵容黑社会性质组织罪的，处五年以下有期徒刑；情节严重的，处五年以上有期徒刑。同时又有其他犯罪行为的，依照数罪并罚的规定处罚。

案例：国家机关工作人员包庇黑社会性质组织，构成窝藏、包庇罪吗？

唐某领导的黑社会性质组织在Y县B镇开设赌博游戏机室和赌场。为避免被公安机关查处，唐某找到匡某（时任Y县公安局B镇派出所所长），承诺按月交纳“保护费”。匡某同意不主动查处该组织在B镇开设的赌博游戏机室和赌场，接到举报查处时会故意开警车、放缓行动、从轻处理。某次，匡某在提前得知公安机关准备开展抓赌行动的消息后，便通知该组织经营的赌博游戏机室及时关闭以逃避查处。之后，匡某先后多次在本县、外省市的抓赌行动中提前电话告知唐某，让其在赌场、游戏机室外布置两个岗哨，还出主意叫他找关系、打探口风等。通过匡某的保护，该黑社会性质组织得以在B镇长时间开设赌场，为该组织的发展壮大提供了经济支持。国家机关工作人员包庇黑社会性质组织，构成窝藏、包庇罪吗?

律师解析

在本案中，匡某身为国家机关的工作人员，明知唐某领导黑社会性质的组织进行违法犯罪活动，不仅放任不管，不予制止、不加查处，对之听之任之，而且在抓赌行动中提前主动向唐某提供消息，让其在赌场、游戏机室外布置两个岗哨，还出主意叫他找关系、打探口风等，其行为构成包庇、纵容黑社会性质组织罪，且其多次实施包庇、纵容行为，属于情节严重的情形。

包庇、纵容黑社会性质组织罪与窝藏、包庇罪是特殊罪名与一般罪名的关系，两者最主要的区别在于犯罪主体与包庇的对象不同，窝藏、包庇罪的主体为一般主体，包庇的对象为犯罪分子；而包庇、纵容黑社会性质组织罪的主体为国家机关工作人员，包庇的对象为黑社会性质组织。因此，在上面的案例中，匡某身为Y县公安局B镇派出所所长，负有查处违法犯罪行为的职责，其明知唐某领导的黑社会性质组织从事违法犯罪活动，仍对该组织及其成员予以包庇，并纵容该组织进行违法犯罪活动，构成包庇、纵容黑社会性质组织罪。

净言挚语

黑社会性质的组织危及社会治安，破坏经济秩序，给我们的社会生活带来极大的负面影响，尤其是获得“保护伞”的黑社会性质的组织更是嚣张，长期、多次以暴力、威胁等非法手段危害老百姓的生命财产安全。好在这些年中央及地方都在大力开展扫黑除恶专项工作，许多盘踞地方多年的黑恶势力被惩治、根除，社会治安状况逐渐向好，老百姓的幸福生活有了保障。在扫黑除恶专项斗争工作中，我们不仅要确保“扫黑除恶”与“打伞破网”的工作同步推进，而且要推进国家机关工作人员带动老百姓一起坚决抵制黑恶势力，形成合力，发现一起，处理一起，及时惩治、摧毁黑恶势力。

相关法条

《中华人民共和国刑法》

第二百九十四条第三款、第四款、第五款 国家机关工作人员包庇黑社会性质的组织，或者纵容黑社会性质的组织进行违法犯罪活动的，处五年以下有期徒刑；情节严重的，处五年以上有期徒刑。

犯前三款罪又有其他犯罪行为的，依照数罪并罚的规定处罚。

黑社会性质的组织应当同时具备以下特征：

（一）形成较稳定的犯罪组织，人数较多，有明确的组织者、领导者，骨干成员基本固定；

（二）有组织地通过违法犯罪活动或者其他手段获取经济利益，具有一定的经济实力，以支持该组织的活动；

（三）以暴力、威胁或者其他手段，有组织地多次进行违法犯罪活动，为非作恶，欺压、残害群众；

（四）通过实施违法犯罪活动，或者利用国家工作人员的包庇或者纵容，称霸一方，在一定区域或者行业内，形成非法控制或者重大影响，严重破坏经济、社会生活秩序。

《最高人民法院关于审理黑社会性质组织犯罪的案件具体应用法律若干问题的解释》

第一条 刑法第二百九十四条规定的“黑社会性质的组织”，一般应具备以下特征：

（一）组织结构比较紧密，人数较多，有比较明确的组织者、领导者，骨干成员基本固定，有较为严格的组织纪律；

（二）通过违法犯罪活动或者其他手段获取经济利益，具有一定的经济实力；

（三）通过贿赂、威胁等手段，引诱、逼迫国家工作人员参加黑社会性质组织活动，或者为其提供非法保护；

（四）在一定区域或者行业范围内，以暴力、威胁、滋扰等手段，大肆进行敲诈勒索、欺行霸市、聚众斗殴、寻衅滋事、故意伤害等违法犯罪活动，严重破坏经济、社会生活秩序。

第五条　刑法第二百九十四条第四款规定的“包庇”，是指国家机关工作人员为使黑社会性质组织及其成员逃避查禁，而通风报信，隐匿、毁灭、伪造证据，阻止他人作证、检举揭发，指使他人作伪证，帮助逃匿，或者阻挠其他国家机关工作人员依法查禁等行为。

刑法第二百九十四条第四款规定的“纵容”，是指国家机关工作人员不依法履行职责，放纵黑社会性质组织进行违法犯罪活动的行为。

第六条　国家机关工作人员包庇、纵容黑社会性质的组织，有下列情形之一的，属于刑法第二百九十四条第四款规定的“情节严重”：

（一）包庇、纵容黑社会性质组织跨境实施违法犯罪活动的；

（二）包庇、纵容境外黑社会组织在境内实施违法犯罪活动的；

（三）多次实施包庇、纵容行为的；

（四）致使某一区域或者行业的经济、社会生活秩序遭受黑社会性质组织特别严重破坏的；

（五）致使黑社会性质组织的组织者、领导者逃匿，或者致使对黑社会性质组织的查禁工作严重受阻的；

（六）具有其他严重情节的。

《最高人民法院、最高人民检察院、公安部、司法部关于办理黑恶势力犯罪案件若干问题的指导意见》

二、依法认定和惩处黑社会性质组织犯罪

4. 发起、创建黑社会性质组织，或者对黑社会性质组织进行合并、分立、重组的行为，应当认定为“组织黑社会性质组织”；实际对整个组织的发展、运行、活动进行决策、指挥、协调、管理的行为，应当认定为“领导黑社会性质组织”。黑社会性质组织的组织者、领导者，既包括通过一定形式产生的有明确职务、称谓的组织者、领导者，也包括在黑社会性质组织中被公认的事实上的组织者、领导者。

7. 在组织的形成、发展过程中通过以下方式获取经济利益的，应当认定为“有组织地通过违法犯罪活动或者其他手段获取经济利益”：

（1）有组织地通过违法犯罪活动或其他不正当手段聚敛；

（2）有组织地以投资、控股、参股、合伙等方式通过合法的生产、经营活动获取；

（3）由组织成员提供或通过其他单位、组织、个人资助取得。

10. 为确立、维护、扩大组织的势力、影响、利益或者按照纪律规约、组织惯例多次实施违法犯罪活动，侵犯不特定多人的人身权利、民主权利、财产权利，破坏经济秩序、社会秩序，应当认定为“有组织地多次进行违法犯罪活动，为非作恶，欺压、残害群众”。

符合以下情形之一的，应当认定为是黑社会性质组织实施的违法犯罪活动：

（1）为该组织争夺势力范围、打击竞争对手、形成强势地位、谋取经济利益、树立非法权威、扩大非法影响、寻求非法保护、增强犯罪能力等实施的；

（2）按照该组织的纪律规约、组织惯例实施的；

（3）组织者、领导者直接组织、策划、指挥、参与实施的；

（4）由组织成员以组织名义实施，并得到组织者、领导者认可或者默许的；

（5）多名组织成员为逞强争霸、插手纠纷、报复他人、替人行凶、非法敛财而共同实施，并得到组织者、领导者认可或者默许的；

（6）其他应当认定为黑社会性质组织实施的。

11. 鉴于黑社会性质组织非法控制和影响的“一定区域”的大小具有相对性，不能简单地要求“一定区域”必须达到某一特定的空间范围，而应当根据具体案情，并结合黑社会性质组织对经济、社会生活秩序的危害程度加以综合分析判断。

通过实施违法犯罪活动，或者利用国家工作人员的包庇或者不依法履行职责，放纵黑社会性质组织进行违法犯罪活动的行为，称霸一方，并具有以下情形之一的，可认定为“在一定区域或者行业内，形成非法控制或者重大影响，严重破坏经济、社会生活秩序”：

（1）致使在一定区域内生活或者在一定行业内从事生产、经营的多名群众，合法利益遭受犯罪或严重违法活动侵害后，不敢通过正当途径举报、控告的；

（2）对一定行业的生产、经营形成垄断，或者对涉及一定行业的准入、经营、竞争等经济活动形成重要影响的；

（3）插手民间纠纷、经济纠纷，在相关区域或者行业内造成严重影响的；

（4）干扰、破坏他人正常生产、经营、生活，并在相关区域或者行业内造成严重影响的；

（5）干扰、破坏公司、企业、事业单位及社会团体的正常生产、经营、工作秩序，在相关区域、行业内造成严重影响，或者致使其不能正常生产、经营、工作的；

（6）多次干扰、破坏党和国家机关、行业管理部门以及村委会、居委会等基层群众自治组织的工作秩序，或者致使上述单位、组织的职能不能正常行使的；

（7）利用组织的势力、影响，帮助组织成员或他人获取政治地位，或者在党政机关、基层群众自治组织中担任一定职务的；

（8）其他形成非法控制或者重大影响，严重破坏经济、社会生活秩序的情形。

29. 包庇毒品犯罪分子罪

包庇毒品犯罪分子罪是指明知是走私、贩卖、运输、制造毒品的犯罪分子而予以包庇的行为。所谓“包庇”，是指向司法机关作假证明掩盖走私、贩卖、运输、制造毒品的犯罪分子罪行，帮助其隐藏、转移或者毁灭罪证，帮助其取得虚假身份或者身份证件等使其逃避法律制裁的行为。

包庇毒品犯罪分子罪的主体是一般主体，即达到刑事责任年龄且具有刑事责任能力的人。根据法律规定，对于国家机关工作人员包庇毒品犯罪分子的，应从重处罚。

包庇毒品犯罪分子罪在主观方面表现为故意，即行为人明知自己包庇的对象是走私、贩卖、运输、制造毒品的犯罪分子而故意实施包庇行为。这种“明知”要求行为人知道包庇的毒品犯罪分子已经实施了犯罪，并且事先没有与被包庇者通谋。如果事前通谋，事后又包庇的，则属于帮助犯，以走私、贩卖、运输、制造毒品罪的共犯论处。

包庇毒品犯罪分子罪侵犯的客体是司法机关同毒品犯罪分子做斗争的正常活动。之所以要惩治包庇毒品犯罪分子的行为，是因为这种包庇行为不仅妨碍了司法机关对毒品犯罪分子的及时惩办，而且帮助毒品犯罪分子逃避法律的制裁，留下了毒品犯罪分子继续作恶、危害社会的危险隐患。

包庇毒品犯罪分子罪在客观方面要求行为人必须具有对走私、贩卖、运输、制造毒品的犯罪分子给予保护，帮助其逃避法律制裁的行为。实践中，包庇毒品犯罪分子的行为方式除了向司法机关作假证明掩盖其罪行、帮助其毁灭罪迹，隐匿、转移、销毁罪证等，还包括为其提供资助或者交通工具，帮助该案犯潜逃。

需要注意的是，应将包庇毒品犯罪分子罪与知情不举的行为进行区分。“知情不举”表现为一种消极不作为，是指明知是毒品犯罪分子，既没有检举揭发，也没有向司法机关作虚假证明，又没有对犯罪分子提供帮助的情形。根据罪刑法定原则，由于我国刑事法律没有将这种知情不举的行为纳入犯罪，所以这种消极不作为不会构成包庇毒品犯罪分子罪。但是，为了更好地维护社会稳定，严厉地打击走私、贩卖、运输、制造毒品的犯罪分子，所有公民都应当积极检举揭发，使其无所遁形。

根据《刑法》的规定，对犯包庇毒品犯罪分子罪的，处三年以下有期徒刑、拘役或者管制；情节严重的，处三年以上十年以下有期徒刑。

缉毒人员或者其他国家机关工作人员犯此罪的，依照前述规定从重处罚。

犯此罪，事先通谋的，以走私、贩卖、运输、制造毒品罪的共犯论处。

案例：国家机关工作人员包庇毒品犯罪分子的，构成包庇毒品犯罪分子罪吗？

潘某是某公安局禁毒大队队长。在一次例行车辆盘查中抓获贩毒人员刘某（刘某系潘某的叔叔），并从刘某驾驶的一辆小车内查获毒品甲基苯丙胺、甲基苯丙胺片剂、包装袋若干和电子秤、手机等物品。随后，潘某与同行的禁毒大队队员吴某在车内对查扣的物品进行清点，并将刘某带回禁毒大队办公室另外找两人做笔录。刘某在去禁毒大队的路上再三请求潘某帮忙销毁部分毒品，好让法院判得轻一些，能够早点出来。在刘某做笔录期间，潘某应叔叔刘某的请求，趁无人注意之际，将刘某被查扣的2袋毒品甲基苯丙胺藏匿于制服口袋中，后将该毒品倒入厕所马桶内。后刘某在一次讯问中，交代了这件事情。国家机关工作人员包庇毒品犯罪分子的，构成包庇毒品犯罪分子罪吗？

律师解析

在包庇毒品犯罪分子罪的认定中，包庇的行为发生在毒品犯罪分子实施犯罪后，并且事先没有与被包庇者通谋，如果事前通谋，事后又包庇的，则属于帮助犯，以走私、贩卖、运输、制造毒品罪的共犯论处。在上面的案例中，潘某身为国家机关工作人员，明知刘某实施了贩卖毒品行为而被抓获，虽未事前通谋，但仍帮助其隐瞒毒品、毁灭罪证，已构成包庇毒品犯罪分子罪。由于潘某具有国家机关工作人员的身份，更要对其从重处罚。

诤言挚语

珍爱生命，远离毒品。我国政府一贯非常重视禁毒工作，投入了大量人力、财力、物力，动员和组织全社会力量参与禁毒斗争。历史的惨痛教训和身边活生生的毒品犯罪案例都在向我们诉说，毒品不仅会毁掉一个人，更会摧毁一个幸福的家庭，腐蚀一个健康的国家。所以，远离毒品、抵制毒品，不要让毒品毁了你的未来和你的家庭。

相关法条

《中华人民共和国刑法》

第三百四十七条 走私、贩卖、运输、制造毒品，无论数量多少，都应当追究刑事责任，予以刑事处罚。

走私、贩卖、运输、制造毒品，有下列情形之一的，处十五年有期徒刑、无期徒刑或者死刑，并处没收财产：

（一）走私、贩卖、运输、制造鸦片一千克以上、海洛因或者甲基苯丙胺五十克以上或者其他毒品数量大的；

（二）走私、贩卖、运输、制造毒品集团的首要分子；

（三）武装掩护走私、贩卖、运输、制造毒品的；

（四）以暴力抗拒检查、拘留、逮捕，情节严重的；

（五）参与有组织的国际贩毒活动的。

走私、贩卖、运输、制造鸦片二百克以上不满一千克、海洛因或者甲基苯丙胺十克以上不满五十克或者其他毒品数量较大的，处七年以上有期徒刑，并处罚金。

走私、贩卖、运输、制造鸦片不满二百克、海洛因或者甲基苯丙胺不满十克或者其他少量毒品的。处三年以下有期徒刑、拘役或者管制，并处罚金；情节严重的，处三年以上七年以下有期徒刑，并处罚金。

单位犯第二款、第三款、第四款罪的，对单位判处罚金，并对其直接负责的主管人员和其他直接责任人员，依照各该款的规定处罚。

利用、教唆未成年人走私、贩卖、运输、制造毒品，或者向未成年人出售毒品的，从重处罚。

对多次走私、贩卖、运输、制造毒品，未经处理的，毒品数量累计计算。

第三百四十九条 包庇走私、贩卖、运输、制造毒品的犯罪分子的，为犯罪分子窝藏、转移、隐瞒毒品或者犯罪所得的财物的，处三年以下有期徒刑、拘役或者管制；情节严重的，处三年以上十年以下有期徒刑。

缉毒人员或者其他国家机关工作人员掩护、包庇走私、贩卖、运输、制造毒品的犯罪分子的，依照前款的规定从重处罚。

犯前两款罪，事先通谋的，以走私、贩卖、运输、制造毒品罪的共犯论处。

《最高人民检察院、公安部关于公安机关管辖的刑事案件立案追诉标准的规定（三）》

第三条 包庇走私、贩卖、运输、制造毒品的犯罪分子，涉嫌下列情形之一的，应予立案追诉：

（一）作虚假证明，帮助掩盖罪行的；

（二）帮助隐藏、转移或者毁灭证据的；

（三）帮助取得虚假身份或者身份证件的；

（四）以其他方式包庇犯罪分子的。

实施前款规定的行为，事先通谋的，以走私、贩卖、运输、制造毒品罪的共犯立案追诉。

第四条 为走私、贩卖、运输、制造毒品的犯罪分子窝藏、转移、隐瞒毒品或者犯罪所得的财物的，应予立案追诉。

实施前款规定的行为，事先通谋的，以走私、贩卖、运输、制造毒品罪的共犯立案追诉。

《最高人民法院关于审理毒品犯罪案件适用法律若干问题的解释》

第六条 包庇走私、贩卖、运输、制造毒品的犯罪分子，具有下列情形之一的，应当认定为刑法第三百四十九条第一款规定的“情节严重”：

（一）被包庇的犯罪分子依法应当判处十五年有期徒刑以上刑罚的；

（二）包庇多名或者多次包庇走私、贩卖、运输、制造毒品的犯罪分子的；

（三）严重妨害司法机关对被包庇的犯罪分子实施的毒品犯罪进行追究的；

（四）其他情节严重的情形。

为走私、贩卖、运输、制造毒品的犯罪分子窝藏、转移、隐瞒毒品或者毒品犯罪所得的财物，具有下列情形之一的，应当认定为刑法第三百四十九条第一款规定的“情节严重”：

（一）为犯罪分子窝藏、转移、隐瞒毒品达到刑法第三百四十七条第二款第一项或者本解释第一条第一款规定的“数量大”标准的；

（二）为犯罪分子窝藏、转移、隐瞒毒品犯罪所得的财物价值达到五万元以上的；

（三）为多人或者多次为他人窝藏、转移、隐瞒毒品或者毒品犯罪所得的财物的；

（四）严重妨害司法机关对该犯罪分子实施的毒品犯罪进行追究的；

（五）其他情节严重的情形。

包庇走私、贩卖、运输、制造毒品的近亲属，或者为其窝藏、转移、隐瞒毒品或者毒品犯罪所得的财物，不具有本条前两款规定的“情节严重”情形，归案后认罪、悔罪、积极退赃，且系初犯、偶犯，犯罪情节轻微不需要判处刑罚的，可以免予刑事处罚。

30. 虚假诉讼罪

虚假诉讼罪是指以捏造的事实提起民事诉讼，妨害司法秩序或者严重侵害他人合法权益的行为。所谓“捏造事实”，是指虚构、臆造根本不存在，或者与真实情况不相符的事实情况。换言之，“捏造事实”既可以是完全捏造没有真实成分的事实情况，也可以是捏造存有部分真实成分的事实情况。

虚假诉讼罪的主体为一般主体，即达到刑事责任年龄且具有刑事责任能力的人。需要注意，单位也可以成为本罪的主体，只不过处罚时除对单位判处罚金外，还要对其直接负责的主管人员和其他直接责任人员追责。而对于司法工作人员利用职权与他人实施虚假诉讼行为的，应当从重处罚。

虚假诉讼罪在主观方面表现为故意，即行为人明知自己是用捏造的事实提起诉讼。由于本罪并未要求行为人主观上需要具备特定的目的，所以行为人进行虚假诉讼的主观目的是不是谋取利益、谋取的是正当利益还是不正当利益，均不影响本罪的成立。

虚假诉讼罪所侵犯的客体是司法机关正常的民事诉讼活动秩序和他人的合法权益。虚假民事诉讼的行为，不仅浪费宝贵的民事司法资源，导致真实诉讼无法得到及时审理，严重妨害司法公信力和判决权威性，同时还会侵害到他人的财产权、婚姻权、继承权等合法权益。

虚假诉讼罪在客观方面表现为行为人以捏造的事实提起民事诉讼，妨害司法秩序或者严重侵害他人合法权益的行为。具体来讲，有三个层面的要求：首先，行为人必须捏造事实，即捏造不存在的、虚假的民事法律关系，或者与真实情况不符合的民事法律关系，如虚构债权债务关系，伪造借条、还款协议等；其次，行为人提起的必须是民事诉讼，即平等主体（自然人、法人和其他组织）之间因财产关系和人身关系所提起的诉讼；最后，行为人捏造事实提起民事诉讼的行为，要达到妨害司法秩序或者严重侵害他人合法权益的程度。

根据《刑法》的规定，对犯虚假诉讼罪的，处三年以下有期徒刑、拘役或者管制，并处或者单处罚金；情节严重的，处三年以上七年以下有期徒刑，并处罚金。

单位犯此罪的，对单位判处罚金，并对其直接负责的主管人员和其他直接责任人员，依照此罪的规定处罚。

司法工作人员利用职权犯此罪的，从重处罚；同时构成其他犯罪的，依照处罚较重的规定定罪从重处罚。

案例：司法工作人员利用职权与他人实施虚假诉讼行为的，一定是以虚假诉讼罪定罪处罚吗？

某石油设备制造股份有限公司欠艾某一笔钱，艾某害怕存在地方保护，不想在当地法院起诉，于是找到外省C县人民法院民庭庭长郑某，让其帮忙解决，并承诺钱要回来后，可以偿还欠郑某的20万元借款。郑某考虑后同意帮忙，但因诉讼标的额超过法庭管辖范围，提议让艾某出具5张欠条，他找5个人去起诉艾某。郑某找来朋友王某、赵某、周某、刘某、吴某帮忙，以王某等5人的名义起诉艾某偿还欠款；交给法庭书记员5张欠条，让其起草以王某等5人名义提起民事诉讼的相关法律文书。书记员以艾某欠王某人民币50万元、欠赵某人民币45万元、欠周某人民币63万元、欠刘某人民币38万元、欠吴某人民币89万元，立虚假民事诉讼案件5件。之后，郑某以调解方式将这5件虚假民事诉讼案件结案，并帮助艾某立即执行案件，强制执行得到281.21万元，艾某随即偿还欠郑某的20万元。司法工作人员利用职权与他人实施虚假诉讼行为的，一定是以虚假诉讼罪定罪处罚吗？

律师解析

在本案中，艾某与具有主体身份的司法工作人员郑某串通，在明知是虚假事实的情况下出具欠条、签收法律文书、伪造证据，共同实施了捏造事实提起民事诉讼的行为，具有共同犯罪的故意，属于共同犯罪。结合相关法条的规定，司法工作人员利用职权，与他人共同实施捏造事实提起民事诉讼的行为，同时构成滥用职权罪，民事枉法裁判罪，执行判决、裁定滥用职权罪等犯罪的，依照处罚较重的规定定罪从重处罚。在上面的案例中，郑某身为司法工作人员，利用职务之便，伙同艾某以捏造的事实提起虚假的民事诉讼，客观上确实符合虚假诉讼罪的成立条件。但同时，郑某的行为也属于在民事审判活动中故意违背事实和法律作枉法裁判，情节严重的情形。两个罪名之中，民事枉法裁判罪对应的处罚要比虚假诉讼罪的处罚重，故应当以民事枉法裁判罪追究其刑事责任。因此，司法工作人员利用职权与他人实施虚假诉讼行为的，不一定以虚假诉讼罪定罪处罚。

诤言挚语

虚假诉讼，就是我们常说的“打假官司”，指原告不但捏造事实，还通过提供伪造的证据、虚假陈述等证明材料的方式，使得法院作出错误的判决、裁定、调解书、执行文书，从而谋取不正当的利益。虚假诉讼既违背了民法的诚实信用原则，侵害了社会公共利益或他人合法权益，又扰乱了司法秩序，损害了司法公信力。在法治社会中，我们要做一个守法、敬法、爱法的好公民。切勿自以为聪明，知道怎么借助合法的形式去谋取不正当的利益，法网恢恢疏而不漏，终有一天罪犯会被绳之以法。

相关法条

《中华人民共和国刑法》

第三百零七条之一 以捏造的事实提起民事诉讼，妨害司法秩序或者严重侵害他人合法权益的，处三年以下有期徒刑、拘役或者管制，并处或者单处罚金；情节严重的，处三年以上七年以下有期徒刑，并处罚金。

单位犯前款罪的，对单位判处罚金，并对其直接负责的主管人员和其他直接责任人员，依照前款的规定处罚。

有第一款行为，非法占有他人财产或者逃避合法债务，又构成其他犯罪的，依照处罚较重的规定定罪从重处罚。

司法工作人员利用职权，与他人共同实施前三款行为的，从重处罚；同时构成其他犯罪的，依照处罚较重的规定定罪从重处罚。

《最高人民法院、最高人民检察院关于办理虚假诉讼刑事案件适用法律若干问题的解释》

第一条 采取伪造证据、虚假陈述等手段，实施下列行为之一，捏造民事法律关系，虚构民事纠纷，向人民法院提起民事诉讼的，应当认定为刑法第三百零七条之一第一款规定的“以捏造的事实提起民事诉讼”：

（一）与夫妻一方恶意串通，捏造夫妻共同债务的；

（二）与他人恶意串通，捏造债权债务关系和以物抵债协议的；

（三）与公司、企业的法定代表人、董事、监事、经理或者其他管理人员恶意串通，捏造公司、企业债务或者担保义务的；

（四）捏造知识产权侵权关系或者不正当竞争关系的；

（五）在破产案件审理过程中申报捏造的债权的；

（六）与被执行人恶意串通，捏造债权或者对查封、扣押、冻结财产的优先权、担保物权的；

（七）单方或者与他人恶意串通，捏造身份、合同、侵权、继承等民事法律关系的其他行为。

隐瞒债务已经全部清偿的事实，向人民法院提起民事诉讼，要求他人履行债务的，以“以捏造的事实提起民事诉讼”论。

向人民法院申请执行基于捏造的事实作出的仲裁裁决、公证债权文书，或者在民事执行过程中以捏造的事实对执行标的提出异议、申请参与执行财产分配的，属于刑法第三百零七条之一第一款规定的“以捏造的事实提起民事诉讼”。

第二条 以捏造的事实提起民事诉讼，有下列情形之一的，应当认定为刑法第三百零七条之一第一款规定的“妨害司法秩序或者严重侵害他人合法权益”：

（一）致使人民法院基于捏造的事实采取财产保全或者行为保全措施的；

（二）致使人民法院开庭审理，干扰正常司法活动的；

（三）致使人民法院基于捏造的事实作出裁判文书、制作财产分配方案，或者立案执行基于捏造的事实作出的仲裁裁决、公证债权文书的；

（四）多次以捏造的事实提起民事诉讼的；

（五）曾因以捏造的事实提起民事诉讼被采取民事诉讼强制措施或者受过刑事追究的；

（六）其他妨害司法秩序或者严重侵害他人合法权益的情形。

第三条 以捏造的事实提起民事诉讼，有下列情形之一的，应当认定为刑法第三百零七条之一第一款规定的“情节严重”：

（一）有本解释第二条第一项情形，造成他人经济损失一百万元以上的；

（二）有本解释第二条第二项至第四项情形之一，严重干扰正常司法活动或者严重损害司法公信力的；

（三）致使义务人自动履行生效裁判文书确定的财产给付义务或者人民法院强制执行财产权益，数额达到一百万元以上的；

（四）致使他人债权无法实现，数额达到一百万元以上的；

（五）非法占有他人财产，数额达到十万元以上的；

（六）致使他人因为不执行人民法院基于捏造的事实作出的判决、裁定，被采取刑事拘留、逮捕措施或者受到刑事追究的；

（七）其他情节严重的情形。

《最高人民法院关于〈中华人民共和国刑法修正案（九）〉时间效力问题的解释》

第七条 对于2015年10月31日以前以捏造的事实提起民事诉讼，妨害司法秩序或者严重侵害他人合法权益，根据修正前刑法应当以伪造公司、企业、事业单位、人民团体印章罪或者妨害作证罪等追究刑事责任的，适用修正前刑法的有关规定。但是，根据修正后刑法第三百零七条之一的规定处刑较轻的，适用修正后刑法的有关规定。

实施第一款行为，非法占有他人财产或者逃避合法债务，根据修正前刑法应当以诈骗罪、职务侵占罪或者贪污罪等追究刑事责任的，适用修正前刑法的有关规定。

《最高人民法院关于防范和制裁虚假诉讼的指导意见》

1. 虚假诉讼一般包含以下要素：（1）以规避法律、法规或国家政策谋取非法利益为目的；（2）双方当事人存在恶意串通；（3）虚构事实；（4）借用合法的民事程序；（5）侵害国家利益、社会公共利益或者案外人的合法权益。

第五章

玩忽职守型犯罪

31. 玩忽职守罪

玩忽职守罪是指国家机关工作人员严重不负责任，不履行或者不认真履行职责，致使公共财产、国家和人民利益遭受重大损失的行为。

玩忽职守罪的主体是国家机关工作人员。国家机关是指国家权力机关、各级行政机关和各级司法机关。国家机关工作人员是指在各级人大及其常委会、各级人民政府以及审判机关、检察机关、军事机关从事公务工作的人。

除上述主体外，国家机关工作人员还包括以下三类：

（1）在依照法律、法规规定行使国家行政管理职权的组织中从事公务的人员；

（2）在受国家机关委托代表国家机关行使职权的组织中从事公务的人员；

（3）虽未列入国家机关人员编制但在国家机关中从事公务的人员，在代表国家机关行使职权时，有渎职行为，构成犯罪的人员。

玩忽职守罪的主观方面是过失，即行为人作为国家机关的工作人员理应尽职尽责，但行为人因疏忽大意或过于自信，对自己的行为可能导致的损失或后果应当预见而没有预见，或已经预见但轻信能够避免的一种心态。

玩忽职守罪侵犯的客体是国家机关的正常管理秩序。

玩忽职守罪在客观方面表现为国家机关工作人员严重不负责任，不履行或者不认真履行职责，致使公共财产、国家和人民利益遭受重大损失的行为。

根据《刑法》的规定，对犯玩忽职守罪的，处三年以下有期徒刑或者拘役；情节特别严重的，处三年以上七年以下有期徒刑。《刑法》另有规定的，依照规定。

国家机关工作人员徇私舞弊，犯此罪的，处五年以下有期徒刑或者拘役；情节特别严重的，处五年以上十年以下有期徒刑。《刑法》另有规定的，依照规定。

案例：合同制民警不认真履行职责，给国家利益造成严重损失的，构成玩忽职守罪吗？

胡某系某看守所合同制民警。在一次依法执行巡视、监控工作期间，不认真履行监控职责，致使监室发生了一起一名在押人员被同监人员殴打致死事件。事后某人民检察院以玩忽职守罪将胡某起诉至某人民法院。但胡某认为自己不构成玩忽职守罪。首先，自己是合同制民警，不具有国家机关工作人员身份，况且其没有单独巡视的职权，加之看守所违规操作、管理不严，存在牢头狱霸，监控设备陈旧，使其不能正常履行巡视监控职责，以上均是该在押人员被打死事件发生的客观原因。其次，自己不具有管理职能，对具体管理业务均没有决定权，不存在不认真履行职责的情况，故不构成玩忽职守罪。那么，在本案中，合同制民警胡某的行为是否构成玩忽职守罪？

律师解析

《最高人民检察院关于合同制民警能否成为玩忽职守罪主体问题的批复》指出，根据《刑法》第九十三条第二款的规定，合同制民警在依法执行公务期间，属其他依照法律从事公务的人员，应以国家机关工作人员论。对合同制民警在依法执行公务活动中的玩忽职守行为，符合《刑法》第三百九十七条规定的玩忽职守罪构成条件的，依法以玩忽职守罪追究刑事责任。

在本案中，胡某系合同制民警，其在执行公务期间，属其他依照法律从事公务的人员，应以国家机关工作人员论。胡某身为合同制民警，在履行监管职责过程中，玩忽职守，致使监室发生了一名在押人员被同监人员殴打致死事件，其行为破坏了看守所正常监管秩序，严重损害司法机关声誉，造成恶劣社会影响，致使国家和人民利益遭受重大损失，其行为已构成玩忽职守罪。

诤言挚语

身为国家机关工作人员，应当尽职尽责，切不可置国家和人民利益于不顾。在其位谋其事，疏忽大意或盲目自信都可能导致国家或人民利益遭受重大损失。国家机关工作人员应恪尽职守，坚守本职，切勿触碰法律的底线。

相关法条

《中华人民共和国刑法》

第三百九十七条　国家机关工作人员滥用职权或者玩忽职守，致使公共财产、国家和人民利益遭受重大损失的，处三年以下有期徒刑或者拘役；情节特别严重的，处三年以上七年以下有期徒刑。本法另有规定的，依照规定。

国家机关工作人员徇私舞弊，犯前款罪的，处五年以下有期徒刑或者拘役；情节特别严重的，处五年以上十年以下有期徒刑。本法另有规定的，依照规定。

《最高人民法院、最高人民检察院关于办理渎职刑事案件适用法律若干问题的解释（一）》

第一条　国家机关工作人员滥用职权或者玩忽职守，具有下列情形之一的，应当认定为第三百九十七条规定的“致使公共财产、国家和人民利益遭受重大损失”：

（一）造成死亡1人以上，或者重伤3人以上，或者轻伤9人以上，或者重伤2人、轻伤3人以上，或者重伤1人、轻伤6人以上的；

（二）造成经济损失30万元以上的；

（三）造成恶劣社会影响的；

（四）其他致使公共财产、国家和人民利益遭受重大损失的情形。

具有下列情形之一的，应当认定为刑法第三百九十七条规定的“情节特别严重”：

（一）造成伤亡达到前款第（一）项规定人数3倍以上的；

（二）造成经济损失150万元以上的；

（三）造成前款规定的损失后果，不报、迟报、谎报或者授意、指使、强令他人不报、迟报、谎报事故情况，致使损失后果持续、扩大或者抢救工作延误的；

（四）造成特别恶劣社会影响的；

（五）其他特别严重的情节。

第二条 国家机关工作人员实施滥用职权或者玩忽职守犯罪行为，触犯刑法分则第九章第三百九十八条至第四百一十九条规定的，依照该规定定罪处罚。

国家机关工作人员滥用职权或者玩忽职守，因不具备徇私舞弊等情形，不符合刑法分则第九章第三百九十八条至第四百一十九条的规定，但依法构成第三百九十七条规定的犯罪的，以滥用职权罪或者玩忽职守罪定罪处罚。

《最高人民检察院关于合同制民警能否成为玩忽职守罪主体问题的批复》

辽宁省人民检察院：

你院辽检发诉字〔1999〕76号《关于犯罪嫌疑人李海玩忽职守一案的请示》收悉。经研究，批复如下：

根据刑法第九十三条第二款的规定，合同制民警在依法执行公务期间，属其他依照法律从事公务的人员，应以国家机关工作人员论。对合同制民警在依法执行公务活动中的玩忽职守行为，符合刑法第三百九十七条规定的玩忽职守罪构成条件的，依法以玩忽职守罪追究刑事责任。

32. 过失泄露国家秘密罪

过失泄露国家秘密罪是指国家机关工作人员或者非国家机关工作人员违反《保守国家秘密法》，过失泄露国家秘密，或者遗失国家秘密载体，致使国家秘密被不应知悉者知悉或者超出了限定的接触范围，情节严重的行为。

过失泄露国家秘密罪的犯罪主体是特殊主体，主要是国家机关工作人员，但是一般主体也能构成本罪。国家机关工作人员是指在各级人大及其常委会、各级人民政府以及审判机关、检察机关、军事机关从事公务工作的人。

除上述主体外，国家机关工作人员还包括以下三类：

（1）在依照法律、法规规定行使国家行政管理职权的组织中从事公务的人员；

（2）在受国家机关委托代表国家机关行使职权的组织中从事公务的人员；

（3）虽未列入国家机关人员编制，但在国家机关中从事公务的人员，在代表国家机关行使职权时，有渎职行为，构成犯罪的人员。

过失泄露国家秘密罪的主观方面是过失，即行为人作为国家机关的工作人员理应尽职尽责，但行为人因疏忽大意或过于自信，违反保守国家秘密的有关规章制度等，致使国家秘密泄露。

过失泄露国家秘密罪侵犯的客体是国家的保密制度。主要是指有关保守国家秘密、防止泄露的制度，以及秘密种类、秘密等级、保密措施一系列规定等制度。

过失泄露国家秘密罪的客观方面表现为国家机关工作人员或者非国家机关工作人员违反《保守国家秘密法》，过失泄露国家秘密，或者遗失国家秘密载体，致使国家秘密被不应知悉者知悉或者超出了限定的接触范围，情节严重的行为。

根据《刑法》的规定，对犯过失泄露国家秘密罪的，根据情节轻重，分别依照下列规定处罚：

（1）过失泄露国家秘密，情节严重的，处三年以下有期徒刑或者拘役。

（2）情节特别严重的，处三年以上七年以下有期徒刑。

（3）非国家机关工作人员犯此罪的，依照前述规定酌情处罚。

案例：将涉密地形图存入连接国际互联网的个人电脑，构成过失泄露国家秘密罪吗？

王某曾系某县林业局副主任。为工作方便，在进行该县工程设计时，王某将3张有“机密”字样的该县部分乡镇地形图扫描至其使用的连接国际互联网的非涉密计算机中进行作业设计，且将该3张地形图存储至该计算机硬盘内，后又多次将该台计算机连接国际互联网，直至被市保密局检查发现，其于案发后投案自首。人民检察院以过失泄露国家秘密罪向人民法院提起了诉讼。在庭审过程中，王某辩称，其没有注意到图纸上有“机密”字样，虽有过失违法行为，但不构成犯罪。虽然其电脑上有3张属国家秘密的地形图，但不能证明其行为已经泄露了国家秘密。况且《保守国家秘密法》并没有长期保密的规定，自己的行为并未违反国家法律的强制性规定，故不构成过失泄露国家秘密罪。那么，在本案中，王某的行为是否构成过失泄露国家秘密罪？

律师解析

在本案中，王某构成过失泄露国家秘密罪。首先，从主体上来讲，作为国家机关工作人员，其主体身份符合该罪的要件。其次，其未注意到文件上的“机密”字样，符合疏忽大意的过失。最后，王某在工作过程中，违反我国《保守国家秘密法》的规定，因疏忽大意将属国家秘密的3张地形图存入其使用的计算机，后将该计算机连接国际互联网，其行为已触犯刑法。经鉴定上述3张地形图系“机密”级国家秘密，保密期限为长期；对于其提出的《保守国家秘密法》没有长期保密的规定的抗辩理由不成立。根据《保守国家秘密法》的规定，保密期限为长期属于“除另有规定外”的规定。另外，王某使用的该台计算机硬盘有多次连接国际互联网的痕迹，因互联网的特殊性，其上述行为符合情节严重的要件，况且其也不符合《保守国家秘密法》关于不得使用非涉密计算机、非涉密存储设备存储、处理国家秘密信息的规定，其投案自首的行为并不影响本案的罪名的成立。故王某的行为构成过失泄露国家秘密罪。

诤言挚语

国家秘密无论是对于国家的发展还是整个民族的命运都有重要的影响。能够掌握国家机密之人也往往是国家机关工作人员，但是无论是国家机关工作人员还是普通的民众，都负有保守国家秘密之责。事关国家利益，不可有丝毫懈怠。保守国家秘密，永铸国安防线！

相关法条

《中华人民共和国刑法》

第三百九十八条　国家机关工作人员违反保守国家秘密法的规定，故意或者过失泄露国家秘密，情节严重的，处三年以下有期徒刑或者拘役；情节特别严重的，处三年以上七年以下有期徒刑。

非国家机关工作人员犯前款罪的，依照前款的规定酌情处罚。

《中华人民共和国保守国家秘密法》

第九条　下列涉及国家安全和利益的事项，泄露后可能损害国家在政治、经济、国防、外交等领域的安全和利益的，应当确定为国家秘密：

（一）国家事务重大决策中的秘密事项；

（二）国防建设和武装力量活动中的秘密事项；

（三）外交和外事活动中的秘密事项以及对外承担保密义务的秘密事项；

（四）国民经济和社会发展中的秘密事项；

（五）科学技术中的秘密事项；

（六）维护国家安全活动和追查刑事犯罪中的秘密事项；

（七）经国家保密行政管理部门确定的其他秘密事项。

政党的秘密事项中符合前款规定的，属于国家秘密。

第十条 国家秘密的密级分为绝密、机密、秘密三级。

绝密级国家秘密是最重要的国家秘密，泄露会使国家安全和利益遭受特别严重的损害；机密级国家秘密是重要的国家秘密，泄露会使国家安全和利益遭受严重的损害；秘密级国家秘密是一般的国家秘密，泄露会使国家安全和利益遭受损害。

第二十四条 机关、单位应当加强对涉密信息系统的管理，任何组织和个人不得有下列行为：

（一）将涉密计算机、涉密存储设备接入互联网及其他公共信息网络；

（二）在未采取防护措施的情况下，在涉密信息系统与互联网及其他公共信息网络之间进行信息交换；

（三）使用非涉密计算机、非涉密存储设备存储、处理国家秘密信息；

（四）擅自卸载、修改涉密信息系统的安全技术程序、管理程序；

（五）将未经安全技术处理的退出使用的涉密计算机、涉密存储设备赠送、出售、丢弃或者改作其他用途。

《最高人民检察院关于渎职侵权犯罪案件立案标准的规定》

一、渎职犯罪案件

（四）过失泄露国家秘密案（第三百九十八条）

……

涉嫌下列情形之一的，应予立案：

1. 泄露绝密级国家秘密 1 项（件）以上的；

2. 泄露机密级国家秘密 3 项（件）以上的；

3. 泄露秘密级国家秘密 4 项（件）以上的；

4. 违反保密规定，将涉及国家秘密的计算机或者计算机信息系统与互联网相连接，泄露国家秘密的；

5. 泄露国家秘密或者遗失国家秘密载体，隐瞒不报、不如实提供有关情况或者不采取补救措施的；

6. 其他情节严重的情形。

《人民检察院直接受理立案侦查的渎职侵权重特大案件标准（试行）》

四、过失泄露国家秘密案

（一）重大案件

1. 过失泄露绝密级国家秘密一项以上，或者泄露机密级国家秘密五项以上，或者泄露秘密级国家秘密七项以上并造成严重危害后果的；

2. 过失泄露国家秘密造成直接经济损失一百万元以上的；

3. 过失泄露国家秘密对国家安全构成严重危害的；

4. 过失泄露国家秘密对社会秩序造成严重危害的。

（二）特大案件

1. 过失泄露绝密级国家秘密二项以上，或者泄露机密级国家秘密七项以上，或者泄露秘密级国家秘密十项以上的；

2. 过失泄露国家秘密造成直接经济损失二百万元以上的；

3. 过失泄露国家秘密对国家安全构成特别严重危害的；

4. 过失泄露国家秘密对社会秩序造成特别严重危害的。

33. 执行判决、裁定失职罪

执行判决、裁定失职罪是指司法工作人员在执行判决、裁定活动中，严重不负责任，不依法采取诉讼保全措施、不履行法定执行职责，或者违法采取保全措施、强制执行措施，致使当事人或者其他人的利益遭受重大损失的行为。

执行判决、裁定失职罪的主体是特殊主体，仅限于司法工作人员。这里的司法工作人员包括负有侦查、检察、审判、监管职责的人员。

执行判决、裁定失职罪在主观方面表现为过失，即司法工作人员在执行审判、裁定的活动中，应当预见到自己的失职行为可能致使当事人或者其他人的利益遭受重大损失，因疏忽大意而没有预见，或者已经预见而轻信能够避免，以致发生当事人或者其他人的利益遭受重大损失的严重后果的主观心理状态。

执行判决、裁定失职罪侵犯的客体是司法活动的公正性和司法机关的威信力。司法机关在进行司法活动中，必须保证公平、公正，让每一个公民在每一起案件中都能够感受到司法的公正和司法机关的威信。

执行判决、裁定失职罪在客观方面表现为司法工作人员在执行判决、裁定活动中，因严重不负责任，不依法采取诉讼保全措施、不履行法定执行职责，或者违法采取保全措施、强制执行措施，发生当事人或者其他人的利益遭受重大损失的后果。

根据《刑法》的规定，对犯执行判决、裁定失职罪的，处五年以下有期徒刑或者拘役；致使当事人或者其他人的利益遭受特别重大损失的，处五年以上十年以下有期徒刑。

司法工作人员收受贿赂，犯此罪的，同时又构成《刑法》第三百八十五条规定之罪的，依照处罚较重的规定定罪处罚。

案例：未依法送达执行裁定给被执行人造成严重损失，是否构成执行判决、裁定失职罪？

王某曾系某法院执行庭副庭长，经常让司机刘某为其处理执行案件相关事宜。李某诉钱某合同纠纷一案一审终结后，李某凭借调解书向法院申请强制执行。李某在申请强制执行的过程中，出具了伪造的其与被执行人钱某的抵债协议，王某简单查看了一下卷宗，在没有经过庭长、分管院长审批，未经过双方当事人质证的情况下出具了裁定书，执行了钱某的财产，使得钱某遭受了60多万元的财产损失。同时，在送达程序中，王某直接让司机刘某通知李某，让李某将裁定书及送达回证带给钱某，钱某签字后再送给刘某。那么，王某的上述行为，是否构成执行判决、裁定失职罪？

律师解析

王某的行为构成执行判决、裁定失职罪。首先，该罪在主观方面要求行为人具有过失，王某作为案件承办人擅自将司法执行业务交由没有办案资格的司机刘某处理，同时对刘某办案情况未进行严格把关和复盘，存在过失，符合执行判决、裁定失职罪的主观要件。其次，其让申请执行人将裁定书带给被执行人且未按程序签发送达回证，未履行正常手续完成送达，并因此给被执行人钱某造成了严重损失，符合该罪的犯罪构成要件要求。故王某的行为构成执行判决、裁定失职罪，依法应被追究刑事责任。

诤言挚语

司法是神圣的，是实现公平正义的最后一道防线。纵然案件在执行过程中有诸多困难，但是作为司法人员，特别是负责执行案件的相关人员，应严守程序。同时，普通公民也不要妄图投机取巧“走捷径”，应按照程序申请执行事项。实体的正义和程序的正义对司法案件的审理都有着至关重要的作用，公平正义应体现在每一个司法案件中。

相关法条

《中华人民共和国刑法》

第三百九十九条第三款、第四款　在执行判决、裁定活动中，严重不负责任或者滥用职权，不依法采取诉讼保全措施、不履行法定执行职责，或者违法采取诉讼保全措施、强制执行措施，致使当事人或者其他人的利益遭受重大损失的，处五年以下有期徒刑或者拘役；致使当事人或者其他人的利益遭受特别重大损失的，处五年以上十年以下有期徒刑。

司法工作人员收受贿赂，有前三款行为的，同时又构成本法第三百八十五条规定之罪的，依照处罚较重的规定定罪处罚。

第九十四条 本法所称司法工作人员，是指有侦查、检察、审判、监管职责的工作人员。

《最高人民检察院关于渎职侵权犯罪案件立案标准的规定》

一、渎职犯罪案件

（七）执行判决、裁定失职案（第三百九十九条第三款）

……

涉嫌下列情形之一的，应予立案：

1. 致使当事人或者其近亲属自杀、自残造成重伤、死亡，或者精神失常的；

2. 造成个人财产直接经济损失 15 万元以上，或者直接经济损失不满 15 万元，但间接经济损失 75 万元以上的；

3. 造成法人或者其他组织财产直接经济损失 30 万元以上，或者直接经济损失不满 30 万元，但间接经济损失 150 万元以上的；

4. 造成公司、企业等单位停业、停产 1 年以上，或者破产的；

5. 其他致使当事人或者其他人的利益遭受重大损失的情形。

34. 叛逃罪

叛逃罪是指国家机关工作人员在履行公务期间，擅离岗位，叛逃境外或者在境外叛逃的行为。

叛逃罪的主体为特殊主体，是国家机关工作人员以及掌握国家秘密的国家工作人员。国家机关是指国家权力机关、各级行政机关和各级司法机关。国家机关工作人员是指在各级人大及其常委会、各级人民政府以及审判机关、检察机关、军事机关工作的人。

除上述主体之外，国家机关工作人员还包括以下几类：

（1）在依照法律、法规规定行使国家行政管理职权的组织中从事公务的人员。

（2）在受国家机关委托代表国家机关行使职权的组织中从事公务的人员。

掌握国家秘密的国家工作人员也可以成为本罪主体，这里的“国家工作人员”包括两类主体：

（1）国家机关中从事公务的人员。

（2）国有公司、企业、事业单位、人民团体中从事公务的人员和国家机关、国有公司、企业、事业单位委派到非国有公司、企业、事业单位、社会团体中从事公务的人员，以及其他依照法律从事公务的人员。

叛逃罪在主观方面表现为故意，即明知自己的叛逃行为会发生危害国家安全的结果，并且希望或者放任这种结果发生。

叛逃罪侵犯的客体是国家安全，即人民民主专政的政权和社会主义制度。

叛逃罪在客观方面表现为在履行公务期间，擅离岗位、叛逃境外或者在境外叛逃的行为。首先，要求特定主体是在履行公务期间叛逃才构成此罪，境外旅游、探亲等不构成本罪。其次，要求特定主体擅离岗位叛逃，没有离开自己工作岗位的不构成叛逃行为。最后，要符合两种叛逃行为之一：一是在境内履行公务期间叛逃至境外；二是在境外履行公务期间叛逃。

根据《刑法》的规定，对犯叛逃罪的，处五年以下有期徒刑、拘役、管制或者剥夺政治权利；情节严重的，处五年以上十年以下有期徒刑。

掌握国家秘密的国家工作人员叛逃境外或者在境外叛逃的，依法从重处罚。

案例：在执行公务期间，私自进入外国总领事馆，滞留后主动离开并未造成危害国家安全的后果，是否构成叛逃罪？

刘某曾系A市副市长。在任职期间，因工作原因对现状不满，遂产生叛逃的想法。其以洽谈工作为由，借故取消原定公务安排，私自进入甲国驻B市总领事馆。经A市有关部门证实，其进入甲国驻B市总领事馆期间，市委市政府没有任何公务活动安排需要副市长到B市开展工作，没有任何公务活动需要进行外贸、外事接洽，也没有安排包括刘某在内的副市长到该总领事馆开展外事活动。后经公诉机关证实，刘某确实在该领馆内与领馆官员就环境保护、教育、科技等事项作了短暂交谈，属于执行公务，同时其称因查办案件人身安全受到威胁，请求甲国提供庇护，并书写了庇护申请。经该市和中央有关部门劝导，刘某才离开领事馆，愿意接受调查。后人民检察院以叛逃罪将其起诉到人民法院，但刘某辩称，其进入外国领事馆后又主动离开，并未对国家安全造成影响，不构成叛逃罪。在本案中，刘某的行为是否构成叛逃罪？

律师解析

在本案中，刘某私自进入外国领事馆滞留，虽主动离开仍然构成叛逃罪。刘某“自动离开外国领事馆，且没有造成危害国家安全的后果不应认定为叛逃罪”的抗辩理由并不能成立。结合《刑法》的规定及相应法律原理，叛逃罪属于行为犯而非结果犯，叛逃行为一经实施就属于既遂。刘某经过事先预谋，以洽谈工作为由进入外国领事馆，滞留馆内并书写了庇护申请，虽未造成严重危害国家安全的后果，但不影响叛逃罪的成立，仍属于叛逃罪犯罪既遂。即刘某的行为构成叛逃罪，依法应被追究刑事责任。

诤言挚语

叛逃行为不仅有危害国家安全的风险，更容易给境外的不安分子以可乘之机。国家工作人员应以身作则，忠于国家、忠于人民，这不仅彰显个人气节，更承袭了中华民族的传统美德。叛逃行为不仅违反法律的禁止性规定，同时在道德层面也为普通公民所不耻。

相关法条

《中华人民共和国刑法》

第一百零九条　国家机关工作人员在履行公务期间，擅离岗位，叛逃境外或者在境外叛逃的，处五年以下有期徒刑、拘役、管制或者剥夺政治权利；情节严重的，处五年以上十年以下有期徒刑。

掌握国家秘密的国家工作人员叛逃境外或者在境外叛逃的，依照前款的规定从重处罚。

35. 失职致使在押人员脱逃罪

失职致使在押人员脱逃罪是指司法工作人员由于严重不负责任，不履行或者不认真履行职责，致使在押（包括在羁押场所和押解途中）的犯罪嫌疑人、被告人、罪犯脱逃，造成严重后果的行为。

失职致使在押人员脱逃罪的主体是司法工作人员，即指公安机关、检察院、法院等司法机关中具有侦查、检察、审判、监管职责的工作人员。需要注意的是，非监管机关在编的监管人员在被监管机关聘用，受委托履行监管职责的过程中严重不负责任，致使在押人员脱逃，造成严重后果的，也能够构成失职致使在押人员脱逃罪。除此之外，虽未有正式编制但是受委托承担了监管职责的人员，也能构成该罪，如未被公安机关正式录用却受委托履行监管职责的人员、受委派承担了监管职责的狱医等。

失职致使在押人员脱逃罪在主观方面表现为过失，即行为人因疏忽大意未能预见在押人员的脱逃后果，或者预见到了在押人员脱逃的后果却因环境条件、警力配备等过于自信其不能脱逃成功，最终却导致在押人员脱逃的后果。如果故意私放在押人员、帮助在押人员逃跑，或者明知在押人员欲逃跑却放任不理的，则主观上为故意，应当构成私放在押人员罪。

失职致使在押人员脱逃罪侵犯的客体是国家法律法规和监管机关对在押人员的正常管理秩序。作为司法工作人员，应当尽心尽力、尽职尽责地履行监管职责，维护相关法律法规和司法机关的尊严，维护在押人员管理制度的正常秩序。

失职致使在押人员脱逃罪在客观方面表现为司法工作人员由于严重不负责任，致使在押的犯罪嫌疑人、被告人或者罪犯脱逃，造成严重后果。“脱逃”指在押的犯罪嫌疑人、被告人或者罪犯从羁押场所，如看守所、拘役所、监狱、未成年犯管教所等地，或者在押解途中或者审判场所逃出并脱离监管机关的监管。脱逃的对象是“在押的犯罪嫌疑人、被告人或者罪犯”，如果是其他的在押人员，如被行政拘留、司法拘留的人员，则不能构成本罪。

失职致使在押人员脱逃罪的具体表现主要有：

（1）未尽职守。即司法工作人员存在没有能够严格地坚守自己工作岗位的行为。

（2）未严格按规章制度行使职权。即司法工作人员存在没有按照相应的规章制度行使规定范围内的职权或者超出其职权范围履行了其他职权的行为。

（3）未履行或者未完全履行职务义务。即司法工作人员存在没有履行其职务范围内的义务，或者只履行了一部分义务，并未将职务中的义务履行完全的行为。

（4）履行职务义务严重不负责任。即司法工作人员存在对职务敷衍了事，没有按规定采取相应的监管、防范措施，或者在犯罪嫌疑人、被告人或者罪犯脱逃时，没有采取相应的追捕挽回措施的行为。

当然，失职致使在押人员脱逃罪的表现形式不止以上几种，这仅仅是比较典型的表现形式。需要注意的是，失职致使在押人员脱逃罪为结果犯，需要造成严重后果才能够入罪，如导致重要嫌疑人脱逃、致使重要犯罪线索中断、嫌疑人打击报复受害人或举报人等严重后果。否则行为人可能仅属于履职不尽责，受到行政纪律处分，或者构成玩忽职守罪等其他犯罪。

根据《刑法》的规定，对犯失职致使在押人员脱逃罪的，根据后果轻重，分别依照下列规定处罚：

（1）造成严重后果的，处三年以下有期徒刑或者拘役；

（2）造成特别严重后果的，处三年以上十年以下有期徒刑。

案例：未按规定履行看守职责导致犯罪嫌疑人脱逃的，构成什么罪?

林某因犯盗窃罪被羁押于某县看守所。后来，林某因病出所，在某县人民医院进行住院治疗。在林某住院治疗期间，由该县看守所的工作人员组成6人小组，在该县人民医院值班看管林某。6人小组被分成3个班24小时不间断看管，并被要求每个班必须2人一同值班，便于互相监督，遇到情况及时沟通。在陈某和翟某2人同时执行某一班次时，2人擅自商量将共同看管改为分开单独看管。后林某趁陈某睡着时，用自己输液后未拔除的留置针头打开手铐，逃离病房，并在离开医院后，将重要证人李某杀害。那么，在本案中，陈某和翟某构成什么罪?

律师解析

陈某和翟某构成失职致使在押人员脱逃罪。在本案中，陈某和翟某作为对林某负有监管职责的司法工作人员，在监管期间擅自改变监管规定，将2人共同监管改为1人单独监管，违反了职务工作安排和工作要求，没有认真履行监管责任。并且，陈某还在看管的过程中睡觉，2人严重不负责任的行为，致使罪犯林某逃脱，还导致了重要证人李某的死亡，造成了严重的危害后果。因此，陈某和翟某构成失职致使在押人员脱逃罪，应当承担相应的刑事责任。

诤言挚语

作为一名具有使命感和责任感的司法工作人员，应当时刻谨记自己的职责，坚守自己的岗位，按照相应的规章制度稳妥全面地履行自己的职责，不徇私枉法、不玩忽职守。当然，按照要求履行职责是一方面，另一方面还应当及时采取补救措施。例如，有时并无要求对某一犯罪嫌疑人进行特别监管，如果在工作中发现其有逃跑的迹象，那么就应当对其逃跑行为采取相应的预防措施。

相关法条

《中华人民共和国刑法》

第四百条第二款 司法工作人员由于严重不负责任，致使在押的犯罪嫌疑人、被告人或者罪犯脱逃，造成严重后果的，处三年以下有期徒刑或者拘役；造成特别严重后果的，处三年以上十年以下有期徒刑。

《最高人民检察院关于渎职侵权犯罪案件立案标准的规定》

一、渎职犯罪案件

（十）失职致使在押人员脱逃案（第四百条第二款）

……

涉嫌下列情形之一的，应予立案：

1. 致使依法可能判处或者已经判处十年以上有期徒刑、无期徒刑、死刑的犯罪嫌疑人、被告人、罪犯脱逃的；

2. 致使犯罪嫌疑人、被告人、罪犯脱逃 3 人次以上的；

3. 犯罪嫌疑人、被告人、罪犯脱逃以后，打击报复报案人、控告人、举报人、被害人、证人和司法工作人员等，或者继续犯罪的；

4. 其他致使在押的犯罪嫌疑人、被告人、罪犯脱逃，造成严重后果的情形。

《最高人民检察院关于工人等非监管机关在编监管人员私放在押人员行为和失职致使在押人员脱逃行为适用法律问题的解释》

为依法办理私放在押人员犯罪案件和失职致使在押人员脱逃犯罪案件，对工人等非监管机关在编监管人员私放在押人员行为和失职致使在押人员脱逃行为如何适用法律问题解释如下：

工人等非监管机关在编监管人员在被监管机关聘用受委托履行监管职责的过程中私放在押人员的，应当依照刑法第四百条第一款的规定，以私放在押人员罪追究刑事责任；由于严重不负责任，致使在押人员脱逃，造成严重后果的，应当依照刑法第四百条第二款的规定，以失职致使在押人员脱逃罪追究刑事责任。

36. 国家机关工作人员签订、履行合同失职被骗罪

国家机关工作人员签订、履行合同失职被骗罪是指国家机关工作人员在签订、履行合同过程中，因严重不负责任，不履行或者不认真履行职责被诈骗，致使国家利益遭受重大损失的行为。

国家机关工作人员签订、履行合同失职被骗罪的主体是国家机关工作人员。这里的“国家机关工作人员”是指在国家机关中从事公务的人员，主要包括以下五类主体：

（1）在各级国家权力机关、行政机关、司法机关和军事机关中从事公务的人员；

（2）在依照法律、法规规定行使国家行政管理职权的组织中从事公务的人员；

（3）在受国家机关委托代表国家行使职权的组织中从事公务的人员；

（4）虽未列入国家机关人员编制但在国家机关中从事公务的人员，在代表国家机关行使职权时；

（5）在乡（镇）以上中国共产党机关、人民政协机关中从事公务的人员。

国家机关工作人员签订、履行合同失职被骗罪在主观方面表现为过失，即行为人在签订、履行合同的过程中，应当预见到自己不履行或者不认真履行职责的行为会致使国家利益遭受重大损失，但其因为疏忽大意而没有预见到或者已经预见到了但轻信能够避免，从而导致了国家利益受到重大损失的严重后果。需要注意的是，这里的过失针对的是行为人对危害结果发生所持的主观态度。因此，即使行为人是故意不履行或者不认真履行职责而被诈骗，但只要他对危害结果的发生不是持故意的主观态度，就不妨碍本罪的成立。

国家机关工作人员签订、履行合同失职被骗罪侵犯的客体是国家机关的正常活动。具体来说，就是国家机关工作人员对自己的工作严重不负责任，在签订、履行合同的过程中没有尽到审慎审查的义务，从而导致国家利益遭受重大

损失，影响了国家机关正常的管理活动。

国家机关工作人员签订、履行合同失职被骗罪在客观方面表现为国家机关工作人员在签订、履行合同的过程中，严重不负责任，不履行或者不认真履行职责而被诈骗，致使国家利益遭受重大损失的行为。具体表现为：

（1）该行为必须是发生在国家机关工作人员签订、履行合同的过程中。“签订”是指双方当事人互为意思表示并达成合意而成立合同的全过程，包括从前期的磋商到最后合同的订立。“履行”是指在合同签订后，对合同中约定的权利义务适当且全面实现的所有环节。

（2）国家机关工作人员存在严重不负责任，不履行或者不认真履行职责的行为。其中“严重不负责任”的行为，包括作为和不作为。作为是指国家机关工作人员有履行职责的行为，但却因过失没有认真履行，如无视规章制度和工作纪律。不作为是指在签订、履行合同中马马虎虎，不对合同的主体、内容等进行相关的审查。

（3）因国家机关工作人员严重不负责任，从而导致国家利益遭受重大损失。也就是说，国家机关工作人员的失职行为与国家利益受到损失的危害结果之间要有因果关系。

根据《刑法》的规定，对犯国家机关工作人员签订、履行合同失职被骗罪的，处三年以下有期徒刑或者拘役；致使国家利益遭受特别重大损失的，处三年以上七年以下有期徒刑。

案例：国家机关工作人员收受贿赂后，在签订、履行合同过程中，致使国家利益遭受重大损失，两罪应该数罪并罚吗?

林某是政府采购部门主管，负责部门各项物品采购。现在由于需要新修建一栋办公大楼，领导安排他负责建筑材料的采购。在采购过程中，某建筑材料公司的负责人张某私下给了林某一张存款为50万元的银行卡，林某在各个环节中对张某及建筑材料公司予以照顾，使得该公司最终成为该栋办公大楼建筑材料的供应商，并与之签订了买卖合同。在签订合同的过程中，林某没有对该建筑材料公司的产品质量、履约能力、货源情况以及资信状况等内容进行详细审查，直接草率地订立了合同。3个月后，该建筑材料公司的负责人张某下落不明，以至于合同不能履行，导致政府损失了100万元。后来，林某收受贿赂的事情败露，检察机关以林某涉嫌受贿罪和国家机关工作人员签订、履行合同失职被骗罪对其提起公诉。在本案中，对于林某涉嫌的受贿罪和国家机关工作人员签订、履行合同失职被骗罪应该数罪并罚还是择一重罪处罚呢？

律师解析

在本案中，林某作为国家机关工作人员，没有依法履行自己的职责，而是利用自己主管、负责采购工作的职权便利，破坏了公平竞争的规则，为张某及其公司谋取竞争优势，并收取了张某的钱财，构成受贿罪。同时，在签订合同的过程中，林某也没有尽到谨慎审查的义务，致使政府与张某公司签订的合同无法全面履行，最终导致政府损失了100万元，构成国家机关工作人员签订、履行合同失职被骗罪。根据《最高人民法院、最高人民检察院关于办理渎职刑事案件适用法律若干问题的解释（一）》第三条的规定，国家机关工作人员实施渎职犯罪并收受贿赂，同时构成受贿罪的，除《刑法》另有规定外，以渎职犯罪和受贿罪数罪并罚。我国《刑法》对国家机关工作人员签订、履行合同失职被骗罪没有另外规定，因此对林某应该以国家机关工作人员签订、履行合同失职被骗罪和受贿罪数罪并罚。

诤言挚语

作为“人民公仆”的国家机关工作人员，全心全意为人民服务是其承载的责任，公正、廉洁、勤勉是其应该具备的素质。同时，由于国家机关工作人员行使一定的公权力，必须有法律法规予以约束和惩戒，以防止权力的滥用。国家机关工作人员在履行职责的过程中应兢兢业业、恪尽职守，确保国家机关系统能够正常运转，构建高效、透明的政府。

相关法条

《中华人民共和国刑法》

第四百零六条 国家机关工作人员在签订、履行合同过程中，因严重不负责任被诈骗，致使国家利益遭受重大损失的，处三年以下有期徒刑或者拘役；致使国家利益遭受特别重大损失的，处三年以上七年以下有期徒刑。

《最高人民检察院关于渎职侵权犯罪案件立案标准的规定》

一、渎职犯罪案件

（十七）国家机关工作人员签订、履行合同失职被骗案（第四百零六条）

……

涉嫌下列情形之一的，应予立案：

1. 造成直接经济损失 30 万元以上，或者直接经济损失不满 30 万元，但间接经济损失 150 万元以上的；

2. 其他致使国家利益遭受重大损失的情形。

三、附则

（四）本规定中的“直接经济损失”，是指与行为有直接因果关系而造成的财产损毁、减少的实际价值；“间接经济损失”，是指由直接经济损失引起和牵连的其他损失，包括失去的在正常情况下可以获得的利益和为恢复正常的管理活动或者挽回所造成的损失所支付的各种开支、费用等。

有下列情形之一的，虽然有债权存在，但已无法实现债权的，可以认定为已经造成了经济损失：（1）债务人已经法定程序被宣告破产，且无法清偿债务；（2）债务人潜逃，去向不明；（3）因行为人责任，致使超过诉讼时效；（4）有证据证明债权无法实现的其他情况。

直接经济损失和间接经济损失，是指立案时确已造成的经济损失。移送审查起诉前，犯罪嫌疑人及其亲友自行挽回的经济损失，以及由司法机关或者犯罪嫌疑人所在单位及其上级主管部门挽回的经济损失，不予扣减，但可作为对犯罪嫌疑人从轻处理的情节考虑。

37. 国有公司、企业、事业单位人员失职罪

国有公司、企业、事业单位人员失职罪是指国有公司、企业的工作人员，由于严重不负责任或者滥用职权，造成国有公司、企业破产或者严重损失，致使国家利益遭受重大损失，以及国有事业单位的工作人员严重不负责任或者滥用职权，致使国家利益遭受重大损失的行为。

国有公司、企业、事业单位人员失职罪的主体是特殊主体，即国有公司、企业、事业单位的工作人员。在认定本罪的犯罪主体时，需要注意以下几个问题：

（1）国有控股、参股股份有限公司中的国有公司、企业人员

根据《最高人民法院关于如何认定国有控股、参股股份有限公司中的国有公司、企业人员的解释》的规定，国有公司、企业委派到国有控股、参股公司从事公务的人员，以国有公司、企业人员论。

（2）国家工作人员在企业改制过程中的渎职行为的处理

国家出资企业中的国家工作人员在公司、企业改制或者国有资产处置过程中严重不负责任或者滥用职权，致使国家利益遭受重大损失的，依照《刑法》第一百六十八条的规定，以国有公司、企业、事业单位人员失职罪或者国有公

司、企业、事业单位人员滥用职权罪定罪处罚。

（3）中国农业发展银行及其分支机构的工作人员

根据《最高人民检察院研究室关于中国农业发展银行及其分支机构的工作人员法律适用问题的答复》的规定，中国农业发展银行及其分支机构的工作人员严重不负责任或者滥用职权，构成犯罪的，应当依照《刑法》第一百六十八条的规定追究刑事责任，即按照国有公司、企业、事业单位人员失职罪处理。

国有公司、企业、事业单位人员失职罪在主观方面表现为过失，即行为人应当预见到自己严重不负责任或者滥用职权的行为会造成国有公司、企业破产或者严重损失，致使国家利益遭受重大损失，但由于疏忽大意没有预见到或者已经预见到但轻信能够避免，以致国家利益受到重大损失。此处的“过失”指的是行为人对危害结果发生所持的主观态度，但其本身不负责任或者滥用职权的行为却有可能是行为人故意而为之的。

国有公司、企业、事业单位人员失职罪侵犯的客体是国有公司、企业的财产权益以及社会主义市场经济秩序。

国有公司、企业、事业单位人员失职罪在客观方面表现为国有公司、企业的工作人员严重不负责任或者滥用职权，造成国有公司、企业破产或者严重损失，致使国家利益遭受重大损失以及事业单位的工作人员严重不负责任或者滥用职权，致使国家利益遭受重大损失的行为。本罪是结果犯，只有国有公司、企业的工作人员失职造成国有公司、企业破产或者严重损失，致使国家利益遭受重大损失的，才构成本罪。

根据《刑法》的规定，对犯国有公司、企业、事业单位人员失职罪的，根据致使国家利益遭受损失的大小承担不同的刑事责任：

（1）造成国有公司、企业破产或者严重损失，致使国家利益遭受重大损失的，处三年以下有期徒刑或者拘役；

（2）致使国家利益遭受特别重大损失的，处三年以上七年以下有期徒刑。

案例：国有公司委派到国有控股公司从事公务的人员，严重不负责任造成严重损失，该行为是否构成失职罪？

某国有公司委派其工作人员李某到该国有公司控股的某土地开发有限公司任职财务主管，负责管理该土地开发有限公司的资金往来业务。李某在担任财务主管期间，对公司财务以及公司账户疏于监管，未定期组织开展财务检查工作，未督促财务人员定期制作财务报表、财务会计报告，致使该土地开发有限公司的会计刘某利用公司财务监管漏洞，多次挪用公司款项用于个人消费，总计300万元，全部无法追回。在本案中，李某是否构成国有公司、企业、事业单位人员失职罪？

律师解析

在本案中，李某被国有公司委派到该国有公司控股的某土地开发有限公司从事公务，属于国有公司工作人员。在任职期间，李某严重不负责任，对于自己主管的财务事项置之不理，造成某土地开发有限公司遭受300万元的损失，国家利益受到了严重损失。李某在主观上应当预见到自己严重不负责任的行为会产生严重的危害结果，但由于疏忽大意而没有预见到。同时，由于李某的失职行为已经产生了实际的危害结果，且其失职行为与损害结果之间具有因果关系。根据《最高人民法院关于如何认定国有控股、参股股份有限公司中的国有公司、企业人员的解释》的规定，即国有公司、企业委派到国有控股、参股公司从事公务的人员，以国有公司、企业人员论。因此，李某的行为符合国有公司、企业、事业单位人员失职罪的犯罪构成要件，构成国有公司、企业、事业单位人员失职罪。

诤言挚语

国有公司、企业是国民经济发展的中坚力量，兼具商业性和公益性的特点。一方面，国有公司、企业要追求国有资产的保值和增值；另一方面，国有公司、企业是国家为了调节经济目标而设立，以平衡国民经济各个方面的发展。因此，在国有公司、企业、事业单位从事公务的人员，是代表国家在行使相关权力，必须要勤勤恳恳、兢兢业业，保证国有资产不对外流失，并尽可能为社会公众创造更多更大的福利。

相关法条

《中华人民共和国刑法》

第一百六十八条　国有公司、企业的工作人员，由于严重不负责任或者滥用职权，造成国有公司、企业破产或者严重损失，致使国家利益遭受重大损失的，处三年以下有期徒刑或者拘役；致使国家利益遭受特别重大损失的，处三年以上七年以下有期徒刑。

国有事业单位的工作人员有前款行为，致使国家利益遭受重大损失的，依照前款的规定处罚。

国有公司、企业、事业单位的工作人员，徇私舞弊，犯前两款罪的，依照第一款的规定从重处罚。

《最高人民法院、最高人民检察院关于办理妨害预防、控制突发传染病疫情等灾害的刑事案件具体应用法律若干问题的解释》

第四条　国有公司、企业、事业单位的工作人员，在预防、控制突发传染病疫情等灾害的工作中，由于严重不负责任或者滥用职权，造成国有公司、企业破产或者严重损失，致使国家利益遭受重大损失的，依照刑法第一百六十八条的规定，以国有公司、企业、事业单位人员失职罪或者国有公司、企业、事业单位人员滥用职权罪定罪处罚。

《最高人民法院关于审理扰乱电信市场管理秩序案件具体应用法律若干问题的解释》

第六条 国有电信企业的工作人员，由于严重不负责任或者滥用职权，造成国有电信企业破产或者严重损失，致使国家利益遭受重大损失的，依照刑法第一百六十八条的规定定罪处罚。

《最高人民法院、最高人民检察院关于办理国家出资企业中职务犯罪案件具体应用法律若干问题的意见》

一、关于国家出资企业工作人员在改制过程中隐匿公司、企业财产归个人持股的改制后公司、企业所有的行为的处理

……

在企业改制过程中未采取低估资产、隐瞒债权、虚设债务、虚构产权交易等方式故意隐匿公司、企业财产的，一般不应当认定为贪污；造成国有资产重大损失，依法构成刑法第一百六十八条或者第一百六十九条规定的犯罪的，依照该规定定罪处罚。

四、关于国家工作人员在企业改制过程中的渎职行为的处理

国家出资企业中的国家工作人员在公司、企业改制或者国有资产处置过程中严重不负责任或者滥用职权，致使国家利益遭受重大损失的，依照刑法第一百六十八条的规定，以国有公司、企业人员失职罪或者国有公司、企业人员滥用职权罪定罪处罚。

……

38. 环境监管失职罪

环境监管失职罪是指负有环境保护监督管理职责的国家机关工作人员严重不负责任，不履行或者不认真履行环境保护监管职责导致发生重大环境污染事

故，致使公私财产遭受重大损失或者造成人身伤亡的严重后果的行为。其中，“重大环境污染事故”是指因为实施了违反环境保护法规的相关行为等，致使国家的自然环境遭受了重大破坏，使公民的生命财产安全受到了极大威胁，给社会造成了严重的不利影响。

环境监管失职罪的主体是特殊主体，是指从事环境保护监督管理职责的国家机关工作人员，具体包括在各级环境行政主管部门从事环境保护工作的人员，以及在各级农业、水利、海洋、公安、交通等部门中，依照相关法律规定从事对环境污染防治实施监管的工作人员。

环境监管失职罪的主观方面只能是过失，即相关工作人员应当知道自己严重不负责任的行为会导致严重后果，但是因疏忽大意没有预见到，或者是已经预见到而轻信能够避免。如果行为人主观上出于故意，则不构成此罪。

环境监管失职罪侵犯的客体是国家环境保护机关的监督管理活动，以及国家对环境保护、防治污染的管理制度。

环境监管失职罪在客观方面表现为相关部门工作人员严重不负责任，导致发生重大环境污染事故，致使公私财产遭受重大损失或者造成人身伤亡严重后果的行为。“严重不负责任”是指工作人员没有尽到自己相应的工作职责，如：明知道相关单位排放废水、废气可能会造成重大环境污染，但是在制止过程中庸政懈政，导致发生环境污染事故。

根据《刑法》的规定，对犯环境监管失职罪的，处三年以下有期徒刑或者拘役。

案例：环保局工作人员严重不负责任，没有及时制止超标污水排放导致出现重大环境污染事故的，构成什么罪？

J河是某省的母亲河，贯穿全省，多年来，J河沿线生态环境一直很好，给该省人民带来丰富的物产资源。某县位于J河中下游地区，J河流经该县。一次，该县境内S厂的污水处理设备出现问题，向J河中排放的污水超过相关标准。张某时任该县生态环境分局某科室科长，主管废物排放监管工作，但张某因为家中琐事繁多无心工作，没有完成定期对S厂排放物的检验检测工作，导致超标废水持续向J河内排放长达2个月的时间，出现了重大环境污染事故。J河中下游水质受到严重污染，河内养殖水产品全部死亡，造成直接经济损失上百万元。那么，张某的行为构成什么罪？

律师解析

张某的行为构成环境监管失职罪。国家各级环境保护部门承担着对本辖区环境保护监督管理的工作，若工作人员因严重不负责任导致发生重大环境污染事故，致使公私财产遭受重大损失或者造成人身伤亡严重后果的行为，应当承担相应的刑事责任。在本案中，张某作为废物排放监管部门的工作人员，应当按照要求定期对辖区内工厂排放物进行检验检测。但是，张某因家庭琐事困扰没有完成相关工作，导致S厂的超标废水排放进J河内，造成了重大的环境污染事故，直接经济损失高达上百万元，张某的行为构成环境监管失职罪，应当被追究相应的刑事责任。

诤言挚语

“人不负青山，青山定不负人。”绿水青山既是自然财富也是经济财富，当前时代赋予我们保护环境的重任，每一个环境保护部门以及相关监管部门的工作人员都要承担起相应职责。由于身处关键岗位，工作上细小的失误都可能带来非常严重的后果，一旦对环境造成破坏，需要漫长的过程才能完全修复，甚至会造成无法修复的后果。各级环境保护部门工作人员应当严格履职尽责，不负时代和人民的嘱托。

相关法条

《中华人民共和国刑法》

第四百零八条 负有环境保护监督管理职责的国家机关工作人员严重不负责任，导致发生重大环境污染事故，致使公私财产遭受重大损失或者造成人身伤亡的严重后果的，处三年以下有期徒刑或者拘役。

《最高人民检察院关于渎职侵权犯罪案件立案标准的规定》

一、渎职犯罪案件

（十九）环境监管失职案（第四百零八条）

……

涉嫌下列情形之一的，应予立案：

1. 造成死亡1人以上，或者重伤3人以上，或者重伤2人、轻伤4人以上，或者重伤1人、轻伤7人以上，或者轻伤10人以上的；

2. 导致30人以上严重中毒的；

3. 造成个人财产直接经济损失15万元以上，或者直接经济损失不满15万元，但间接经济损失75万元以上的；

4. 造成公共财产、法人或者其他组织财产直接经济损失30万元以上，或者直接经济损失不满30万元，但间接经济损失150万元以上的；

5. 虽未达到3、4两项数额标准，但3、4两项合计直接经济损失30万元以上，或者合计直接经济损失不满30万元，但合计间接经济损失150万元以上的；

6. 造成基本农田或者防护林地、特种用途林地10亩以上，或者基本农田以外的耕地50亩以上，或者其他土地70亩以上被严重毁坏的；

7. 造成生活饮用水地表水源和地下水源严重污染的；

8. 其他致使公私财产遭受重大损失或者造成人身伤亡严重后果的情形。

39. 食品、药品监管渎职罪

食品、药品监管渎职罪是指负有食品药品安全监督管理职责的国家机关工作人员，滥用职权或者玩忽职守，导致发生重大食品安全事故、药品安全事件或者造成其他严重后果的行为。其中，“食品药品安全监管”是指国家相关部门对负责生产、流通食品药品的企业行使监督管理的职能，以确保食品药品质量和安全。

食品、药品监管渎职罪的主体是负有食品药品安全监督管理职责的国家机关工作人员，为特殊主体。除了参考可以构成渎职罪的一般主体，卫生行政、农业行政、质量监督、市场监督管理、食品药品监督管理部门中负责食品安全监督管理工作的人员，也可以构成本罪的主体。

食品、药品监管渎职罪在主观方面表现为过失，即相关工作人员在主观上应当知道严重不负责任的行为会导致严重后果，但是因疏忽大意没有预见到，或者是已经预见到而轻信能够避免。行为人对玩忽职守或者滥用职权的行为导致结果的发生是有过失的。

食品、药品监管渎职罪侵犯的客体是食品药品安全监督管理机关对食品药品生产、流通等环节质量安全的监督管理活动。

食品、药品监管渎职罪的客观方面为行为人的滥用职权或者玩忽职守，导致发生重大食品安全事故、药品安全事件或者造成其他严重后果。由此可见，该罪有两种表现形式：一是滥用职权，即相关工作人员违反职权或者超越职权行使权力，导致出现严重后果；二是玩忽职守，虽然承担食品药品安全监管责任，但是因消极不作为而导致出现重大食品药品安全事故。依据《刑法》的规定，这两种表现形式可以具体细化为：（1）瞒报、谎报食品安全事故、药品安全事件的；（2）对发现的严重食品药品安全违法行为未按规定查处的；（3）在药品和特殊食品审批审评过程中，对不符合条件的申请准予许可的；（4）依法应当移交司法机关追究刑事责任不移交的；

（5）有其他滥用职权或者玩忽职守行为的。

根据《刑法》的规定，对犯食品、药品监管渎职罪的，处五年以下有期徒刑或者拘役；造成特别严重后果或者有其他特别严重情节的，处五年以上十年以下有期徒刑。

案例：市场监督管理局工作人员玩忽职守，导致发生重大食品安全事故，构成什么罪？

近年来，随着电子商务的不断发展，微商品牌也占领了一部分市场。某日，某市市场监督管理局接到群众举报，称其服用在某微商手中购买的减肥产品之后出现强烈的不良反应。市场监督管理局的工作人员杜某负责此项工作，立即展开调查，但一段时间后，杜某发现该事件调查难度比较大、涉及人员比较多，便将该工作搁置了下来未再提起。两个月后，此减肥药通过层层代理销售至多地，最终导致重大食品安全事故发生，近百人因服用此减肥药出现中毒状况。那么，杜某玩忽职守的行为构成什么罪？

律师解析

杜某的行为构成食品、药品监管渎职罪。市场监督管理局对辖区内生产、流通的食品药品质量安全负有监督管理责任，杜某作为市场监督管理局的工作人员，应当对工作履职尽责。在接到群众举报之后，应当立即对可能存在质量问题的减肥产品进行调查。但是，由于杜某办事拖沓、消极懒怠，没有及时对相关事件进行查处，导致后续出现了更加严重的后果。因此，杜某的行为构成食品、药品监管渎职罪，应当被追究相应的刑事责任。

诤言挚语

俗话说，“民以食为天”，食品质量安全关系到人民群众的切身利益，而药品作为治病救人的必需品，其质量安全也应得到保证。负有食品药品监督管理职责的工作人员肩负着重大使命责任，务必要对本职工作认真负责，切不可推诿塞责、懒政怠政，否则一个细小的疏忽行为都可能给人民生命财产安全带来严重的威胁。

相关法条

《中华人民共和国刑法》

第四百零八条之一　负有食品药品安全监督管理职责的国家机关工作人员，滥用职权或者玩忽职守，有下列情形之一，造成严重后果或者有其他严重情节的，处五年以下有期徒刑或者拘役；造成特别严重后果或者有其他特别严重情节的，处五年以上十年以下有期徒刑：

（一）瞒报、谎报食品安全事故、药品安全事件的；

（二）对发现的严重食品药品安全违法行为未按规定查处的；

（三）在药品和特殊食品审批审评过程中，对不符合条件的申请准予许可的；

（四）依法应当移交司法机关追究刑事责任不移交的；

（五）有其他滥用职权或者玩忽职守行为的。

徇私舞弊犯前款罪的，从重处罚。

40. 传染病防治失职罪

传染病防治失职罪是指从事传染病防治的政府卫生行政部门的工作人员严重不负责任，不履行或者不认真履行传染病防治监管职责，导致传染病传播或者流行，情节严重的行为。其中，“传染病”是指由各种病毒引起的，通过各种途径在人与人之间、人与动物之间或者动物与动物之间传播的疾病。

传染病防治失职罪的主体是从事传染病防治的政府卫生行政部门工作人员，是特殊主体。

传染病防治失职罪的主观方面只能是出于过失，即相关工作人员应当知道严重不负责任的行为会导致严重后果，但是因疏忽大意没有预见到，或者是已经预见到而轻信能够避免。如果行为人主观上出于故意，则不构成此罪。

传染病防治失职罪侵犯的客体是国家对传染病防治的管理制度。有的传染病传播速度比较快、传染范围比较大，如果任由传染病发展而不及时加以控制，则会给人民生命财产安全带来极大的威胁。因政府卫生行政部门的工作人员严重不负责任且情节严重，导致传染病的大范围传播或者流行，就直接破坏了国家传染病防治的管理制度。

传染病防治失职罪在客观方面表现为从事传染病防治工作的政府卫生行政部门工作人员严重不负责任，导致传染病传播或者流行，情节严重的行为。“严重不负责任”是指工作人员没有尽到自己相应的工作职责，如发现传染病没有立即报告、没有立即采取合理的应对方式进行防治、对病人没有及时治疗或者隔离处理、监督检查不认真负责等。

根据我国《刑法》的规定，对犯传染病防治失职罪的，处以三年以下有期徒刑或者拘役。

案例：卫健委主任严重不负责任，没有对传染病立即采取防控措施造成严重后果的，构成什么罪？

2020年春节期间，新冠肺炎疫情在我国暴发，各相关部门高度重视，立即采取措施应对防治。刘某时任我国某偏远县卫健委主任，他认为自己所在地区流动人口较少，传染病不会传播到这里来。于是，在接到上级防控命令后，刘某没有高度重视，也没有立即采取合理措施安排全县进行传染病防控。随后不久，该县内便出现了多例新冠肺炎感染患者，导致100多人被隔离，引发了当地社会极大的恐慌。那么，刘某的严重失职行为构成什么罪？

律师解析

刘某的行为构成传染病防治失职罪。在本案中，刘某作为县卫健委主任，在疫情暴发之际有责任及时安排部署相关工作，对新冠肺炎疫情进行防控。但是，因为刘某没有高度重视，并没有立即采取措施应对疫情，而致使疫情在当地大范围流行，其行为构成传染病防治失职罪，应当被追究相应刑事责任。

诤言挚语

“有多大担当才能干多大事业，尽多大责任才能有多大成就。”党员干部要对工作敢于担当、认真负责。但是，个别工作人员面对工作不愿担当、推诿扯皮，对于此类过失犯罪，如果时刻秉承着高度负责的工作态度，完全可以避免。国家机关工作人员应当对自身工作履职尽责，牢记人民的重托，为人民服务，担当起该担当的责任。

相关法条

《中华人民共和国刑法》

第四百零九条 从事传染病防治的政府卫生行政部门的工作人员严重不负责任，导致传染病传播或者流行，情节严重的，处三年以下有期徒刑或者拘役。

《最高人民法院、最高人民检察院关于办理妨害预防、控制突发传染病疫情等灾害的刑事案件具体应用法律若干问题的解释》

第十六条 在预防、控制突发传染病疫情等灾害期间，从事传染病防治的政府卫生行政部门的工作人员，或者在受政府卫生行政部门委托代表政府卫生行政部门行使职权的组织中从事公务的人员，或者虽未列入政府卫生行政部门人员编制但在政府卫生行政部门从事公务的人员，在代表政府卫生行政部门行使职权时，严重不负责任，导致传染病传播或者流行，情节严重的，依照刑法第四百零九条的规定，以传染病防治失职罪定罪处罚。

在国家对突发传染病疫情等灾害采取预防、控制措施后，具有下列情形之一的，属于刑法第四百零九条规定的“情节严重”：

（一）对发生突发传染病疫情等灾害的地区或者突发传染病病人、病原携带者、疑似突发传染病病人，未按照预防、控制突发传染病疫情等灾害工作规范的要求做好防疫、检疫、隔离、防护、救治等工作，或者采取的预防、控制措施不当，造成传染范围扩大或者疫情、灾情加重的；

（二）隐瞒、缓报、谎报或者授意、指使、强令他人隐瞒、缓报、谎报疫情、灾情，造成传染范围扩大或者疫情、灾情加重的；

（三）拒不执行突发传染病疫情等灾害应急处理指挥机构的决定、命令，造成传染范围扩大或者疫情、灾情加重的；

（四）具有其他严重情节的。

《最高人民检察院关于渎职侵权犯罪案件立案标准的规定》

一、渎职犯罪案件

（二十）传染病防治失职案（第四百零九条）

……

涉嫌下列情形之一的，应予立案：

1. 导致甲类传染病传播的；

2. 导致乙类、丙类传染病流行的；

3. 因传染病传播或者流行，造成人员重伤或者死亡的；

4. 因传染病传播或者流行，严重影响正常的生产、生活秩序的；

5. 在国家对突发传染病疫情等灾害采取预防、控制措施后，对发生突发传染病疫情等灾害的地区或者突发传染病病人、病原携带者、疑似突发传染病病人，未按照预防、控制突发传染病疫情等灾害工作规范的要求做好防疫、检疫、隔离、防护、救治等工作，或者采取的预防、控制措施不当，造成传染范围扩大或者疫情、灾情加重的；

6. 在国家对突发传染病疫情等灾害采取预防、控制措施后，隐瞒、缓报、谎报或者授意、指使、强令他人隐瞒、缓报、谎报疫情、灾情，造成传染范围扩大或者疫情、灾情加重的；

7. 在国家对突发传染病疫情等灾害采取预防、控制措施后，拒不执行突发传染病疫情等灾害应急处理指挥机构的决定、命令，造成传染范围扩大或者疫情、灾情加重的；

8. 其他情节严重的情形。

41．商检失职罪

商检失职罪是指出入境检验检疫机关、检验检疫机构工作人员严重不负责任，对应当检验的物品不检验，或者延误检验出证、错误出证，致使国家利益遭受重大损失的行为。其中，“商检”就是指商品的检验检疫，一般用于进出口贸易。商检部门或者机构经过对货品的检验出具相关手续，以证明货品的质量和数量等。

商检失职罪的主体为特殊主体，是国家商检部门、商检机构的工作人员，其中包括两类：

（1）商检部门工作人员。国家商检部门及其设立在全国各地的分支机构的工作人员。

（2）商检机构工作人员。我国设立的从事动植物、药物、计量器具等专业商检的机构的工作人员。

商检失职罪在主观方面只能为过失，即相关工作人员应当知道严重不负责任的行为会导致严重后果，但是因疏忽大意没有预见到，或者是已经预见到而轻信能够避免。如果行为人主观上出于故意，则不构成此罪。

商检失职罪侵犯的客体是国家进出口商品检验部门、机构的正常活动及国家其他有关机关的正常活动。由我国相关部门对进出口商品进行检验，可以保证进出口产品质量，避免对外贸易的当事人受到不必要的损害。如果因为相关部门的工作人员的严重失职，导致对外贸易失败，可能会给我国造成严重的经济损失，甚至会影响我国在国际贸易伙伴心中的形象和地位。

商检失职罪在客观方面表现为从事商品检验工作的人员严重不负责任，不认真履行工作职责，对应当检验的物品不检验，或者延误检验出证、错误出证，致使国家利益遭受重大损失。在本罪中具体表现为三种情况：

（1）对应当检验的物品不检验。由于工作人员严重不负责任，对法律、法规中明确规定的在进出口时必须经过检验检疫的商品，没有检验或者没有全部进行检验，导致国家或者个人利益遭受重大损失的。

（2）延误检验出证。由于工作人员办事拖沓，虽然已经对法律、法规中明确规定的在进出口时必须经过检验检疫的商品完成检验，但是没有及时出具相关证明手续，延误了进出口时机，导致国家或者个人利益受到严重损失的。

（3）错误出证。由于工作人员工作失职，对已经完成检验检疫的商品出具的检验证明错误，与检验实际结果不相符，导致国家或者个人利益受损的。

根据《刑法》的规定，对犯商检失职罪的，处三年以下有期徒刑或者拘役。

案例：不及时出具出口产品的检验检疫证明，造成严重后果的，可能构成什么罪?

武某是某口岸城市海关的工作人员，负责给出口检验完毕的商品出证工作。一次，武某因工作琐事与主管领导发生分歧，武某颇有情绪，对工作并不上心。恰巧此时A公司的一大批生鲜货物经过该海关检验，准备出口到国外，工作人员对此批货品检验合格后，需要武某为其出具检验合格手续。但是，由于武某纠结于与领导的矛盾，并没有及时为A公司出具检验证明，延误了此批生鲜货物的出口时间，以至于全部损坏变质，导致发生货损达300万余元，对方公司也取消了与A公司的长期合作。那么，武某的行为触犯了什么法律?

律师解析

武某的行为构成商检失职罪。对于应当接受检验检疫的进出口商品，海关应当及时完成检验，并按时出具相关证明，以免耽误货物进出口的关键时机。在本案中，由于负责检验检疫的工作人员武某对工作不上心，延误了对A公司生鲜货品出具检验检疫证明的时间，致使生鲜货品全部损坏，给A公司造成了巨大的经济损失。武某的行为构成商检失职罪，应当被追究相应的刑事责任。

诤言挚语

敬业是中华民族的传统美德，也是社会主义核心价值观中的一项重要内容。孔子曰："执事敬""事思敬""修己以敬"。正所谓干一行爱一行，每个人在自己的工作岗位上都承担着相应的责任，唯有秉承踏实认真、恪尽职守的工作态度，才能将本职工作做好。面对生活中的不如意，可能会有这样或那样的情绪，但是本职工作不应当受到不良情绪的干扰，切不可推诿塞责、办事拖沓。

相关法条

《中华人民共和国刑法》

第四百一十二条 国家商检部门、商检机构的工作人员徇私舞弊，伪造检验结果的，处五年以下有期徒刑或者拘役；造成严重后果的，处五年以上十年以下有期徒刑。

前款所列人员严重不负责任，对应当检验的物品不检验，或者延误检验出证、错误出证，致使国家利益遭受重大损失的，处三年以下有期徒刑或者拘役。

《最高人民检察院关于渎职侵权犯罪案件立案标准的规定》

一、渎职犯罪案件

（二十五）商检失职案（第四百一十二条第二款）

……

涉嫌下列情形之一的，应予立案：

1. 致使不合格的食品、药品、医疗器械等商品出入境，严重危害生命健康的；

2. 造成个人财产直接经济损失 15 万元以上，或者直接经济损失不满 15 万元，但间接经济损失 75 万元以上的；

3. 造成公共财产、法人或者其他组织财产直接经济损失30万元以上，或者直接经济损失不满30万元，但间接经济损失150万元以上的；

4. 未经检验，出具合格检验结果，致使国家禁止进口的固体废物、液态废物和气态废物等进入境内的；

5. 不检验或者延误检验出证、错误出证，引起国际经济贸易纠纷，严重影响国家对外经贸关系，或者严重损害国家声誉的；

6. 其他致使国家利益遭受重大损失的情形。

42. 动植物检疫失职罪

动植物检疫失职罪是指出入境检验检疫机关、检验检疫机构工作人员严重不负责任，对应当检疫的检疫物不检疫，或者延误检疫出证、错误出证，致使国家利益遭受重大损失的行为。

其中，“动植物检疫”是指为了防止动植物携带的细菌、疾病等有害生物从外国进入国内或者由国内传播到国外，在动植物及相关产品出入境时，对其进行相关的检验检疫。

动植物检疫失职罪的主体是特殊主体，是出入境检验检疫机关、检验检疫机构工作人员。

动植物检疫失职罪的主观方面只能为过失，即动植物检疫机关的工作人员应当知道严重不负责任的行为会导致严重后果，但是因疏忽大意没有预见到，或者是已经预见到而轻信能够避免。如果行为人主观上出于故意，则不构成此罪。

动植物检疫失职罪的客体是国家动植物检疫机关的正常活动。工作人员的严重不负责任，会给动植物检疫机关的威信带来负面影响。

动植物检疫失职罪在客观方面表现为工作人员严重不负责任，对应当检疫的检疫物不检疫，或者延误检疫出证、错误出证。在本罪中具体表现为三种情况：

（1）对应当检验的动植物及其相关物品不检验。由于工作人员严重不负责任，对必须经过检验检疫的动植物及其相关物品不进行检验，或者只对部分物品进行检验，导致国家或者个人利益遭受重大损失的。

（2）延误检验出证。由于工作人员办事拖沓，虽然已经对必须经过检验检疫的动植物及其相关物品完成检验，但是没有及时出具相关证明手续，延误了进出口时机，导致国家或者个人利益受到严重损失的。

（3）错误出证。由于工作人员工作失职，对已经完成检验检疫的动植物及其相关物品出具的检验证明错误，与检验实际结果不相符，导致国家或者个人利益受损的。

根据《刑法》的规定，对犯动植物检疫失职罪的，处三年以下有期徒刑或者拘役。

案例：没有对动植物及相关产品完成检验检疫，造成疫情流行的，构成什么罪？

田某是某市出入境检验检疫局动植物检疫部门的工作人员，由于即将退休，工作态度也变得懒散懈怠。一次，S公司要进口一批生鲜牛肉，正好由田某负责此次检验检疫工作。田某按规定要求完成了对此批牛肉的检验检疫工作，但是，他忘了安排相关人员对装载牛肉的运输器具进行检验检疫。因此，牛肉运输器具上携带的病菌没有被发现，被带入我国境内。当地多处活牛饲养场的牛感染上此病菌，造成当地牛瘟流行。那么，田某的行为构成什么罪？

律师解析

田某的行为构成动植物检验检疫失职罪。对于应当接受检验检疫的进出口动植物及相关产品，动植物检验检疫部门应当及时完成检验，不仅要检验动植物本身，还要对其包装物、装载工具等进行检验检疫。在本案中，由于动植物检验检疫部门的工作人员田某对工作不上心，没有对生牛肉的运输器具进行检验检疫，致使器具上残留的病菌进入我国，导致牛瘟在当地流行，给当地人民的生命财产安全造成了威胁。田某的行为构成动植物检验检疫失职罪，应当被追究相应的刑事责任。

诤言挚语

梁启超曾说，“知责任者，大丈夫之始也；行责任者，大丈夫之终也”。人生每个阶段都有自己应当履行的责任，有始有终是一个有担当的人应当具备的品格。在工作中，长期面对相同的任务，难免会产生消极懈怠的情绪，但是我们应当积极调整情绪，完成好自己应当履行的职责。无论是新入职的工作人员还是即将退休的工作人员，都要以饱满的热情用心完成分内之事，不负岗位赋予自己的使命和责任。

相关法条

《中华人民共和国刑法》

第四百一十三条　动植物检疫机关的检疫人员徇私舞弊，伪造检疫结果的，处五年以下有期徒刑或者拘役；造成严重后果的，处五年以上十年以下有期徒刑。

前款所列人员严重不负责任，对应当检疫的检疫物不检疫，或者延误检疫出证、错误出证，致使国家利益遭受重大损失的，处三年以下有期徒刑或者拘役。

《最高人民检察院关于渎职侵权犯罪案件立案标准的规定》

一、渎职犯罪案件

（二十七）动植物检疫失职案（第四百一十三条第二款）

……

涉嫌下列情形之一的，应予立案：

1. 导致疫情发生，造成人员重伤或者死亡的；

2. 导致重大疫情发生、传播或者流行的；

3. 造成个人财产直接经济损失15万元以上，或者直接经济损失不满15万元，但间接经济损失75万元以上的；

4. 造成公共财产或者法人、其他组织财产直接经济损失30万元以上，或者直接经济损失不满30万元，但间接经济损失150万元以上的；

5. 不检疫或者延误检疫出证、错误出证，引起国际经济贸易纠纷，严重影响国家对外经贸关系，或者严重损害国家声誉的；

6. 其他致使国家利益遭受重大损失的情形。

43. 不解救被拐卖、绑架妇女、儿童罪

不解救被拐卖、绑架妇女、儿童罪是指对被拐卖、绑架的妇女、儿童负有解救职责的公安、司法等国家机关工作人员，接到被拐卖、绑架的妇女、儿童及其家属的解救要求或者接到其他人的举报，而对被拐卖、绑架的妇女、儿童不进行解救，造成严重后果的行为。

不解救被拐卖、绑架妇女、儿童罪的主体是特殊主体，是指负有解救被拐卖、绑架的妇女、儿童职责的国家机关工作人员。需要注意的是，并不是所有国家机关工作人员都能构成此罪，只有承担解救职责的那部分国家机关工作人员才能构成此罪。在我国，通常情况下，各级公安部门负有解救职责的工作人员能成为本罪的主体，同时，与公安部门相配合的各级人民法院、检察院、司法、民政、妇联等部门的工作人员，也可以构成本罪主体。

不解救被拐卖、绑架妇女、儿童罪在主观方面表现为故意，即负有解救被拐卖、绑架的妇女、儿童职责的国家机关工作人员明知道自己应当履行解救

职责却不履行，从而造成了严重的后果。行为人对于后果的主观方面可能为过失，也可能为间接故意，并不影响本罪的认定。

不解救被拐卖、绑架妇女、儿童罪侵犯的客体为国家机关解救被拐卖、绑架妇女、儿童的正常公务活动，同时侵犯了国家机关及其公务人员在群众心中的形象。

不解救被拐卖、绑架妇女、儿童罪在客观方面具体表现为两个方面：一是负有解救职责的国家机关工作人员懒政怠政、消极应付，对解救工作不履职尽责；二是负有解救职责的国家机关工作人员违反职责规定，未积极履行解救职责，造成了妇女、儿童被绑架、拐卖的严重后果。

根据《刑法》的规定，对犯不解救被拐卖、绑架妇女、儿童罪的，处五年以下有期徒刑或者拘役。

案例：公安机关工作人员没有履行解救被拐卖妇女职责，导致被拐卖妇女不能及时被解救的，构成什么罪?

某市地处我国边境地区，发生拐卖人口案件时需要当地出动警力配合解救。梁某等人是该市公安机关公务人员，负责被拐卖人口解救工作。某年，该市发生一起拐卖妇女案件。案件发生之初，梁某等人干劲十足，每次获得有关信息都及时安排布置解救，但是多次解救行动都无疾而终。一转眼，时间过去半年多，梁某等人对该案件已经有所懈怠。某日，再次有人向公安机关提供该起妇女拐卖案件的线索。然而，梁某等人对此并没有高度重视，距离获得线索一周以后才安排部署解救事宜，延误了解救被拐卖妇女的最佳时机，使得犯罪嫌疑人胁迫被拐卖妇女逃到境外地区。那么，梁某等人的行为构成什么罪?

律师解析

梁某等人的行为构成不解救被拐卖妇女罪。由于拐卖妇女、儿童案件的犯罪嫌疑人流动速度很快，而且具有很强的隐蔽性，如果解救机关在接到相关线索后没有及时开展解救工作，很有可能错过最佳解救时机，从而导致后续解救工作难度加大或者造成无法解救的后果。因此，相关解救部门的工作人员对待拐卖人口案件要高度重视，不能因为可能解救不成功而不采取相应解救措施，否则就属于玩忽职守，必将受到法律的惩处。

在本案中，梁某等人作为公安机关负有解救职责的工作人员，在接到举报线索后没有及时开展解救被拐卖妇女行动，延误了解救的最佳时机。梁某等人明知自己的行为可能造成无法解救被拐卖妇女的结果，仍然没有采取解救行动，并造成了犯罪嫌疑人将被拐卖妇女转移到境外的后果，其行为构成不解救被拐卖妇女罪，应当被追究相应的刑事责任。

诤言挚语

国家机关工作人员代表国家为人民群众服务，严格履职尽责关系到人民群众的根本利益。广大国家机关工作人员要坚持为国履职、为民尽责的情怀，把事业放在心上，把责任扛在肩上。认真履行工作职责，就是要把人民群众的事情当成自己的事情去办，不能因为任何原因将负面情绪带入工作，更不能因为任何原因懒政怠政、不作为、乱作为。

相关法条

《中华人民共和国刑法》

第四百一十六条第一款 对被拐卖、绑架的妇女、儿童负有解救职责的国家机关工作人员，接到被拐卖、绑架的妇女、儿童及其家属的解救要求或者接到其他人的举报，而对被拐卖、绑架的妇女、儿童不进行解救，造成严重后果的，处五年以下有期徒刑或者拘役。

《最高人民检察院关于渎职侵权犯罪案件立案标准的规定》

一、渎职犯罪案件

（三十一）不解救被拐卖、绑架妇女、儿童案（第四百一十六条第一款）

……

涉嫌下列情形之一的，应予立案：

1. 导致被拐卖、绑架的妇女、儿童或者其家属重伤、死亡或者精神失常的；
2. 导致被拐卖、绑架的妇女、儿童被转移、隐匿、转卖，不能及时进行解救的；
3. 对被拐卖、绑架的妇女、儿童不进行解救 3 人次以上的；
4. 对被拐卖、绑架的妇女、儿童不进行解救，造成恶劣社会影响的；
5. 其他造成严重后果的情形。

44. 失职造成珍贵文物损毁、流失罪

失职造成珍贵文物损毁、流失罪是指文物行政部门、公安机关、市场监督管理部门、海关、城乡建设规划部门等国家机关工作人员严重不负责任，造成珍贵文物损毁或者流失，后果严重的行为。

失职造成珍贵文物损毁、流失罪的主体是特殊主体，即文物行政部门、公安机关、市场监督管理部门、海关、城乡建设规划部门等国家机关工作人员。

失职造成珍贵文物损毁、流失罪的主观方面只能是过失。行为人应当知道自己严重不负责任的行为可能会造成珍贵文物损毁或者流失的后果，但由于疏忽大意而没有预见到，或者是虽已经预见到可能会发生，但行为人轻信可以避免，以致发生严重的危害结果。

失职造成珍贵文物损毁、流失罪侵犯的客体是国家机关的正常管理活动。因国家机关工作人员对本职工作严重不负责，破坏国家机关的文物保护工作，从而危害了国家机关的正常管理活动。该罪侵犯的对象为珍贵文物，根据国家规定，古文化遗址、古墓葬、古建筑、石窟寺、石刻、壁画、近代现代重要史迹和代表性建筑等不可移动文物，根据它们的历史、艺术、科学价值，可以分别确定为全国重点文物保护单位，省级文物保护单位，市、县级文物保护单位。历史上各时代重要实物、艺术品、文献、手稿、图书资料、代表性实物等可移动文物，分为珍贵文物和一般文物；珍贵文物分为一级文物、二级文物、三级文物。

失职造成珍贵文物损毁、流失罪在客观方面表现为国家机关工作人员擅离职守、不履行或不正确履行职责义务，严重不负责任，造成珍贵文物损毁或者流失，后果严重的行为。“严重不负责任”是指不履行法定和工作职责范围内要求的对珍贵文物保护、管理的职责，或者在履行职务过程中敷衍怠职，推卸责任，不尽职尽责。所谓“损毁、流失”，即珍贵文物的损坏、毁灭，也包括部分破损，使其丧失原有价值或导致珍贵文物被盗、遗失而下落不明或者流落至国外。严重不负责任的行为必须造成严重后果，方构成该罪。

根据《刑法》规定，对犯失职造成珍贵文物损毁、流失罪的，处三年以下有期徒刑或者拘役。

案例：行为人怠于履行职责，导致重要文物保护单位受到破坏的，是否构成失职造成珍贵文物损毁、流失罪?

吴某受聘于某市文物保护管理局担任护墓员，负责保护某市区范围内的古墓葬。主要职责是昼夜各巡查一次，不得缺岗、漏巡，认真做好巡查记录，严格遵守工作纪律，积极掌握辖区内文物保护的基本动态和信息，对文物保护区内的动土、探点、盗掘行为异常变化信息要及时反映和上报，发现正在实施盗掘行为应当及时报告。

一天晚上，方某、桑某等4人携带铁锹等作案工具来到该辖区内进行探点，探到无封土古墓两座并做好了标记。第二天晚上，方某等人便对古墓进行盗掘，挖出盗洞两处，深至棺椁，致使两座古墓遭到严重破坏。在方某等人连续两天的盗墓过程中，身为护墓员的吴某在日常巡查中，以害怕为由夜晚完全没有巡查，没有认真履行职责，致使其管理的古墓被盗掘。经鉴定：被盗古墓葬位于省级文物保护单位古墓葬群保护范围内；两个盗洞分别对两座古墓造成严重破坏。吴某的行为是否构成失职造成珍贵文物损毁、流失罪?

律师解析

吴某在履行职务过程中，擅离职守，不履行应尽的职责义务，严重不负责任，致使其看护、管理的古墓因盗掘而被严重破坏，后果严重，其行为已构成失职造成珍贵文物损毁、流失罪，应承担相应的刑事责任。

诤言挚语

对珍贵文物负有管理、看护职责的国家工作人员，应遵纪守法，认真履行工作职责。珍贵文物具有重要的历史、艺术、文化价值，负有法定职责的国家工作人员如严重失职，造成珍贵文物毁损，势必会给国家和人民的利益造成严重损害，其也将受到法律制裁。

相关法条

《中华人民共和国刑法》

第四百一十九条　国家机关工作人员严重不负责任，造成珍贵文物损毁或者流失，后果严重的，处三年以下有期徒刑或者拘役。

《最高人民检察院关于渎职侵权犯罪案件立案标准的规定》

一、渎职犯罪案件

（三十五）失职造成珍贵文物损毁、流失案（第四百一十九条）

……

涉嫌下列情形之一的，应予立案：

1. 导致国家一、二、三级珍贵文物损毁或者流失的；
2. 导致全国重点文物保护单位或者省、自治区、直辖市级文物保护单位损毁的；
3. 其他后果严重的情形。

45. 故意延误投递邮件罪

故意延误投递邮件罪是指邮政工作人员严重不负责任，故意延误投递邮件，致使公共财产、国家和人民利益遭受重大损失的行为。

故意延误投递邮件罪的主体为特殊主体，是邮政工作人员。

故意延误投递邮件罪的主观方面是故意，即行为人主观上严重不负责任，明知会延误投递邮件而故意为之。

故意延误投递邮件罪侵犯的客体是国家的邮政管理秩序。该罪侵犯的对象是邮件。

故意延误投递邮件罪在客观方面表现为邮政工作人员严重不负责任，未依法依规办理邮政业务，故意延误投递邮件，致使公共财产、国家和人民利益遭受重大损失的行为。所谓严重不负责任，是指邮政工作人员未履行法定的职责和义务，情节严重的行为。延误投递邮件是指邮政工作人员应当按期投递邮件，但是在客观能投递情况下故意拖延、耽误邮件投递，不按规定时限投递邮件。该罪属不作为犯，即行为人有义务在能够将邮件按时投送情况下却故意拖延、耽误。因延误投递邮件的行为造成公共财产、国家和人民利益遭受重大损失的危害结果，才构成犯罪。

根据《刑法》规定，对犯故意延误投递邮件罪的，处二年以下有期徒刑或者拘役。

案例：邮政工作人员延误邮件投递，致使他人的利益遭受重大损失的，是否构成故意延误投递邮件罪？

某大学向张某邮寄录取通知书，吴某作为张某所在区域的邮寄投递人员，在该邮件分派到吴某处负责派送时，其因任务安排较满，对工作有不满情绪，故在该邮件本应能很快送至张某联系地址的情况下，却一直未派送，最终送达时，张某已经错过了大学报到缴费时间，导致张某丧失了上大学的机会。吴某的故意延误投递行为是否构成故意延误投递邮件罪？

律师解析

吴某作为邮政工作人员，负有迅速、准确投递邮件的义务，其应按照邮政主管部门的规定及时派送邮件，但是吴某严重不负责任，不履行其工作职责，没有按规定时间投递邮件，故意拖延、耽误，导致张某失去高校录取资格的严重后果，其行为构成故意延误投递邮件罪。

诤言挚语

邮政工作人员作为从事邮政业务的专门人员，应遵守法律以及国家邮政主管部门的规定，履行其应尽的职责和法定义务。邮政业务邮寄的信息涉及他人切身的合法权益，如工作人员严重不负责任，延误履行投递职责，造成严重危害后果，将依法被追究相应的刑事责任。

相关法条

《中华人民共和国刑法》

第三百零四条　邮政工作人员严重不负责任，故意延误投递邮件，致使公共财产、国家和人民利益遭受重大损失的，处二年以下有期徒刑或者拘役。

《最高人民检察院、公安部关于公安机关管辖的刑事案件立案追诉标准的规定（一）》

第四十五条　邮政工作人员严重不负责任，故意延误投递邮件，涉嫌下列情形之一的，应予立案追诉：

（一）造成直接经济损失二万元以上的；

（二）延误高校录取通知书或者其他重要邮件投递，致使他人失去高校录取资格或者造成其他无法挽回的重大损失的；

（三）严重损害国家声誉或者造成其他恶劣社会影响的；

（四）其他致使公共财产、国家和人民利益遭受重大损失的情形。

46. 丢失枪支不报罪

丢失枪支不报罪是指依法配备公务用枪的人员违反枪支管理规定，丢失枪支不及时报告，造成严重后果的行为。

丢失枪支不报罪的主体为特殊主体，即依法配备公务用枪的人员。根据《枪支管理法》的规定，依法可配备公务用枪的人员为：（1）公安机关、国家安全机关、监狱、劳动教养机关的人民警察，人民法院的司法警察，人民检察院的司法警察和担负案件侦查任务的检察人员，海关的缉私人员，在依法履行职责时确有必要使用枪支的，可以配备公务用枪。（2）国家重要的军工、金融、仓储、科研等单位的专职守护、押运人员在执行守护、押运任务时确有必要使用枪支的，可以配备公务用枪。

丢失枪支不报罪在主观方面表现为故意，即行为人明知其枪支丢失却故意不及时报告。

丢失枪支不报罪侵犯的客体是国家对枪支的管理规定和公共安全。根据《枪支管理法》的规定，国家严格管制枪支。配备、配置枪支的单位和个人必须妥善保管枪支，确保枪支安全；配备、配置给个人使用的枪支，必须采取有效措施，严防被盗、被抢、丢失或者发生其他事故；配备、配置枪支的单位和个人必须遵守规定，枪支被盗、被抢或者丢失的，立即报告公安机关，上述规定是依法配备公务用枪人员应尽的法定职责。

丢失枪支不报罪在客观方面表现为丢失枪支后不及时报告，并造成严重后果的行为。依法配备公务用枪的人员一旦发生枪支被盗、被抢或者丢失事件，应当立即向公安机关报告，以免造成严重后果。丢失枪支不报，是严重违反法律规定、不履行法定义务的行为。同时，丢失公务用枪不及时报告的行为，只有造成严重后果的，才构成该罪。

根据《刑法》的规定，对犯丢失枪支不报罪的，处三年以下有期徒刑或者拘役。

案例：依法配备公务用枪的人员枪支被盗后不及时报告，造成严重后果的，是否构成丢失枪支不报罪？

万某是某市刑警支队的一名刑警。在执行刑警支队联合抓捕犯罪嫌疑人任务中，因抓捕现场处于人流较大的菜市场，在追捕过程中，其配备的公务用枪被盗，万某在参与抓捕的任务结束后，发现其配备的枪支被盗，但是未及时报告。后盗窃枪支的韩某在与他人发生纠纷时，用盗窃的枪支威胁他人，开枪致使他人胳膊中枪受伤，后韩某被抓获，其盗窃的枪支被追回，伤者伤情经鉴定为轻伤。万某的行为是否构成丢失枪支不报罪？

律师解析

万某作为依法配备枪支的人员，必须妥善保管枪支，确保枪支的安全，一旦发现枪支被盗，应当立即向公安机关报告。但万某明知枪支丢失却不报，严重违反法律规定，其丢失的枪支被他人乱用造成伤害事故，万某的行为构成丢失枪支不报罪。

诤言挚语

枪支具有较大的杀伤力，一旦丢失，会对社会公共安全构成严重的威胁，我国对枪支依法严格管制。依法配备枪支的人员必须履行法定的职责，妥善保管配备的枪支，如发生枪支丢失的事件，须及时报告公安机关，否则造成严重后果的，将依法受到刑事制裁。

相关法条

《中华人民共和国刑法》

第一百二十九条 依法配备公务用枪的人员，丢失枪支不及时报告，造成严重后果的，处三年以下有期徒刑或者拘役。

《最高人民检察院、公安部关于公安机关管辖的刑事案件立案追诉标准的规定（一）》

第六条 依法配备公务用枪的人员，丢失枪支不及时报告，涉嫌下列情形之一的，应予立案追诉：

（一）丢失的枪支被他人使用造成人员轻伤以上伤亡事故的；

（二）丢失的枪支被他人利用进行违法犯罪活动的；

（三）其他造成严重后果的情形。

《中华人民共和国枪支管理法》

第五条 公安机关、国家安全机关、监狱、劳动教养机关的人民警察，人民法院的司法警察，人民检察院的司法警察和担负案件侦查任务的检察人员，海关的缉私人员，在依法履行职责时确有必要使用枪支的，可以配备公务用枪。

国家重要的军工、金融、仓储、科研等单位的专职守护、押运人员在执行守护、押运任务时确有必要使用枪支的，可以配备公务用枪。

配备公务用枪的具体办法，由国务院公安部门会同其他有关国家机关按照严格控制的原则制定，报国务院批准后施行。

第二十三条 配备、配置枪支的单位和个人必须妥善保管枪支，确保枪支安全。

配备、配置枪支的单位，必须明确枪支管理责任，指定专人负责，应当有牢固的专用保管设施，枪支、弹药应当分开存放。对交由个人使用的枪支，必须建立严格的枪支登记、交接、检查、保养等管理制度，使用完毕，及时收回。

配备、配置给个人使用的枪支，必须采取有效措施，严防被盗、被抢、丢失或者发生其他事故。

第二十五条　配备、配置枪支的单位和个人必须遵守下列规定：

（一）携带枪支必须同时携带持枪证件，未携带持枪证件的，由公安机关扣留枪支；

（二）不得在禁止携带枪支的区域、场所携带枪支；

（三）枪支被盗、被抢或者丢失的，立即报告公安机关。

第六章

徇私舞弊型犯罪

47. 徇私舞弊减刑、假释、暂予监外执行罪

徇私舞弊减刑、假释、暂予监外执行罪是指司法工作人员徇私舞弊，对不符合减刑、假释、暂予监外执行条件的罪犯予以减刑、假释、暂予监外执行的行为。

徇私舞弊减刑、假释、暂予监外执行罪的犯罪主体是司法工作人员。主要是负有报请或决定是否减刑、假释或者暂予监外执行职责的司法工作人员，其他司法工作人员及非司法工作人员不能单独构成本罪。

徇私舞弊减刑、假释、暂予监外执行罪在主观方面表现为故意，即行为人明知自己徇私舞弊为不符合减刑、假释、暂予监外执行条件的罪犯予以减刑、假释或者暂予监外执行的行为违反相关法律法规，会发生危害社会的后果，仍希望或放任此种危害结果的发生。行为人的犯罪动机不影响定罪，但可作为酌定量刑情节予以考虑。犯罪动机可能是为钱、为情或者出于报复、嫉妒心理等。

徇私舞弊减刑、假释、暂予监外执行罪的犯罪客体是国家司法机关的正常活动，影响司法机关的公信与权威。

徇私舞弊减刑、假释、暂予监外执行罪在客观方面表现为行为人为徇私情，而利用职务之便，采取虚构事实、隐瞒真相、伪造材料等手段，对不符合减刑、假释、暂予监外执行法定条件的罪犯予以减刑、假释、暂予监外执行的行为。

所谓利用职务之便，是指利用负责报请或决定减刑、假释、暂予监外执行的工作便利，或者利用本人的职权、地位所形成的便利条件。

本罪的行为方式包括两种情况，一是负有报请减刑、假释、暂予监外执行的监狱等司法行政机关的工作人员虚构事实，伪造材料，例如伪造病历诊断证明、立功表现等，而报请对实际不符合法定条件的罪犯减刑、假释、暂予监外执行的行为。二是负有决定权的司法工作人员对不符合法定条件的人员，作出减刑、假释、暂予监外执行的决定。

关于减刑、假释、暂予监外执行的定义和情形，参见《刑法》第七十八条、第八十一条和《刑事诉讼法》第二百六十五条。

根据《刑法》的规定，犯徇私舞弊减刑、假释、暂予监外执行罪的，处三年以下有期徒刑或者拘役；情节严重的，处三年以上七年以下有期徒刑。

案例：帮助他人办理虚假的保外就医材料，构成犯罪吗？

张某系某市监狱第二监区区长。2018 年 3 月，孙某因犯盗窃罪，被该市中级人民法院判处有期徒刑五年，进入该市监狱第二监区服刑。2018 年 10 月，孙某找到张某，称自己愿意出钱办理保外就医，想请张某帮忙将手续办下来。张某答应了此事，帮其配置了能表现出患病症状的药物给孙某服用，并找到了该监狱刑罚执行科的同事廖某（另案处理），让其为孙某办理保外就医手续，并主持召开了关于孙某保外就医的干部讨论会。在会议上，张某隐瞒了自己帮孙某伪造病情的实际情况，使其保外就医申请讨论通过。随后，张某将孙某的保外就医材料报送刑罚执行科。2018 年 12 月，孙某被保外就医。张某是否构成徇私舞弊暂予监外执行罪？

律师解析

本案中，张某构成徇私舞弊暂予监外执行罪。作为某市监狱第二监区的区长，张某具备司法工作人员的身份，其明知孙某不符合暂予监外执行的条件，故意利用职务上的便利，徇私舞弊，帮助其伪造患病资料，办理保外就医手续，让不符合暂予监外执行条件的孙某得以暂予监外执行，张某的行为构成徇私舞弊暂予监外执行罪。本案中，张某之所以帮助孙某保外就医，是因为孙某允诺其愿意出钱请张某帮忙，若张某同时收受了孙某或者其家人支付的金钱，张某还构成受贿罪，应与徇私舞弊暂予监外执行罪数罪并罚。

诤言挚语

要想让司法具备公信力，不仅仅需要作出让民众赞服的法律判决，还要确保能够严格按照法律裁判合法合理地执行。我们倡导公民要学法、尊法、守法、用法，对法律法规十分熟悉的法律工作者更应严格要求自己。如果司法工作人员徇私舞弊，对不符合减刑、假释、暂予监外执行条件的罪犯，予以减刑、假释或者暂予监外执行，是知法犯法。

相关法条

《中华人民共和国刑法》

第七十八条 被判处管制、拘役、有期徒刑、无期徒刑的犯罪分子，在执行期间，如果认真遵守监规，接受教育改造，确有悔改表现的，或者有立功表现的，可以减刑；有下列重大立功表现之一的，应当减刑：

（一）阻止他人重大犯罪活动的；

（二）检举监狱内外重大犯罪活动，经查证属实的；

（三）有发明创造或者重大技术革新的；

（四）在日常生产、生活中舍己救人的；

（五）在抗御自然灾害或者排除重大事故中，有突出表现的；

（六）对国家和社会有其他重大贡献的。

减刑以后实际执行的刑期不能少于下列期限：

（一）判处管制、拘役、有期徒刑的，不能少于原判刑期的二分之一；

（二）判处无期徒刑的，不能少于十三年；

（三）人民法院依照本法第五十条第二款规定限制减刑的死刑缓期执行的犯罪分子，缓期执行期满后依法减为无期徒刑的，不能少于二十五年，缓期执行期满后依法减为二十五年有期徒刑的，不能少于二十年。

第八十一条 被判处有期徒刑的犯罪分子，执行原判刑期二分之一以上，被判处无期徒刑的犯罪分子，实际执行十三年以上，如果认真遵守监规，接受教育改造，确有悔改表现，没有再犯罪的危险的，可以假释。如果有特殊情况，经最高人民法院核准，可以不受上述执行刑期的限制。

对累犯以及因故意杀人、强奸、抢劫、绑架、放火、爆炸、投放危险物质或者有组织的暴力性犯罪被判处十年以上有期徒刑、无期徒刑的犯罪分子，不得假释。

对犯罪分子决定假释时，应当考虑其假释后对所居住社区的影响。

第四百零一条 司法工作人员徇私舞弊，对不符合减刑、假释、暂予监外执行条件的罪犯，予以减刑、假释或者暂予监外执行的，处三年以下有期徒刑或者拘役；情节严重的，处三年以上七年以下有期徒刑。

《中华人民共和国刑事诉讼法》

第二百六十五条 对被判处有期徒刑或者拘役的罪犯，有下列情形之一的，可以暂予监外执行：

（一）有严重疾病需要保外就医的；

（二）怀孕或者正在哺乳自己婴儿的妇女；

（三）生活不能自理，适用暂予监外执行不致危害社会的。

对被判处无期徒刑的罪犯，有前款第二项规定情形的，可以暂予监外执行。

对适用保外就医可能有社会危险性的罪犯，或者自伤自残的罪犯，不得保外就医。

对罪犯确有严重疾病，必须保外就医的，由省级人民政府指定的医院诊断并开具证明文件。

在交付执行前，暂予监外执行由交付执行的人民法院决定；在交付执行后，暂予监外执行由监狱或者看守所提出书面意见，报省级以上监狱管理机关或者设区的市一级以上公安机关批准。

《最高人民检察院关于渎职侵权犯罪案件立案标准的规定》

一、渎职犯罪案件

（十一）徇私舞弊减刑、假释、暂予监外执行案（第四百零一条）

……

涉嫌下列情形之一的，应予立案：

1. 刑罚执行机关的工作人员对不符合减刑、假释、暂予监外执行条件的罪犯，捏造事实，伪造材料，违法报请减刑、假释、暂予监外执行的；

2. 审判人员对不符合减刑、假释、暂予监外执行条件的罪犯，徇私舞弊，违法裁定减刑、假释或者违法决定暂予监外执行的；

3. 监狱管理机关、公安机关的工作人员对不符合暂予监外执行条件的罪犯，徇私舞弊，违法批准暂予监外执行的；

4. 不具有报请、裁定、决定或者批准减刑、假释、暂予监外执行权的司法工作人员利用职务上的便利，伪造有关材料，导致不符合减刑、假释、暂予监外执行条件的罪犯被减刑、假释、暂予监外执行的；

5. 其他徇私舞弊减刑、假释、暂予监外执行应予追究刑事责任的情形。

48. 徇私舞弊不移交刑事案件罪

徇私舞弊不移交刑事案件罪是指市场监督管理、税务、监察等行政执法人员，徇私舞弊，对依法应当移交司法机关追究刑事责任的案件不移交，情节严重的行为。

徇私舞弊不移交刑事案件罪的犯罪主体是税务、市场监督管理、监察等行政执法人员。具体而言，主要包括在行政机关中直接负有稽查、监管、处罚等职责的人员。

徇私舞弊不移交刑事案件罪在主观方面表现为故意，即行为人明知该案件涉及刑事追责，应当移送司法机关处理而故意不移交。

徇私舞弊不移交刑事案件罪的犯罪客体是行政执法机关的正常活动，上述主体对于应当移交的刑事案件拒不移交，就会造成一部分犯罪嫌疑人无法受到法律的惩治，影响了行政执法机关的正常执法行动。

徇私舞弊不移交刑事案件罪在客观方面表现为行为人对应当移交司法机关追究刑事责任的案件，拒不移交，情节严重的行为。

根据《刑法》第四百零二条的规定，犯徇私舞弊不移交刑事案件罪，处三年以下有期徒刑或者拘役；造成严重后果的，处三年以上七年以下有期徒刑。

案例：隐瞒部分事实，将刑事案件作为行政案件处理，是否构成犯罪?

周某系某市市场监督管理局公平交易科科长。某日，周某对群众举报的该市某公司涉嫌非法传销问题进行现场检查，当场扣押该公司财务报表、宣传资料若干，并当场询问该公司法定代表人杨某，杨某承认其公司营业额与所扣押财务报表一致，为 200 万元。后来，周某在案件调查终结报告及行政处罚决定书中，认定该公司的行为属于非法传销，但隐瞒了案涉经营数额巨大的事实，按照行政罚款处理，周某所在公平交易科获得 3 万余元罚款提成。该公司在分期缴纳罚款期间，继续变相进行传销活动，在被公安机关查获前，累计非法传销经营数额达 3000 万余元。周某故意隐瞒涉案金额的行为，是否构成犯罪?

律师解析

周某构成徇私舞弊不移交刑事案件罪。周某作为市场监督执法人员，在明知查处的非法传销行为涉及的经营数额巨大，应当移交司法机关追究刑事责任的前提下，为牟取其所在小集体的利益，故意隐瞒该传销公司经营数额相关事实，以罚代刑，导致该公司继续进行违法犯罪活动，给人民带来巨大的经济损失，造成恶劣的社会影响，情节特别严重，周某的行为已经构成徇私舞弊不移交刑事案件罪，应当被移交审查起诉。

诤言挚语

徇私舞弊不移交刑事案件罪属于渎职类犯罪，案发率相对较高。徇私舞弊不移交刑事案件行为是严重的行政执法腐败行为，行政执法人员或是因为人情，或是为了牟取本单位的私利，用行政处罚代替刑事责任，用行政手段解决犯罪问题，严重侵犯了人民群众的根本利益，也是对国家法律制度的巨大冲击。行政执法人员应当依法行政、依法执法，杜绝贪污腐败、失职渎职等不法行为。

相关法条

《中华人民共和国刑法》

第四百零二条　行政执法人员徇私舞弊，对依法应当移交司法机关追究刑事责任的不移交，情节严重的，处三年以下有期徒刑或者拘役；造成严重后果的，处三年以上七年以下有期徒刑。

《最高人民检察院关于渎职侵权犯罪案件立案标准的规定》

一、渎职犯罪案件

（十二）徇私舞弊不移交刑事案件案（第四百零二条）

……

涉嫌下列情形之一的，应予立案：

1. 对依法可能判处三年以上有期徒刑、无期徒刑、死刑的犯罪案件不移交的；

2. 不移交刑事案件涉及 3 人次以上的；

3. 司法机关提出意见后，无正当理由仍然不予移交的；

4. 以罚代刑，放纵犯罪嫌疑人，致使犯罪嫌疑人继续进行违法犯罪活动的；

5. 行政执法部门主管领导阻止移交的；

6. 隐瞒、毁灭证据，伪造材料，改变刑事案件性质的；

7. 直接负责的主管人员和其他直接责任人员为牟取本单位私利而不移交刑事案件，情节严重的；

8. 其他情节严重的情形。

《最高人民法院、最高人民检察院关于办理危害食品安全刑事案件适用法律若干问题的解释》

第二十条第一款 负有食品安全监督管理职责的国家机关工作人员，滥用职权或者玩忽职守，构成食品监管渎职罪，同时构成徇私舞弊不移交刑事案件罪、商检徇私舞弊罪、动植物检疫徇私舞弊罪、放纵制售伪劣商品犯罪行为罪等其他渎职犯罪的，依照处罚较重的规定定罪处罚。

49. 徇私舞弊不征、少征税款罪

徇私舞弊不征、少征税款罪是指税务机关工作人员徇私舞弊，不征、少征应征税款，致使国家税收遭受重大损失的行为。

徇私舞弊不征、少征税款罪的主体是税务机关工作人员，即履行征收税款职责的国家工作人员，具体而言是指各级税务局、税务分局和税务所当中代表国家行使征收税款职权的人员。

徇私舞弊不征、少征税款罪在主观方面表现为故意，即行为人明知自己不征、少征税款的行为破坏了国家相关法律法规，会造成国家税收遭受严重损失这一危害结果，仍希望或放任此种危害结果发生。

徇私舞弊不征、少征税款罪侵犯的客体是复杂客体，包括国家税收机关的正常管理活动和国家税收征收管理制度。行为人徇私舞弊，不征、少征应征税款，侵犯了税务机关工作人员的职务廉洁性，侵犯了国家税收机关的正常管理活动。国家财政的主要收入来源即税收，不征、少征应征税款的行为给国家税收带来了直接损失，侵犯了国家税收征收管理制度。

徇私舞弊不征、少征税款罪在客观方面表现为行为人徇私舞弊，不征、少征应收税款，致使国家税收遭受重大损失的行为。具体而言，在犯罪的客观方面，行为人要同时具备以下三个条件：一是必须利用职务之便，包括利用本人职务范围内的权利和利用本人职权、地位所形成的便利条件；二是必须要有不征或少征应收税款的行为；三是行为人的行为要达到致使国家税收遭受重大损失的程度，一般是10万元以上。

根据《刑法》的规定，犯徇私舞弊不征、少征税款的，处五年以下有期徒刑或者拘役；造成特别重大损失的，处五年以上有期徒刑。

案例：行为人收受贿赂后少征应征税款，如何定罪？

张某系甲市税务局机关服务中心主任。2019年3月5日，该市税务局稽查局向A公司下达《国家税务总局甲市税务局稽查局税务处理决定书》，决定向该公司追缴税款100万元。在收到处理决定后，该公司未依法提起行政复议，而是通过其工作人员和关联人员找到张某说情，并送给张某10万元，希望其帮忙通融一下，让稽查局不再追缴税款。2019年4月18日，张某带领负责此事的工作人员到该公司，现场决定追缴该公司10万元税款，剩余部分不再追缴。次日，该公司补缴了增值税10万元。国家税收遭受90万元损失。张某构成何罪？

律师解析

本案中，张某利用作为甲市税务系统机关服务中心主任的职务便利，非法收受A公司财物10万元，帮助该公司少缴税款，已构成受贿罪。此外，张某利用担任税务机关工作人员的身份，徇私舞弊，少征A公司税款90万元，造成国家税收损失90万元，构成徇私舞弊少征税款罪。张某因为收受贿赂而使A公司少缴税款，这两个犯罪行为之间存在牵连关系，属于牵连犯，应根据其犯罪的事实与情节严重程度，择一重罪论处。

诤言挚语

国家财政收入的主要来源是税收，依法保障国家税收，对于提高我国综合国力，推进现代化建设具有重大意义。作为纳税人，应当依法履行义务，及时、足额缴纳税收，作为税务机关的工作人员，应当严格执法，切实履行征收职责，以此来保障国家税收工作合法、有效开展。

相关法条

《中华人民共和国刑法》

第四百零四条 税务机关的工作人员徇私舞弊，不征或者少征应征税款，致使国家税收遭受重大损失的，处五年以下有期徒刑或者拘役；造成特别重大损失的，处五年以上有期徒刑。

《最高人民检察院关于渎职侵权犯罪案件立案标准的规定》

一、渎职犯罪案件

（十四）徇私舞弊不征、少征税款案（第四百零四条）

……

涉嫌下列情形之一的，应予立案：

1. 徇私舞弊不征、少征应征税款，致使国家税收损失累计达10万元以上的；

2. 上级主管部门工作人员指使税务机关工作人员徇私舞弊不征、少征应征税款，致使国家税收损失累计达10万元以上的；

3. 徇私舞弊不征、少征应征税款不满10万元，但具有索取或者收受贿赂或者其他恶劣情节的；

4. 其他致使国家税收遭受重大损失的情形。

50. 徇私舞弊发售发票、抵扣税款、出品退税罪

徇私舞弊发售发票、抵扣税款、出口退税罪是指税务机关工作人员违反法律、行政法规的规定，在办理发售发票、抵扣税款、出口退税工作中徇私舞弊，致使国家利益遭受重大损失的行为。

徇私舞弊发售发票、抵扣税款、出口退税罪的主体是税务机关工作人员，属于特殊主体，其他机关工作人员不能构成本罪。

徇私舞弊发售发票、抵扣税款、出口退税罪在主观方面表现为故意，即行为人明知自己徇私舞弊发售发票、抵扣税款、出口退税的行为破坏了国家相关法律法规，会使国家税收遭受严重损失，仍希望或放任此种危害结果的发生。

徇私舞弊发售发票、抵扣税款、出口退税罪侵犯的客体是复杂客体，包括国家税收机关的正常管理活动和国家税收征收管理制度。行为人违反法律、行政法规，徇私舞弊发售发票、抵扣税款、出口退税的行为，侵犯了税务机关工作人员的职务廉洁性，侵犯了国家税收机关的正常管理活动。国家财政收入的主要来源即税收，违反法律、行政法规，徇私舞弊发售发票、抵扣税款、出口退税的行为给国家税收带来了直接损失，侵犯了国家税收征收管理制度。

徇私舞弊发售发票、抵扣税款、出口退税罪在客观方面表现为行为人违反法律、行政法规的规定，在办理发售发票、抵扣税款、出口退税工作中，徇私舞弊，致使国家利益遭受重大损失的行为。具体包括以下几种行为方式：

（1）行为人在发售发票的过程中，为徇私情、私利，违反法律、行政法规的规定，伪造材料，隐瞒情况，弄虚作假，对不应发售的发票予以发售，或者擅自决定发售不应发售的发票，致使国家税收损失累计达 10 万元以上的。

（2）行为人在出口退税工作中，为徇私情、私利，违反法律、行政法规

的规定，伪造材料，隐瞒情况，弄虚作假，对不应抵扣的税款予以抵扣，或者擅自决定抵扣不应抵扣的税款，致使国家税收损失累计达 10 万元以上的。

（3）行为人在出口退税的过程中，为徇私情、私利，违反法律、行政法规的规定，伪造材料，隐瞒情况，弄虚作假，对不应给予出口退税的给予退税，或者擅自决定给予出口退税，致使国家税收损失累计达 10 万元以上的。

（4）行为人徇私舞弊，致使国家税收损失累计不满 10 万元，但发售增值税专用发票 25 份以上或者其他发票 50 份以上或者增值税专用发票与其他发票合计 50 份以上，或者具有索取、收受贿赂或者其他恶劣情节的。

根据《刑法》的规定，犯本罪的，处五年以下有期徒刑或者拘役；致使国家利益遭受特别重大损失的，处五年以上有期徒刑。

案例：行为人明知某公司虚开增值税专用发票，仍发售发票给该公司，构成犯罪吗?

杨某为通过虚开增值税专用发票牟取非法利益，在某市注册了甲公司，该公司已被该市 A 区国税局认定为增值税一般纳税人。2018 年 9 月至 2019 年 9 月，苗某作为该市 A 区国税局管理工作人员，负责核查甲公司的生产经营情况，并对其进行日常税收管理和增值税专用发票定额核定等工作。苗某在明知该公司无真实货物交易，不具备生产经营条件的情况下，为谋取私利，违反有关税务文件的规定，违规办理、审核增值税专用发票给甲公司。在此期间，甲公司利用从 A 区国税局领购的增值税专用发票，共虚开增值税专用发票 240 份，至案发时，已均被实际申报认证抵扣，抵扣税款人民币 400 万元，造成国家直接经济损失共计人民币 400 万元。苗某是否构成犯罪？构成何罪？

律师解析

苗某构成徇私舞弊发售发票罪。本案中，苗某作为税务机关工作人员，在担任甲公司税收管理员期间，明知该公司无真实货物交易，不具备生产经营条件，成立目的只是虚开增值税专用发票出售牟利，仍为了牟取私利，违反国家法律、行政法规的规定，徇私舞弊，不依法履行职责，违规发售增值税专用发票给甲公司，致使该公司利用虚开的增值税专用发票出售牟利，造成国家税收损失共计人民币400万元，致使国家利益遭受特别重大的损失，其行为构成徇私舞弊发售发票罪。

诤言挚语

徇私舞弊发售发票、抵扣税款、出口退税并非一定构成犯罪，只有行为人的行为致使国家利益遭受重大损失时，才以犯罪论处。对于那些虽然违法办理了发售发票、抵扣税款、出口退税，但被及时发现，没有造成损失的，不能以犯罪论处，而应由有关主管部门依法追究其行政责任。

相关法条

《中华人民共和国刑法》

第四百零五条第一款 税务机关的工作人员违反法律、行政法规的规定，在办理发售发票、抵扣税款、出口退税工作中，徇私舞弊，致使国家利益遭受重大损失的，处五年以下有期徒刑或者拘役；致使国家利益遭受特别重大损失的，处五年以上有期徒刑。

《最高人民检察院关于渎职侵权犯罪案件立案标准的规定》

一、渎职犯罪案件

（十五）徇私舞弊发售发票、抵扣税款、出口退税案（第四百零五条第一款）

……

涉嫌下列情形之一的，应予立案：

1. 徇私舞弊，致使国家税收损失累计达10万元以上的；

2. 徇私舞弊，致使国家税收损失累计不满10万元，但发售增值税专用发票25份以上或者其他发票50份以上或者增值税专用发票与其他发票合计50份以上，或者具有索取、收受贿赂或者其他恶劣情节的；

3. 其他致使国家利益遭受重大损失的情形。

51. 商检徇私舞弊罪

商检徇私舞弊罪是指商检部门、商检机构工作人员徇私舞弊，伪造检验结果的行为。其中，“徇私舞弊，伪造检验结果”是指商检部门、商检机构的工作人员为徇私情、私利而利用工作上的便利伪造检验结果的行为。行为方式主要有：对报检的商品采取伪造、变造的手段，对商检的单证、印章、标志、封识、质量认证标志等作虚假的证明或者出具不真实的结论，包括将送检的合格商品检验为不合格，或者将不合格商品检验为合格等。

商检徇私舞弊罪的主体是特殊主体，即国家商检部门、商检机构的工作人员。其他部门的国家工作人员因无须履行商品检验的职责，无法成为本罪的主体。

商检徇私舞弊罪在主观方面表现为故意，即国家商检部门、商检机构的工作人员明知自己伪造检验结果的行为违法，但仍然继续实施，积极追求危害结果的发生。

商检徇私舞弊罪侵犯的客体是国家商检部门、商检机构的正常活动秩序。

国家商检部门、商检机构的工作人员应当依法、正当履行商品检验职责，确保商品质量，一旦其徇私舞弊，伪造检验结果，将影响商检部门正常的管理秩序和市场秩序。

商检徇私舞弊罪在客观方面表现为国家商检部门、商检机构的工作人员徇私舞弊，对报检的商品采取伪造、变造的手段，对商检的单证、印章、标志、封识、质量认证标志等作虚假的证明或者出具不真实的结论。该罪是行为犯，实施了伪造检验结果的行为即可构成该罪，造成严重后果是该罪的加重处罚情节。

根据《刑法》的规定，对犯商检徇私舞弊罪的，处五年以下有期徒刑或者拘役；造成严重后果的，处五年以上十年以下有期徒刑。

案例：伪造检验结果，帮助他人走私，应数罪并罚吗？

李某是某海关的一名工作人员，平时负责进出口商品的检验工作。其好朋友姜某是一家外贸公司的负责人。2022年，由于疫情的原因，姜某的生意不景气，资金周转不过来。因此，姜某找到李某商量，要求李某想办法帮其逃避缴纳关税。后来，李某通过工作上的便利，利用虚假的证明材料，伪造商品检验结果，使得姜某偷逃关税100万元。在本案中，对李某是否应该以走私普通货物、物品罪和商检徇私舞弊罪数罪并罚？

律师解析

在本案中，姜某和李某共谋，违反海关法规，逃避海关监管，偷逃关税，破坏了国家的税收制度，构成走私普通货物、物品罪。同时，李某作为商检部门的工作人员，利用职务上的便利，徇私舞弊，伪造商品检验结果，帮助姜某走私，扰乱了商检部门的正常活动秩序，构成商检徇私舞弊罪。李某触犯的上述两罪之间存在牵连关系，属于牵连犯，具有手段和目的的相连关系。根据《刑法》的规定，应该择一重罪处罚，即对李某的行为应以走私普通货物、物品罪进行处罚。

诤言挚语

进出口商检制度是对进出口商品质量的把关，国家商检部门、商检机构的工作人员作为该项工作的执行者，肩负重任，要严肃认真地履行其职责。上述人员如果伪造商品的检验结果，将使不合格商品流入境内或者使不合格商品销往境外，都会破坏我国的经济发展态势，甚至会影响我国的对外声誉。因此，要规范商检部门、商检机构工作人员的履职行为，使商检制度能够落到实处。

相关法条

《中华人民共和国刑法》

第四百一十二条第一款 国家商检部门、商检机构的工作人员徇私舞弊，伪造检验结果的，处五年以下有期徒刑或者拘役；造成严重后果的，处五年以上十年以下有期徒刑。

《最高人民检察院关于渎职侵权犯罪案件立案标准的规定》

一、渎职犯罪案件

（二十四）商检徇私舞弊案（第四百一十二条第一款）

……

涉嫌下列情形之一的，应予立案：

1. 采取伪造、变造的手段对报检的商品的单证、印章、标志、封识、质量认证标志等作虚假的证明或者出具不真实的证明结论的；

2. 将送检的合格商品检验为不合格，或者将不合格商品检验为合格的；

3. 对明知是不合格的商品，不检验而出具合格检验结果的；

4. 其他伪造检验结果应予追究刑事责任的情形。

《人民检察院直接受理立案侦查的渎职侵权重特大案件标准（试行）》

二十二、商检徇私舞弊案

（一）重大案件

1. 造成直接经济损失五十万元以上的；

2. 徇私舞弊，三次以上伪造检验结果的。

（二）特大案件

1. 造成直接经济损失一百万元以上的；

2. 徇私舞弊，五次以上伪造检验结果的。

《最高人民法院、最高人民检察院关于办理危害食品安全刑事案件适用法律若干问题的解释》

第二十条第一款　负有食品安全监督管理职责的国家机关工作人员，滥用职权或者玩忽职守，构成食品监管渎职罪，同时构成徇私舞弊不移交刑事案件罪、商检徇私舞弊罪、动植物检疫徇私舞弊罪、放纵制售伪劣商品犯罪行为罪等其他渎职犯罪的，依照处罚较重的规定定罪处罚。

《中华人民共和国进出口商品检验法实施条例》

第五十五条　出入境检验检疫机构的工作人员滥用职权，故意刁难当事人的，徇私舞弊，伪造检验结果的，或者玩忽职守，延误检验出证的，依法给予行政处分；违反有关法律、行政法规规定签发出口货物原产地证明的，依法给予行政处分，没收违法所得；构成犯罪的，依法追究刑事责任。

52. 动植物检疫徇私舞弊罪

动植物检疫徇私舞弊罪是指出入境检验检疫机关、检验检疫机构工作人员徇私舞弊，伪造检疫结果的行为。其中，“徇私舞弊”是指出入境检验检疫机关、检验检疫机构工作人员为徇私情、私利，通过伪造检疫结果，实现自己的私人目的。“伪造检疫结果”是指前述检疫人员采取伪造、变造的手段，对检疫的单证、印章、标志、封识等作虚假的证明或出具不真实的结论，包括将合格商品检为不合格，或者将不合格商品检为合格等行为。

动植物检疫徇私舞弊罪的主体是特殊主体，即出入境检验检疫机关、检验检疫机构工作人员。

动植物检疫徇私舞弊罪在主观方面表现为故意，即检疫机关的检疫人员明知自己伪造检疫结果的行为会破坏检疫机关的正常活动秩序，但仍然继续实施违法行为，并积极追求危害结果的发生。

动植物检疫徇私舞弊罪侵犯的客体是国家检疫机关的正常活动秩序。

动植物检疫徇私舞弊罪在客观方面表现为出入境检验检疫机关、检验检疫机构工作人员在动植物检疫过程中，为徇私情、私利，采取伪造、变造的手段对检疫的单证、印章、标志、封识等作虚假的证明或出具不真实的结论，包括将合格商品检为不合格，或者将不合格商品检为合格等行为。动植物检疫徇私舞弊罪是行为犯，实施伪造检疫结果的行为即可构成该罪，造成严重后果是对行为人进行加重处罚的法定情节。

根据《刑法》的规定，对犯动植物检疫徇私舞弊罪的，处五年以下有期徒刑或者拘役；造成严重后果的，处五年以上十年以下有期徒刑。

案例：动植物检疫机关的检疫人员伪造检疫结果帮助走私的，其行为构成走私罪吗？

李某是某市边境口岸动植物检疫站检疫工作人员。张某是其表弟，由于张某嗜赌如命，欠下巨债。为偿还赌债，张某就找到走私人杨某，称其哥哥在海关工作，可以提供便利，想与杨某共同走私狐狸皮。在走私过程中，张某三番五次找其哥哥李某说情，李某便利用工作上的便利，徇私舞弊，帮助张某、杨某伪造检疫结果，作出虚假的证明。后来，张某、杨某被警方抓获。经查明，该狐狸皮为国家一级保护动物的皮。在本案中，李某的行为是构成走私珍贵动物制品罪，还是动植物检疫徇私舞弊罪？

律师解析

走私珍贵动物制品罪是指违反海关法规，逃避海关监管，走私珍贵动植物制品的行为。在本案中，李某利用工作便利，以伪造虚假检疫结果的方式，帮助张某、杨某走私珍贵动植物制品，其行为已经涉嫌走私珍贵动物制品罪。此外，李某的行为也构成了动植物检疫徇私舞弊罪。根据法律规定，行为人与走私动植物、动植物制品的犯罪分子相互勾结，伪造检疫结果帮助走私的，应以牵连犯择一重罪的处罚原则以走私珍贵动物制品罪处罚。因此，在本案中，对李某应以走私珍贵动物制品罪处罚。

诤言挚语

动植物检疫工作可以预防动植物疾病的传染，既可以维护生态平衡，又可以保障人类生命健康，意义重大。动植物检疫机关的检疫人员是国家动植物检疫法律、法规的具体实施者，是保障我国动植物检疫安全的实际操作者，应该严格履行自己的职责，维护国家检疫安全。

相关法条

《中华人民共和国刑法》

第四百一十三条第一款 动植物检疫机关的检疫人员徇私舞弊，伪造检疫结果的，处五年以下有期徒刑或者拘役；造成严重后果的，处五年以上十年以下有期徒刑。

《最高人民检察院关于渎职侵权犯罪案件立案标准的规定》

一、渎职犯罪案件

（二十六）动植物检疫徇私舞弊案（第四百一十三条第一款）

……

涉嫌下列情形之一的，应予立案：

1. 采取伪造、变造的手段对检疫的单证、印章、标志、封识等作虚假的证明或者出具不真实的结论的；

2. 将送检的合格动植物检疫为不合格，或者将不合格动植物检疫为合格的；

3. 对明知是不合格的动植物，不检疫而出具合格检疫结果的；

4. 其他伪造检疫结果应予追究刑事责任的情形。

《人民检察院直接受理立案侦查的渎职侵权重特大案件标准（试行）》

二十四、动植物检疫徇私舞弊案

（一）重大案件

1. 徇私舞弊，三次以上伪造检疫结果的；

2. 造成直接经济损失五十万元以上的。

（二）特大案件

1. 徇私舞弊，五次以上伪造检疫结果的；

2. 造成直接经济损失一百万元以上的。

《最高人民法院、最高人民检察院关于办理危害食品安全刑事案件适用法律若干问题的解释》

第二十条　负有食品安全监督管理职责的国家机关工作人员，滥用职权或者玩忽职守，构成食品监管渎职罪，同时构成徇私舞弊不移交刑事案件罪、商检徇私舞弊罪、动植物检疫徇私舞弊罪、放纵制售伪劣商品犯罪行为罪等其他渎职犯罪的，依照处罚较重的规定定罪处罚。

负有食品安全监督管理职责的国家机关工作人员滥用职权或者玩忽职守，不构成食品监管渎职罪，但构成前款规定的其他渎职犯罪的，依照该其他犯罪定罪处罚。

负有食品安全监督管理职责的国家机关工作人员与他人共谋，利用其职务行为帮助他人实施危害食品安全犯罪行为，同时构成渎职犯罪和危害食品安全犯罪共犯的，依照处罚较重的规定定罪处罚。

《中华人民共和国进出境动植物检疫法》

第四十五条　动植物检疫机关检疫人员滥用职权，徇私舞弊，伪造检疫结果，或者玩忽职守，延误检疫出证，构成犯罪的，依法追究刑事责任；不构成犯罪的，给予行政处分。

53. 招收公务员、学生徇私舞弊罪

招收公务员、学生徇私舞弊罪是指国家机关工作人员在招收公务员、省级以上教育行政部门组织招收的学生工作中徇私舞弊，情节严重的行为。这里的“徇私舞弊”是指国家机关工作人员利用职权，为了帮助亲友徇私情，使用弄虚作假的手段将不符合录用条件的人员冒充合格人员予以录用，或者将本应录用的合格人员不予录用。

招收公务员、学生徇私舞弊罪的主体是国家机关工作人员，这里的“国家机关工作人员”包括两类主体：（1）国家机关中从事公务的人员。（2）国有

公司、企业、事业单位、人民团体中从事公务的人员和国家机关、国有公司、企业、事业单位委派到非国有公司、企业、事业单位、社会团体中从事公务的人员，以及其他依照法律从事公务的人员。

招收公务员、学生徇私舞弊罪在主观方面是故意，即在招收、录用公务员或者学生时，明知是徇私舞弊的行为而故意为之。招收公务员、学生徇私舞弊罪的行为方式有两种：（1）将不合格的人员通过弄虚作假的手段予以录用；（2）不予录用本应录用的合格人员。

招收公务员、学生徇私舞弊罪侵犯的客体是国家机关的正常活动和招收工作制度，其徇私舞弊的行为会严重危害国家的人才选拔与培养，从而危害国家机关的管理活动。

招收公务员、学生徇私舞弊罪在客观方面表现为利用职务之便，或者不依法履行职责，在招收公务员、学生工作中徇私舞弊，情节严重的行为。

根据《刑法》的规定，对犯招收公务员、学生徇私舞弊罪的，处三年以下有期徒刑或者拘役。

案例：行为人通过修改成绩将自己的侄女录用为公务员的行为是否构成招收公务员、学生徇私舞弊罪?

赵某是某县政府部门的处长。2020 年该县进行招收公务员考试时，赵某的侄女也参加了考试。但是，在成绩公布后，赵某的侄女笔试成绩非常低，无法进入面试。为了让自己的侄女能够顺利进入政府部门工作，赵某利用自己的职权修改侄女的初试成绩，直接提高了 20 分。在修改成绩后，赵某侄女的初试成绩排名为其所报考职位的第二名，成功进入了面试。在经过面试后，赵某的侄女顺利通过，以总成绩第一的分数被录取。后来，赵某修改成绩的事情被他人举报。但是，赵某认为自己只是修改了成绩，且没有收受任何钱财，因此，他认为自己的行为并不构成任何犯罪，自己只需受到行政处分。那么，赵某的行为是否构成犯罪?

律师解析

在本案中，虽然赵某没有收受任何钱财，但是他弄虚作假，为了让自己的侄女能够进入面试徇私情，利用职务便利，修改考试成绩，使得本不合格的人员成为合格人员，其符合招收公务员徇私舞弊罪的构成要件。因此，赵某的行为仍构成犯罪，应当被依法追究刑事责任。

诤言挚语

在《论语》中有这样一句话："人之生也直，罔之生也幸而免。"也就是说，人凭借着正直在世上生存，而那些不正直也能在世上生存的人完全是侥幸。换言之，我们需严格要求自己，不谋私利，具备正直的品性。相反，那些徇私舞弊、谋取私利的人很容易惹祸上身。

相关法条

《中华人民共和国刑法》

第四百一十八条　国家机关工作人员在招收公务员、学生工作中徇私舞弊，情节严重的，处三年以下有期徒刑或者拘役。

《最高人民检察院关于渎职侵权犯罪案件立案标准的规定》

一、渎职犯罪案件

（三十四）招收公务员、学生徇私舞弊案（第四百一十八条）

……

涉嫌下列情形之一的，应予立案：

1. 徇私舞弊，利用职务便利，伪造、变造人事、户口档案、考试成绩或者其他影响招收工作的有关资料，或者明知是伪造、变造的上述材料而予以认可的；

2. 徇私舞弊，利用职务便利，帮助5名以上考生作弊的；

3. 徇私舞弊招收不合格的公务员、学生3人次以上的；

4. 因徇私舞弊招收不合格的公务员、学生，导致被排挤的合格人员或者其近亲属自杀、自残造成重伤、死亡，或者精神失常的；

5. 因徇私舞弊招收公务员、学生，导致该项招收工作重新进行的；

6. 其他情节严重的情形。

54. 非法经营同类营业罪

非法经营同类营业罪是指国有公司、企业的董事、经理利用职务便利，自己经营或者为他人经营与其所任职公司、企业同类的营业，获取非法利益的行为。

非法经营同类营业罪的主体是国有公司、企业的董事、经理。其中，国有公司是指在公司中国有资本占主体的公司。

非法经营同类营业罪的主观方面表现为故意，即行为主体明知自己经营或者为他人经营与其所任职公司、企业的营业属于同类，以获取非法利益为目的，仍然经营此类义务。

非法经营同类营业罪侵犯的客体是竞业管理制度和国有公司、企业的利益。

非法经营同类营业罪在客观方面表现为国有公司、企业的董事、经理利用职务便利，自己经营或者为他人经营与其所任职公司、企业同类的营业，获取非法利益。

非法经营同类营业罪的行为方式有：

（1）为谋取利益，自己经营与其所任职公司、企业同类的业务。

（2）为谋取利益，为他人经营与其所任职公司、企业同类的业务。

根据《刑法》的规定，对犯非法经营同类营业罪的，处三年以下有期徒刑或者拘役，并处或者单处罚金；数额特别巨大的，处三年以上七年以下有期徒刑，并处罚金。

案例：为他人经营与自己所任职公司同类业务的行为，是否构成犯罪?

任某是某国有公司的部门经理，该公司主要进行软件开发。由于任某已经在公司工作多年，因此结识了很多客户。一次，任某的大学同学吴某告诉任某，他想成立一家软件开发公司，利用任某在国有公司的客户资源帮助公司盈利。不久后，吴某投资的公司成立。任某利用自己的客户资源抢了某国有公司的很多订单，不到一年的时间，吴某的公司取得巨额利润，并按照约定给任某提成。后来，任某的行为被公司发现。公司除了解除任某的职务之外，还认为任某构成非法经营同类营业罪。那么，任某的行为是否构成犯罪?

律师解析

任某的行为已经构成非法经营同类营业罪。在本案中，任某利用自己所在国有公司的职权，帮助吴某公司抢夺订单，抢占市场先机，并为此获取了非法利益。在非法经营同类营业罪的认定中，行为人除了为自己经营与其所任职公司同类的业务之外，为他人经营与其所任职公司同类的业务，也构成此罪。因此，在上面的案例中，任某作为国有公司的经理，为了获得非法利益，利用自己的职务便利，将属于国有公司的订单都给了吴某的公司，他的行为已经构成非法经营同类营业罪，应当依法承担刑事责任，受到法律的制裁。

诤言挚语

在工作中，我们应当认真敬业，在其位谋其职，不能为了一己私利而做出损害公共利益的事情。“任何人不得从其违法行为中获利”，我们要通过合法的方式获得利益，违法的行为不可能获得最终的利益。为了一己私利损害公共利益，到最后只会影响自己的前途，甚至可能为此而丧失人身自由，付出惨痛的代价，得不偿失。

相关法条

《中华人民共和国刑法》

第一百六十五条 国有公司、企业的董事、经理利用职务便利，自己经营或者为他人经营与其所任职公司、企业同类的营业，获取非法利益，数额巨大的，处三年以下有期徒刑或者拘役，并处或者单处罚金；数额特别巨大的，处三年以上七年以下有期徒刑，并处罚金。

55. 为亲友非法牟利罪

为亲友非法牟利罪是指国有公司、企业、事业单位的工作人员，利用职务便利，为亲友非法牟利，使国家利益遭受重大损失的行为。

为亲友非法牟利罪的主体是特殊主体，即国有公司、企业、事业单位的工作人员。

为亲友非法牟利罪的主观方面是故意，并且具有非法牟利的目的。即行为人明知自己的行为会损害国家利益，为了获得非法利益，仍然利用职务便利为亲友进行经营活动的行为。

为亲友非法牟利罪侵犯的客体是国有公司、企业、事业单位的财产利益。

为亲友非法牟利罪的客观方面表现为利用职务便利，为自己的亲友进行经营活动，非法提供便利，致使国家利益遭受重大损害的行为。

为亲友非法牟利罪的行为方式主要包括三种情况：

（1）将本单位的盈利业务交由自己的亲友进行经营的，即行为人利用自己的职务便利，将本应该由其单位经营的业务交给亲友经营。

（2）以明显高于市场的价格向自己的亲友经营管理的单位采购商品或者以明显低于市场的价格向自己的亲友经营管理的单位销售商品的。

（3）向自己的亲友经营管理的单位采购不合格商品的。

根据《刑法》的规定，对犯为亲友非法牟利罪的，处三年以下有期徒刑或者拘役，并处或者单处罚金；致使国家利益遭受特别重大损失的，处三年以上七年以下有期徒刑。

案例：国有公司的职工向自己的朋友采购不合格商品的，是否构成犯罪？

沈某是某国有企业采购部门的员工。一次，该公司准备采购一批钢材，沈某是主要负责此次采购的人员。沈某想到自己的大学同学周某正在销售钢材。但是经过了解后，沈某发现周某销售的钢材不合格。然而，沈某为了获取利润，利用自己职务的便利，决定购买周某所销售的钢材。沈某与周某达成协议，在沈某单位购买钢材后，周某给沈某提成。双方在签订买卖合同后，周某按时交货，沈某的单位也按时付款。后来，在生产的过程中，工作人员发现钢材不符合质量要求，给公司造成重大损失。单位经过调查，发现了沈某为了牟取利益购买周某不合格商品的行为。那么，沈某的行为是否构成犯罪？

律师解析

在本案中，沈某作为某国有企业采购部门的员工，故意采购其大学同学周某所销售的不合格钢材，为此给公司造成重大损失。而在为亲友非法牟利罪的认定中，不但需要行为人有主观上的故意，还需要其有非法牟取利益的目的。在上面的案例中，沈某与周某达成协议，周某答应给沈某相应的提成。沈某明知自己的行为会给公司造成损失，并且其具有非法牟利的目的，因此，沈某的行为已经构成为亲友非法牟利罪。反之，如果沈某只是购买了周某的钢材，并没有非法牟利的目的，则不构成此罪。

诤言挚语

国有公司的工作人员应当时刻谨记自己的工作职责，在任何时候，都应当有无私奉献、严于律己、恪尽职守的精神，不能以权谋私。正所谓“常在河边走哪有不湿鞋”，以权谋私，可能会使自己获得一时的经济利益，但是，这不仅会给国家造成重大的经济损失，也会使自己受到法律的处罚。正所谓“法网恢恢，疏而不漏”，触犯法律迟早会受到法律的惩罚，不能存有侥幸心理。

相关法条

《中华人民共和国刑法》

第一百六十六条 国有公司、企业、事业单位的工作人员，利用职务便利，有下列情形之一，使国家利益遭受重大损失的，处三年以下有期徒刑或者拘役，并处或者单处罚金；致使国家利益遭受特别重大损失的，处三年以上七年以下有期徒刑，并处罚金：

（一）将本单位的盈利业务交由自己的亲友进行经营的；

（二）以明显高于市场的价格向自己的亲友经营管理的单位采购商品或者以明显低于市场的价格向自己的亲友经营管理的单位销售商品的；

（三）向自己的亲友经营管理的单位采购不合格商品的。

56. 徇私舞弊低价折股、出售国有资产罪

徇私舞弊低价折股、出售国有资产罪是指国有公司、企业或者其上级主管部门直接负责的主管人员，徇私舞弊，将国有资产低价折股或者低价出售，致使国家利益遭受重大损失的行为。

国有资产是指国家以各种形式对国有公司、企业投资和投资收益形成的财产，以及依据法律、行政法规认定的公司、企业的国有财产。致使国家利益遭受重大损失，一般是指造成国有公司、企业财产流失严重或者造成国有公司、企业严重亏损，无法进行生产经营、濒临倒闭等。

徇私舞弊低价折股、出售国有资产罪的主体是国有公司、企业或者其上级主管部门直接负责的主管人员，属于特殊主体。

徇私舞弊低价折股、出售国有资产罪的主观方面必须是故意，并且有明确的徇私动机，过失不构成该罪。

徇私舞弊低价折股、出售国有资产罪侵害的客体是国有公司、企业财产的国家所有权和国家对国有公司、企业的监督、管理制度。

徇私舞弊低价折股、出售国有资产罪在客观方面表现为：行为人客观上有徇私舞弊，将国有资产低价折股或低价出售的行为，且行为人的前述行为致使国家利益遭受重大损失。该罪属于结果犯。

将国有资产低价折股或低价出售的表现形式有：

（1）在合资、合营、股份制改革的过程，对国有财产不进行资产评估，或者虽进行资产评估，但背离所评估资产的价值低价折股；

（2）国有资产未按重置价格折股，未计算其增值部分，只是按账面原值

折股；

（3）对公司、企业的信誉、商标等无形资产未计入国家股；

（4）不经主管部门批准，不经评估组织作价，擅自将属于企业的厂房、土地低价卖给小团体或私营业主，从中收取回扣。

根据《刑法》的规定，对犯徇私舞弊低价折股、出售国有资产罪的，处三年以下有期徒刑或者拘役；致使国家利益遭受特别重大损失的，处三年以上七年以下有期徒刑。

案例：未对国有资产评估作价就卖出，构成徇私舞弊低价折股、出售国有资产罪吗？

王某作为某市某国有工具厂经理，没有经过有关国有资产管理部门评估作价，擅自将该企业的10台加工机器低价卖给好朋友张某，随后又将工厂的车库少于实际面积再次出卖，给国有资产造成重大损失。后王某的行为被人检举揭发。经过某市价格鉴定中心鉴定评估，王某给企业造成损失达人民币50万元。在本案中，王某的行为是否构成徇私舞弊低价折股、出售国有资产罪呢？

律师解析

在本案中，王某在出卖工厂的加工机器和厂房车库之前，未对其进行评估作价，造成国有资产损失，构成徇私舞弊低价折股、出售国有资产罪。关于徇私舞弊低价折股、出售国有资产罪的认定，主体必须是国有公司、企业或者其上级主管部门直接负责的主管人员，其他人员不构成该罪。将国有资产低价折股、低价出售的表现形式之一就是不经评估组织作价，擅自将属于企业的厂房、土地低价卖给小团体或私营业主，造成国有资产的重大损失。王某作为国有企业的经理，属于对企业的国有资产经营管理负直接责任的主管人员，符合该罪的主体要件，其因徇私情，在未评估作价前将国有资产低价卖给其好友，使得国有资产损失了50万元，因此构成徇私舞弊低价折股、出售国有资产罪。

诤言挚语

国有企业的财产属于全民所有，即国家所有。对于国有资产、国家利益的损害，亦即造成人民财产的损失，为了不让国有资产流失，更好地保障人民的利益，可以做好以下两个方面：一方面，国有公司、企业内部要加强监管，完善制度，从内部杜绝违法行为的发生；另一方面，广大的人民群众要善于拿起法律的武器，对损害国家利益的行为敢于检举揭发，维护自身的权利。这样，才能让国有资产创造出更多的价值，有益于百姓。

相关法条

《中华人民共和国刑法》

第一百六十九条 国有公司、企业或者其上级主管部门直接负责的主管人员，徇私舞弊，将国有资产低价折股或者低价出售，致使国家利益遭受重大损失的，处三年以下有期徒刑或者拘役；致使国家利益遭受特别重大损失的，处三年以上七年以下有期徒刑。

《最高人民法院、最高人民检察院关于办理国家出资企业中职务犯罪案件具体应用法律若干问题的意见》

四、关于国家工作人员在企业改制过程中的渎职行为的处理

国家出资企业中的国家工作人员在公司、企业改制或者国有资产处置过程中严重不负责任或者滥用职权，致使国家利益遭受重大损失的，依照刑法第一百六十八条的规定，以国有公司、企业人员失职罪或者国有公司、企业人员

滥用职权罪定罪处罚。

国家出资企业中的国家工作人员在公司、企业改制或者国有资产处置过程中徇私舞弊，将国有资产低价折股或者低价出售给其本人未持有股份的公司、企业或者其他个人，致使国家利益遭受重大损失的，依照刑法第一百六十九条的规定，以徇私舞弊低价折股、出售国有资产罪定罪处罚。

国家出资企业中的国家工作人员在公司、企业改制或者国有资产处置过程中徇私舞弊，将国有资产低价折股或者低价出售给特定关系人持有股份或者本人实际控制的公司、企业，致使国家利益遭受重大损失的，依照刑法第三百八十二条、第三百八十三条的规定，以贪污罪定罪处罚。贪污数额以国有资产的损失数额计算。

国家出资企业中的国家工作人员因实施第一款、第二款行为收受贿赂，同时又构成刑法第三百八十五条规定之罪的，依照处罚较重的规定定罪处罚。

57. 非法出租、出借枪支罪

非法出租、出借枪支罪是指依法配备公务用枪的人员与单位，非法出租、出借枪支或者依法配置枪支的人员或单位，非法出租、出借枪支，造成严重后果的行为。

依法配备公务用枪的人员和单位包括：公安机关、国家安全机关、监狱、劳动教养机关的人民警察，人民法院的司法警察，人民检察院的司法警察和担负案件侦查任务的检察人员，海关的缉私人员，国家重要的军工、金融、仓储、科研等单位的专职守护、押运人员等。

依法配置枪支的人员和单位包括：经省级人民政府体育行政主管部门批准专门从事射击竞技体育运动的单位，经省级人民政府公安机关批准的营业性射击场，经省级以上人民政府林业行政主管部门批准的狩猎场、狩猎人员，野生动物保护、饲养、科研单位及猎民、牧民等。

非法出租是指违反国家有关枪支管理的规定，擅自将枪支在一段时间内有偿租给他人或其他单位使用的行为。

非法出借是指违反国家有关枪支管理的规定，擅自将枪支无偿借给他人或单位使用的行为。

非法出租、出借枪支罪的主体是依法配备公务用枪和依法配置民用枪支的个人和单位，属于特殊主体，其他个人和单位不能构成本罪。

非法出租、出借枪支罪在主观方面表现为故意，行为人明知枪支是禁止出租、出借的，而故意将枪支出租、出借给他人。如果是过失所为，则不构成本罪。此外，依法配置民用枪支的人员非法出租、出借枪支必须是造成严重后果，才构成犯罪，如利用该枪支打伤、打死人等情况；但如果非法出租、出借民用枪支的行为没有造成严重后果，则应按照有关规定处理，并不构成犯罪。

非法出租、出借枪支罪侵犯的客体是公共安全和国家对枪支的管理制度。我国《枪支管理法》第三条规定，国家严格管制枪支。禁止任何单位或者个人违反法律规定持有、制造（包括变造、装配）、买卖、运输、出租、出借枪支。

非法出租、出借枪支罪的客观要件是行为人违反国家对枪支的管理规定，非法将个人或单位的合法用枪出租、出借给他人的行为。

根据《刑法》的规定，对犯非法出租、出借枪支罪的，处三年以下有期徒刑、拘役或者管制；情节严重的，处三年以上七年以下有期徒刑。单位犯此罪的，对单位判处罚金，并对其直接负责的主管人员和其他直接责任人员，依照前述规定处罚。

案例：狩猎队员出借枪支给他人用以打猎，构成非法出租、出借枪支罪吗？

王某为某区护农狩猎队队员，依法配置枪支。某日，王某以擦枪为由，将猎枪从派出所领出。猎枪领出后王某将该猎枪借给应某，后应某与王某前往山上打猎，应某持该猎枪打到豚尾猴、果子狸等动物，王某负责捡拾猎物。经公安局物证鉴定所鉴定，该猎枪是以火药为动力发射弹丸的非军用枪支。经某国家自然保护区管理处鉴定，豚尾猴属于国家一级保护野生动物、果子狸属某省一般保护野生动物。在本案中，王某的行为是否构成非法出租、出借枪支罪呢？

律师解析

罪与非罪的界限在于，若是依法配备公务用枪的人员，只要非法出租、出借枪支，就构成该罪；而作为依法配置枪支的人员，社会危害性相对较小，只是非法出租、出借枪支，尚不能构成该罪，只有出租、出借枪支造成严重后果，才构成该罪。依法配备公务用枪的人员，非法将枪支用作借债质押物的，也成立非法出租、出借枪支罪。本案中，王某作为狩猎员，属于依法配置民用枪的人员，在明知应某借枪后用于打猎，还将枪借给其使用，主观上存在故意，应某在狩猎中杀害野生保护动物，违反《刑法》关于野生动物保护的规定，构成非法猎捕、杀害珍贵、濒危野生动物罪，这属于造成严重后果，所以王某构成非法出租、出借枪支罪。

诤言挚语

在我国，根据《枪支管理法》的规定，公民是不能随意持有枪支的，否则容易造成人员伤亡，引起社会恐慌。但是，为了更好地对社会进行管理，维持公共秩序，法律规定了少数人员可以配备公务用枪或者配置枪支，这是法律赋予的权利，有关人员应好好利用与珍惜，不得滥用权力而损害社会利益、国家利益。

相关法条

《中华人民共和国刑法》

第一百二十八条 违反枪支管理规定，非法持有、私藏枪支、弹药的，处三年以下有期徒刑、拘役或者管制；情节严重的，处三年以上七年以下有期徒刑。

依法配备公务用枪的人员，非法出租、出借枪支的，依照前款的规定处罚。

依法配置枪支的人员，非法出租、出借枪支，造成严重后果的，依照第一款的规定处罚。

单位犯第二款、第三款罪的，对单位判处罚金，并对其直接负责的主管人员和其他直接责任人员，依照第一款的规定处罚。

《最高人民检察院、公安部关于公安机关管辖的刑事案件立案追诉标准的规定（一）》

第五条 依法配备公务用枪的人员或单位，非法将枪支出租、出借给未取得公务用枪配备资格的人员或单位，或者将公务用枪用作借债质押物的，应予立案追诉。

依法配备公务用枪的人员或单位，非法将枪支出租、出借给具有公务用枪配备资格的人员或单位，以及依法配置民用枪支的人员或单位，非法出租、出借民用枪支，涉嫌下列情形之一的，应予立案追诉：

（一）造成人员轻伤以上伤亡事故的；

（二）造成枪支丢失、被盗、被抢的；

（三）枪支被他人利用进行违法犯罪活动的；

（四）其他造成严重后果的情形。

《最高人民检察院关于将公务用枪用作借债质押的行为如何适用法律问题的批复》

重庆市人民检察院：

你院渝检（研）〔1998〕8号《关于将公务用枪用作借债抵押的行为是否构成犯罪及适用法律的请示》收悉。经研究，批复如下：

依法配备公务用枪的人员，违反法律规定，将公务用枪用作借债质押物，使枪支处于非依法持枪人的控制、使用之下，严重危害公共安全，是刑法第一百二十八条第二款所规定的非法出借枪支行为的一种形式，应以非法出借枪支罪追究刑事责任；对接受枪支质押的人员，构成犯罪的，根据刑法第一百二十八条第一款的规定，应以非法持有枪支罪追究其刑事责任。

《中华人民共和国枪支管理法》

第三条 国家严格管制枪支。禁止任何单位或者个人违反法律规定持有、制造（包括变造、装配）、买卖、运输、出租、出借枪支。

国家严厉惩处违反枪支管理的违法犯罪行为。任何单位和个人对违反枪支管理的行为有检举的义务。国家对检举人给予保护，对检举违反枪支管理犯罪活动有功的人员，给予奖励。

第五条 公安机关、国家安全机关、监狱、劳动教养机关的人民警察，人民法院的司法警察，人民检察院的司法警察和担负案件侦查任务的检察人员，海关的缉私人员，在依法履行职责时确有必要使用枪支的，可以配备公务用枪。

国家重要的军工、金融、仓储、科研等单位的专职守护、押运人员在执行守护、押运任务时确有必要使用枪支的，可以配备公务用枪。

配备公务用枪的具体办法，由国务院公安部门会同其他有关国家机关按照严格控制的原则制定，报国务院批准后施行。

第六条 下列单位可以配置民用枪支：

（一）经省级人民政府体育行政主管部门批准专门从事射击竞技体育运动的单位、经省级人民政府公安机关批准的营业性射击场，可以配置射击运动枪支；

（二）经省级以上人民政府林业行政主管部门批准的狩猎场，可以配置猎枪；

（三）野生动物保护、饲养、科研单位因业务需要，可以配置猎枪、麻醉注射枪。

猎民在猎区、牧民在牧区，可以申请配置猎枪。猎区和牧区的区域由省级人民政府划定。

配置民用枪支的具体办法，由国务院公安部门按照严格控制的原则制定，报国务院批准后施行。

第七条　配备公务用枪，由国务院公安部门或者省级人民政府公安机关审批。

配备公务用枪时，由国务院公安部门或者省级人民政府公安机关发给公务用枪持枪证件。

第七章

枉法型犯罪

58. 徇私枉法罪

徇私枉法罪是指司法工作人员徇私枉法、徇情枉法，对明知是无罪的人而使他受追诉、对明知是有罪的人而故意包庇不使他受追诉，或者在刑事审判活动中故意违背事实和法律作枉法裁判的行为。

徇私枉法罪的主体为特殊主体，即司法工作人员。主要是司法工作人员中行使侦查、检察、审判职权的人员，且构成该罪的主体必是共同犯罪。侦查人员，即对刑事案件负有侦查权的司法机关工作人员，如公安机关和人民检察院负责侦查工作的人员。其职权主要为收集案件证据、调查核实犯罪事实，抓获缉查犯罪嫌疑人并依法采取必要的强制措施；检察人员，主要是指检察官或依法负有检察职责的人员。其主要职权为对依法由检察院直接负责案件进行侦查和公安机关移送的刑事案件审查起诉、提起公诉和出庭支持公诉等。根据法律规定，对公安机关的侦查、人民法院的审判以及案件生效判决、裁定的执行等是否合法实行监督；审判人员，是指在法院行使审判职权的工作人员。

徇私枉法罪在主观方面表现为故意。犯罪的目的是包庇罪犯或者使无罪的人被追责等，犯罪动机是徇私、徇情。

徇私枉法罪侵犯的客体是国家司法机关的管理制度和正常活动。司法工作人员代表国家行使司法权力，履行侦查、检察、审判等职权。司法工作人员在行使职权过程中，须忠于事实和法律，严格依法办事，保证做到事实清楚、证据充分、程序合法。如徇私枉法，则破坏国家司法机关的管理制度和正常管理活动，损害国家司法机关的威信。

徇私枉法罪在客观方面表现为在刑事诉讼中徇私枉法、徇情枉法的行为。所谓徇私枉法、徇情枉法，是指出于私利、私情而故意歪曲事实，违背法律，枉法裁判。主要表现为以下几种形式：

（1）对明知是无罪的人而故意使其受追诉。其中无罪的人，包括无违法犯罪事实的人，有违法行为但依法并不构成犯罪的人，虽构成犯罪但依法不应追究的人。使他受追诉具体指为了徇私，对无罪人员为使其被追究刑事责任而进行立案、侦查（含采取强制措施）、起诉或审判。

（2）对明知是构成犯罪且依法应追究刑事责任的人而故意包庇不使他受追诉。具体指的是故意包庇其全部的犯罪事实或部分犯罪事实和情节使其不受侦查、起诉或者审判。另外，对应追究刑事责任的犯罪嫌疑人，故意违背事实，通过违法变更强制措施或者虽然采取强制措施但实际放任不管等违法手段，致使犯罪嫌疑人逃避刑事追诉的，以及司法机关专业技术人员在办案中故意提供虚假材料和意见，或者故意作虚假鉴定，严重影响刑事追诉活动等，都应以该罪论处。

（3）在刑事审判活动中故意违背事实和法律作枉法裁判。所谓枉法裁判，则是指有罪判无罪，无罪判有罪，多罪判少罪，少罪判多罪或者重罪轻判，轻罪重判等。上述情况则仅发生在刑事审判过程中，只有刑事审判人员才能实施上述行为而成为该罪的主体。

根据《刑法》的规定，对犯徇私枉法罪的，处五年以下有期徒刑或者拘役；情节严重的，处五年以上十年以下有期徒刑；情节特别严重的，处十年以上有期徒刑。

案例：司法工作人员对有罪的人故意包庇使其不受追诉，是否构成徇私枉法罪？

2017年9月至2019年1月，同属某市铁路公安机关民警的黄某、马某、张某，明知方某等数人系盗窃犯罪人员，仍共同或分别与方某等数人共谋，在某市火车站候车厅值勤期间，多次将该伙人放入火车站候车厅盗窃旅客的财物并采取通风报信、私放扒窃人员等手段包庇上述扒窃人员不受查处，以莫名的费用名义收取盗窃犯罪人员现金人民币10万元。所得的赃款由参与作案的警察黄某、马某、张某私分。黄某、马某、张某故意包庇盗窃犯罪的人使其不受追诉，是否构成徇私枉法罪？

律师解析

黄某、马某、张某在候车厅值勤期间，明知方某等人系盗窃犯罪人员而与之相勾结，纵容其多次在候车厅扒窃旅客财物，从中收取费用等。其身为司法工作人员，相互或分别与他人结伙，利用职权徇私枉法，对明知是有罪的人而故意包庇不使他受追诉，其行为构成徇私枉法罪。徇私枉法犯罪系行为犯，只要行为人实施了徇私枉法行为就已构成犯罪，并不要求达到一定的数额。

本案中，在主体方面，根据《刑法》第三百九十九条第一款的规定，徇私枉法罪的犯罪主体为司法工作人员，而根据该法第九十四条的规定，《刑法》中所称司法工作人员，是指有侦查、检察、审判、监管职责的工作人员。由于公安机关同时具有行政执法权和刑事司法权，因此公安机关的工作人员身份具有双重性：一是行政机关工作人员；二是负有侦查职责的司法工作人员。其在实施行政执法权时为行政机关工作人员，在行使《刑事诉讼法》赋予的侦查等职责时是司法工作人员，但不能因此而认为公安机关应拆分认定哪些工作人员具备侦查职责，而应当根据他们所行使的执法权的具体内容来确定其身份。公安机关工作人员在查禁刑事违法犯罪活动时，其履行职责的依据来源于《刑事诉讼法》的相关规定，其身份当然属于负有侦查职责的司法工作人员。本案中，黄某、马某、张某的身份均为铁路公安机关民警，铁路公安机关是国家在铁路部门设立的公安机关，行使法律赋予的职权。其执勤民警在依据治安管理法规行使职权的同时，还负有审查犯罪和制止、查处现行犯罪的职责，其负有受理警务辖区内刑事报案、收集相关证据和移送报案给刑侦部门的职责。且受理报案的相关材料及收集的相关证据，在案件进入诉讼阶段后，均将作为证据使用，而受理报案、收集证据和移送案件本身就属于依照《刑事诉讼法》所进行的专门调查工作，即侦查行为。据此，黄某、马某、张某是具有侦查职责的司法工作人员，符合徇私枉法罪的主体要求。

客观上黄某、马某、张某明知方某等人系扒窃人员，而收受其现金，对方某等人在候车厅内实施扒窃行为不予查处，未履行审查犯罪和制止、查处现行犯罪行为的职责，应属徇私枉法。同时，黄某、马某、张某对明知有罪的人而故意包庇不使他受追诉。黄某、马某、张某为了达到向这些扒窃人员收取费用等钱财之目的，明知方某等人在其警务辖区内进行盗窃犯罪活动，采取放任不管、不查禁、不予立案及向扒窃人员通风报信使其逃避查禁等手段，致使这些扒窃人员在其警务辖区内长期实施的盗窃犯罪行为不能被立案侦查进而免受法律追究，其行为既有积极包庇的作为行为，又有因职务行为应当作为而消极的不作为行为。因此，其行为是一种故意包庇、徇私枉法的行为，符合徇私枉法罪客观方面的要求。但依照审判实践对于《刑法》规定的情节严重的标准，一般应当从手段是否恶劣，后果是否严重，被告人行为危害性程度大小，在犯罪过程中的作用和是否造成恶劣的社会影响等方面综合分析认定。

就本案而言，黄某等人身为铁路公安机关民警，本应认真履行其查禁违法犯罪职责，但黄某等人为贪图私利，置自己职责于不顾，放纵多名扒窃人员长期、多次在其警务辖区内进行盗窃犯罪活动，致使旅客财产受到严重损害，同时极大败坏铁路公安机关声誉，情节严重。因此，黄某等人构成徇私枉法罪。

诤言挚语

司法机关相关工作人员依法负有侦查、检察、审判的职权，应恪尽职守，其行使职权不但代表的是国家公权力，更涉及群众的切身合法权益，如司法机关相关人员徇私枉法，枉法裁判，将严重损害国家机关的威信，不利于国家法治建设，也将侵害相关权利人的合法权益。为建设法治社会，必将对徇私枉法的司法机关相关人员予以相应的处罚，避免造成更为严重的后果。

相关法条

《中华人民共和国刑法》

第三百九十九条第一款、第四款　司法工作人员徇私枉法、徇情枉法，对明知是无罪的人而使他受追诉、对明知是有罪的人而故意包庇不使他受追诉，或者在刑事审判活动中故意违背事实和法律作枉法裁判的，处五年以下有期徒刑或者拘役；情节严重的，处五年以上十年以下有期徒刑；情节特别严重的，处十年以上有期徒刑。

司法工作人员收受贿赂，有前三款行为的，同时又构成本法第三百八十五条规定之罪的，依照处罚较重的规定定罪处罚。

《最高人民检察院关于渎职侵权犯罪案件立案标准的规定》

一、渎职犯罪案件

（五）徇私枉法案（第三百九十九条第一款）

……

涉嫌下列情形之一的，应予立案：

1. 对明知是没有犯罪事实或者其他依法不应当追究刑事责任的人，采取伪造、隐匿、毁灭证据或者其他隐瞒事实、违反法律的手段，以追究刑事责任为目的立案、侦查、起诉、审判的；

2. 对明知是有犯罪事实需要追究刑事责任的人，采取伪造、隐匿、毁灭证据或者其他隐瞒事实、违反法律的手段，故意包庇使其不受立案、侦查、起诉、审判的；

3. 采取伪造、隐匿、毁灭证据或者其他隐瞒事实、违反法律的手段，故意使罪重的人受较轻的追诉，或者使罪轻的人受较重的追诉的；

4. 在立案后，采取伪造、隐匿、毁灭证据或者其他隐瞒事实、违反法律的手段，应当采取强制措施而不采取强制措施，或者虽然采取强制措施，但中断侦查或者超过法定期限不采取任何措施，实际放任不管，以及违法撤销、变更强制措施，致使犯罪嫌疑人、被告人实际脱离司法机关侦控的；

5. 在刑事审判活动中故意违背事实和法律，作出枉法判决、裁定，即有罪判无罪、无罪判有罪，或者重罪轻判、轻罪重判的；

6. 其他徇私枉法应予追究刑事责任的情形。

59. 民事、行政枉法裁判罪

民事、行政枉法裁判罪是指司法工作人员在民事、行政审判活动中，故意违背事实和法律作枉法裁判，情节严重的行为。

民事、行政枉法裁判罪的主体是从事民事、行政审判活动的审判人员。

民事、行政枉法裁判罪在主观上表现为故意，具体指在民事、行政审判活动中，行为人明知是枉法裁判却故意实施。

民事、行政枉法裁判罪所侵害的客体是国家审判机关的正常活动。

民事、行政枉法裁判罪在客观方面为故意违背事实和法律，在民事、行政审判活动中作枉法裁判。枉法裁判是指应胜诉的判败诉，应败诉的判胜诉等。

此外，构成该罪必须达到情节严重程度。具有下列情节之一的，可以认定为情节严重：（1）枉法裁判致使公民、法人或者其他组织的财产损失达到重大程度的；（2）引起当事人及其亲属自杀、伤残、精神失常等严重后果的；（3）伪造案件的有关材料、证据，制造假案枉法裁判的；（4）串通当事人制造伪证，毁灭证据或者篡改庭审笔录而枉法裁判的；（5）其他情节严重的情形。

根据《刑法》的规定，对犯民事、行政枉法裁判罪的，处五年以下有期徒刑或者拘役；情节特别严重的，处五年以上十年以下有期徒刑。

案例：民事审判人员在审判活动中，违反法律适用规则枉法裁判，其行为是否构成民事、行政枉法裁判罪？

某县人民法院法官陈某在审理肖某诉张某民间借贷纠纷一案中，为徇私利，达到让肖某胜诉的目的，违规指导原告肖某代理人举证，并对其代理词提出修改意见，在明知原告在某市看守所羁押，涉嫌受贿犯罪事实与其办理的民事案件事实相交叉，属于同一法律事实的情况下，违反《民事诉讼法》规定，未将其办理的该民事案件中止审理，而于2019年2月作出一审民事判决。该民事判决支持了原告的诉讼请求，严重干扰了肖某涉嫌受贿一案的正常审理。2019年7月，该县人民法院作出民事裁定，认定民事判决书违反法律适用规则，确有错误，裁定再审。再审期间，中止原判决的执行。在民事案件审判活动中，陈某违反法律适用规则枉法裁判，其行为是否构成民事、行政枉法裁判罪？

律师解析

陈某身为人民法院的审判员，在民事审判活动中为徇私利，故意违反法定程序、故意错误适用法律而枉法裁判，情节严重，其行为侵犯了国家审判机关的正常活动，已构成民事、行政枉法裁判罪。陈某审理的原告肖某诉张某民间借贷纠纷一案，审查立案材料显示原告肖某被羁押于某市看守所。陈某作为该民间借贷纠纷一案主审法官，明知该案基本事实与肖某涉嫌犯受贿罪一案的事实具有关联性，应当裁定中止诉讼，而陈某故意违背事实和法律作枉法裁判，其行为符合民事、行政枉法裁判罪的构成要件，应当以民事、行政枉法裁判罪追究其刑事责任。

诤言挚语

法院的审判人员负有法定的审判职责，其在处理民事、行政案件中，须依据事实和法律，依照法定程序作出公正的裁判。裁判结果具有法定强制执行效力，涉及案件当事人的切身利益，如审判人员徇私利、私情枉法裁判，会危害司法公正以及司法机关的权威，损害案件相关当事人的合法权益。审判人员枉法裁判情节严重的，将受到刑事处罚。

相关法条

《中华人民共和国刑法》

第三百九十九条第二款 在民事、行政审判活动中故意违背事实和法律作枉法裁判，情节严重的，处五年以下有期徒刑或者拘役；情节特别严重的，处五年以上十年以下有期徒刑。

《人民检察院直接受理立案侦查的渎职侵权重特大案件标准（试行）》

六、民事、行政枉法裁判案

（一）重大案件

1. 枉法裁判，致使公民的财产损失十万元以上、法人或者其他组织财产损失五十万元以上的；

2. 枉法裁判，引起当事人及其亲属精神失常或者重伤的。

（二）特大案件

1. 枉法裁判，致使公民的财产损失五十万元以上、法人或者其他组织财产损失一百万元以上的；

2. 引起当事人及其亲属自杀死亡的。

《最高人民检察院关于渎职侵权犯罪案件立案标准的规定》

一、渎职犯罪案件

（六）民事、行政枉法裁判案（第三百九十九条第二款）

……

涉嫌下列情形之一的，应予立案：

1. 枉法裁判，致使当事人或者其近亲属自杀、自残造成重伤、死亡，或者精神失常的；

2. 枉法裁判，造成个人财产直接经济损失 10 万元以上，或者直接经济损失不满 10 万元，但间接经济损失 50 万元以上的；

3. 枉法裁判，造成法人或者其他组织财产直接经济损失 20 万元以上，或者直接经济损失不满 20 万元，但间接经济损失 100 万元以上的；

4. 伪造、变造有关材料、证据，制造假案枉法裁判的；

5. 串通当事人制造伪证，毁灭证据或者篡改庭审笔录而枉法裁判的；

6. 徇私情、私利，明知是伪造、变造的证据予以采信，或者故意对应当采信的证据不予采信，或者故意违反法定程序，或者故意错误适用法律而枉法裁判的；

7. 其他情节严重的情形。

60. 执行判决、裁定失职罪

执行判决、裁定失职罪是指司法工作人员在执行判决、裁定活动中，严重不负责任，不依法采取诉讼保全措施、不履行法定执行职责，或者违法采取保全措施、强制执行措施，致使当事人或者其他人的利益遭受重大损失的行为。

执行判决、裁定失职罪的主体是司法工作人员。所谓司法工作人员，是指有侦查、检察、审判、监管职责的工作人员。

执行判决、裁定失职罪在主观方面表现为过失。过失是指应当预见到执行判决、裁定的失职行为可能会致使当事人或者其他人的利益遭受重大损失的损害后果，因疏忽大意而没有预见到，或者已经预见到但轻信能够避免，以致发生危害结果。

执行判决、裁定失职罪侵犯的客体是司法活动的客观公正性和司法机关的权威。

执行判决、裁定失职罪在客观方面表现为在执行判决、裁定活动中，严重不负责任或滥用职权，不依法采取诉讼保全措施，不履行法定执行职责，或违法采取诉讼保全及强制执行措施，造成的结果是致使当事人或者其他人的利益遭受重大损失。

根据《刑法》的规定，对犯执行判决、裁定失职罪的，处五年以下有期徒刑或者拘役；致使当事人或者其他人的利益遭受特别重大损失的，处五年以上十年以下有期徒刑。

案例：在民事执行程序中，执行人员不履行法定职责，导致当事人遭受重大损失，是否构成执行判决、裁定失职罪?

2019年，李某诉胡某拖欠工程款一案经某区人民法院审理，出具了民事调解书。后因胡某未按民事调解书约定日期履行债务，李某欲前往某区人民法院申请执行，遂找到了某执行庭司机张某，请张某帮助尽快执行。张某帮助其书写了执行申请等材料后，李某到该区人民法院执行局申请执行立案。后张某找到担任该区法院执行庭副庭长尚某，提出有个执行案件需要尚某帮忙尽快执行，尚某答应了此事。后尚某通过找执行庭负责人，要求将该案分给自己负责。进入执行阶段后，尚某对胡某所拥有的某市某厂全部房产及附属物进行了查封，并与张某一起送达了相关材料。后李某携带有其和胡某签字的抵顶协议书找到张某，并告诉张某已与胡某达成了抵顶协议，希望法院据此出具一份正式的裁定文书。张某将该情况告知了尚某，尚某在未经相关领导审批的情况下，制作出具了民事裁定书（内容为：将被执行人胡某所有的某厂厂房抵顶给申请执行人李某，抵顶全部欠款45万元）。尚某、张某将上述民事裁定书送达了申请执行人李某，未依照法定程序送达被申请执行人胡某。后上述裁定书所涉某厂拆迁，当地村委依据上述裁定书等文件，将地面附着物拆迁补偿款共计140万元全部交付李某，致使胡某利益遭受重大损失。

尚某作为该区人民法院执行庭副庭长伙同该庭司机张某，在执行李某诉胡某拖欠工程款一案的民事判决中，严重不负责任，不履行证据审查及告知程序等法定执行职责，违规出具民事裁定书，导致2019年12月执行申请人李某凭借该裁定书领取到应为被执行人胡某所有的拆迁补偿款，致使胡某利益遭受重大损失。尚某的行为是否构成执行判决、裁定失职罪？

律师解析

尚某系某区人民法院执行庭副庭长，负责案件的执行工作，符合执行判决、裁定失职罪的主体构成要件。尚某作为执行案件的承办人，未依照工作程序组织双方当事人对涉案抵顶协议进行质证，未向双方当事人送达涉案裁定书，对协助其工作的同案张某在执行工作中未尽到监督义务，对其承办的执行案件未尽到审查义务，并因此产生胡某的经济利益遭受重大损失的结果。综上，尚某的行为符合执行判决、裁定失职罪的犯罪构成要件，应受到相应的刑事处罚。

诤言挚语

司法执行人员的职责主要是保证判决书、调解书等生效法律文书的内容得以合法有效实现。为保障生效文书的有效执行可依法采取执行强制措施，作为对不履行生效判决的被执行人的处罚和震慑，有利于维护司法机关的尊严和权威，有利于维护生效判决文书的法定效力。但是执行人员行使法律赋予的职权，并不代表其可以严重不负责任或滥用职权，违法采取诉讼保全、强制执行措施，其必须依照法定程序履行职责，如使得当事人或其他人的合法权益遭受严重损失，将会受到刑法的制裁。

相关法条

《中华人民共和国刑法》

第三百九十九条第三款 在执行判决、裁定活动中，严重不负责任或者滥用职权，不依法采取诉讼保全措施、不履行法定执行职责，或者违法采取诉讼保全措施、强制执行措施，致使当事人或者其他人的利益遭受重大损失的，处五年以下有期徒刑或者拘役；致使当事人或者其他人的利益遭受特别重大损失的，处五年以上十年以下有期徒刑。

《最高人民检察院关于渎职侵权犯罪案件立案标准的规定》

一、渎职犯罪案件

（七）执行判决、裁定失职案（第三百九十九条第三款）

……

涉嫌下列情形之一的，应予立案：

1. 致使当事人或者其近亲属自杀、自残造成重伤、死亡，或者精神失常的；

2. 造成个人财产直接经济损失15万元以上，或者直接经济损失不满15万元，但间接经济损失75万元以上的；

3. 造成法人或者其他组织财产直接经济损失30万元以上，或者直接经济损失不满30万元，但间接经济损失150万元以上的；

4. 造成公司、企业等单位停业、停产1年以上，或者破产的；

5. 其他致使当事人或者其他人的利益遭受重大损失的情形。

61. 枉法仲裁罪

枉法仲裁罪是指依法承担仲裁职责的人员，在仲裁活动中故意违背事实和法律作枉法裁决、情节严重的行为。

枉法仲裁罪的主体为特殊主体，即依法负有仲裁职责的人员。

枉法仲裁罪的主观方面表现为故意，即在仲裁活动中，明知违背事实和法律而作枉法裁决。

枉法仲裁罪侵犯的客体为正常的仲裁管理活动、仲裁制度和仲裁当事人的合法权益。

枉法仲裁罪在客观方面表现为，在违背事实和法律的情况下作枉法裁决，构成该罪须达到情节严重的程度。

根据《刑法》的规定，对犯枉法仲裁罪的，处三年以下有期徒刑或者拘役；情节特别严重的，处三年以上七年以下有期徒刑。

案例：仲裁人员在明知案件存在虚假事实的情形下，枉法裁决，是否构成枉法仲裁罪?

张某是某公司的法定代表人，其公司资不抵债进入破产程序，公司的土地及厂房被司法拍卖。张某想通过虚构工人工资的形式参与法院执行分配，以期得到一部分钱。于是，张某找到在劳动仲裁委工作的亲戚方某，求其帮忙。方某碍于亲戚情面，应下此事，并要求张某与“工人们”提前沟通好，并准备好相关仲裁申请材料。之后，张某找来一些亲朋好友充当工人，虚构了公司拖欠这些工人工资合计40万余元的劳动仲裁申请材料等。在接下来的劳动仲裁程序中，方某在其中运作并最终制作了仲裁调解书。“工人们”派出代表持仲裁调解书到该县人民法院申请执行，该县人民法院向某有限公司发出某号《执行通知书》，涉案标的额为40万余元。后来，东窗事发，方某向当地人民检察院主动投案。方某是否构成枉法仲裁罪?

律师解析

方某作为劳动人事争议仲裁委员会的仲裁员，依法承担仲裁职责，其故意违背事实和法律规定，在明知存在虚假的事实和伪造的证据的情形下，对不存在实际劳动关系的虚假劳动争议擅自启动仲裁程序，刻意规避证据审查与事实认定，违法制作劳动仲裁调解书，最终导致该仲裁调解书通过法院的立案审查进入民事诉讼执行程序。方某的行为不仅妨害了司法和仲裁秩序，还严重威胁到了民事诉讼执行案件当事人的财产利益，涉案标的额高达40万余元，情节严重，其行为构成枉法仲裁罪。但是，方某犯罪以后自动投案，归案后能如实供述自己的罪行，系自首，应依法对其从轻处罚。

净言挚语

依法承担仲裁职责的人员，应依据仲裁相关规范履行仲裁职责，如故意违背事实和法律，枉法裁决，必将损害司法和仲裁的公正和权威，在情节严重的情况下，还会触犯《刑法》，须承担相应的刑事责任。

相关法条

《中华人民共和国刑法》

第三百九十九条之一 依法承担仲裁职责的人员，在仲裁活动中故意违背事实和法律作枉法裁决，情节严重的，处三年以下有期徒刑或者拘役；情节特别严重的，处三年以上七年以下有期徒刑。

62. 违法提供出口退税凭证罪

违法提供出口退税凭证罪是指海关、外汇管理等国家机关工作人员违反国家规定，在提供出口货物报关单、出口收汇核销单等出口退税凭证的工作中徇私舞弊，致使国家利益遭受重大损失的行为。

为了避免双重缴税，我国按照国际惯例，对出口产品实行退税政策，企业在产品出口后，可以根据增值税专用发票、出口货物报关单等相关凭证办理出口退税手续。但是，有些不法企业和个人利用该项税收优惠政策骗取国家税款，而有些国家机关工作人员为了一己私欲，为退税企业和个人提供虚假证明，使国家利益受到损害。这一行为被法律明确禁止，行为人的上述行为涉嫌违法提供出口退税凭证罪。

违法提供出口退税凭证罪的主体为特殊主体，是税务机关以外的工作人员，主要是指负有为出口退税企业提供出口货物报关单、出口收汇核销单等出口退税凭证职责的其他国家机关工作人员。比如，在海关工作，承担着相应职责的国家机关工作人员。

违法提供出口退税凭证罪的主观方面表现为故意，即明知道不应当为不符合条件企业提供出口货物报关单、出口收汇核销单等出口退税凭证，却违反相关规定为其提供虚假退税凭证，致使国家利益遭受重大损失。行为人对于后果的主观方面为间接故意，并不影响该罪的认定。

违法提供出口退税凭证罪侵犯的客体是国家对于出口退税的管理制度。

违法提供出口退税凭证罪的客观方面表现为行为人违反国家规定，在提供出口货物报关单、出口收汇核销单等出口退税凭证的工作中，徇私舞弊，致使国家利益遭受重大损失的行为。主要表现为，有提供退税证明职责的国家机关工作人员谋私利、徇私情，通过欺骗的手段，为不符合条件的企业或个人提供出口货物报关单、出口收汇核销单等出口虚假退税凭证。

根据我国《刑法》的规定，对犯违法提供出口退税凭证罪的，处五年以下有期徒刑或者拘役；致使国家利益遭受特别重大损失的，处五年以上有期徒刑。

案例：海关工作人员为企业提供虚假退税证明，致使国家利益遭受重大损失的，构成什么罪?

D公司是我国某省一家大型玩具制造企业，其产品类型多样、物美价廉，远销海外市场。2020年受新冠肺炎疫情影响，公司业绩严重下滑、产品滞销，一度接近破产。2021年6月，D公司接到一批出口订单，产品顺利出口，但是此批产品不符合退税条件。由于D公司资金紧张，公司管理层想到可通过此订单“争取”出口退税以缓解公司资金压力。于是公司高管找到当地海关部门负责提供出口退税相关单据的工作人员胡某，让他帮助提供虚假退税证明单据并送给他1万元好处费。后来事发，胡某被立案调查。那么，海关工作人员胡某的行为构成什么罪?

律师解析

胡某的行为构成违法提供出口退税凭证罪。一些不法企业利用国家实行出口退税的政策，通过各种手段骗取出口退税，使得国家税款大量流失。然而，仅凭企业“一己之力”，也无法触犯国家法律。企业往往是通过人情、行贿等方式，与负责出口退税工作的国家机关工作人员相互勾结。作为国家机关工作人员，明知道不应当为不符合条件企业提供出口货物报关单、出口收汇核销单等出口退税凭证，却违反相关规定为其提供虚假退税凭证，致使国家利益遭受重大损失的，其行为触犯《刑法》，涉嫌违法提供出口退税凭证罪。在本案中，D公司不符合申请出口退税的条件，但海关工作人员胡某为其提供虚假证明以骗取出口退税，胡某从中获取不法利益1万元。胡某利用职权徇私舞弊的行为不仅严重损害了国家利益，也破坏了国家的公信力，构成违法提供出口退税凭证罪，应当被追究相应的刑事责任。

诤言挚语

为政之要在于廉洁，廉洁之本在于自律，自律之道在于防患未然。国家工作人员应当把廉洁自律作为常修课，坚定思想意志，不能为眼前利益所迷惑。一定要正确对待权力、正确使用权力，重视权力所体现出的责任，而不是利用手中的权力任意妄为、徇私舞弊。

相关法条

《中华人民共和国刑法》

第四百零五条　税务机关的工作人员违反法律、行政法规的规定，在办理发售发票、抵扣税款、出口退税工作中，徇私舞弊，致使国家利益遭受重大损失的，处五年以下有期徒刑或者拘役；致使国家利益遭受特别重大损失的，处五年以上有期徒刑。

其他国家机关工作人员违反国家规定，在提供出口货物报关单、出口收汇核销单等出口退税凭证的工作中，徇私舞弊，致使国家利益遭受重大损失的，依照前款的规定处罚。

《最高人民检察院关于渎职侵权犯罪案件立案标准的规定》

一、渎职犯罪案件

（十六）违法提供出口退税凭证案（第四百零五条第二款）

……

涉嫌下列情形之一的，应予立案：

1. 徇私舞弊，致使国家税收损失累计达 10 万元以上的；

2. 徇私舞弊，致使国家税收损失累计不满 10 万元，但具有索取、收受贿赂或者其他恶劣情节的；

3. 其他致使国家利益遭受重大损失的情形。

63. 违法发放林木采伐许可证罪

违法发放林木采伐许可证罪是指林业主管部门的工作人员违反森林法的规定，超过批准的年采伐限额发放林木采伐许可证或者违反规定滥发林木采伐许可证，情节严重，致使森林遭受严重破坏的行为。

森林是一种重要的环境资源，对于维护生态平衡、保持水土、防风固沙等都有重要的作用。国家对于森林的采伐实行限量政策，但是，有些人为了追求经济利益，想方设法获得采伐许可证，林业部门个别人员徇私舞弊，通过为企业和个人提供违规的采伐许可证获得利益，导致国家的林业资源遭到严重的破坏。其行为违反了法律的禁止性规定，就林业部门工作人员而言，很可能会因此涉嫌违法发放林木采伐许可证罪。

违法发放林木采伐许可证罪的主体是特殊主体，即林业主管部门的工作人员，具体包括各级林业主管部门的工作人员，比如市、县林业局的工作人员。

违法发放林木采伐许可证罪在主观方面表现为故意，即林业主管部门的工作人员明知道不应当超额审批或者不应当发放采伐许可证，却违规发放采伐许可证，导致国家森林资源被破坏。行为人对于后果的主观方面表现为过失，可能没有预见到自己滥发采伐许可证的行为会造成非常严重的后果，或者已经预见到但凭借着自己的经验轻信可以避免损害结果的发生，其对后果所持的心理并不影响对本罪的认定。

违法发放林木采伐许可证罪侵犯的客体是国家对森林采伐许可证发放的管理制度，以及国家对森林资源保护的政策和行为。

违法发放林木采伐许可证罪在客观方面表现为违反《森林法》的规定，超过批准的年采伐限额发放林木采伐许可证或者违反规定滥发林木采伐许可证情节严重的行为。

根据《刑法》的规定，对犯违法发放林木采伐许可证罪的，处三年以下有期徒刑或者拘役。

案例：林业部门工作人员超额发放采伐许可证，导致大片森林资源被破坏，可能构成什么罪?

某县地处我国南方某省，气候宜人、风景秀丽，森林资源丰富，是出产木料的重要地区。田某和梁某是该县林业局工作人员，负责向有资质的单位出具林业采伐许可证。某年，A公司想获得该县S山的木材采伐权，但是，根据规定该县当年的木材采伐量已经超过额定标准，不能再向任何单位或个人发放采伐许可证。A公司高管找到田某和梁某，在高级酒店设宴款待二人并赠送了很多礼品，称想获得木材采伐证，并表示在事成之后必有重谢。田某、梁某二人没有禁得住利益的诱惑，违规向A公司发放了采伐证明。A公司获得采伐证后，大肆砍伐S山上的林木，导致30多立方米的树木被超额采伐。田某和梁某的行为构成什么罪?

律师解析

田某和梁某的行为已经构成违法发放林木采伐许可证罪。为了维护国家森林资源平衡，保护森林的再生能力，相关部门在采伐的同时也要进行合理保护，避免过度采伐。国家每年对森林的采伐量实行限额政策，当超过森林年采伐量时，林业部门不得继续批准采伐证明，否则，就涉嫌违规行为。如果林业主管部门的工作人员违规批准采伐，情节严重，致使森林遭受严重破坏的，就会触犯《刑法》，将承担相应的刑事责任。本案中，在某县森林开采量已经超过规定限定标准的情况下，县林业部门工作人员田某和梁某为了一己私欲滥用职权，违规向A公司发放采伐证明，致使超过30立方米的树木被超额采伐，给国家森林资源造成了严重的破坏。田某和梁某的行为构成违法发放林木采伐许可证罪，应当被处以三年以下有期徒刑或者拘役。

诤言挚语

众所周知，森林对我们人类的生存和发展有十分重要的意义。森林不仅可以保持水土、调节气候、净化空气、保护农田，还能够美化环境、促进人身心健康。对于森林的开发利用，一定要秉持科学的理念及合理的方针政策，最大限度地保持土地可持续发展的状态，不能杀鸡取卵、竭泽而渔，要为子孙后代留下珍贵的森林资源。

相关法条

《中华人民共和国刑法》

第四百零七条 林业主管部门的工作人员违反森林法的规定，超过批准的年采伐限额发放林木采伐许可证或者违反规定滥发林木采伐许可证，情节严重，致使森林遭受严重破坏的，处三年以下有期徒刑或者拘役。

《最高人民法院关于审理破坏森林资源刑事案件具体应用法律若干问题的解释》

第十二条 林业主管部门的工作人员违反森林法的规定，超过批准的年采伐限额发放林木采伐许可证或者违反规定滥发林木采伐许可证，具有下列情形之一的，属于刑法第四百零七条规定的“情节严重，致使森林遭受严重破坏”，以违法发放林木采伐许可证罪定罪处罚：

（一）发放林木采伐许可证允许采伐数量累计超过批准的年采伐限额，导致林木被采伐数量在十立方米以上的；

（二）滥发林木采伐许可证，导致林木被滥伐二十立方米以上的；

（三）滥发林木采伐许可证，导致珍贵树木被滥伐的；

（四）批准采伐国家禁止采伐的林木，情节恶劣的；

（五）其他情节严重的情形。

第十七条　本解释规定的林木数量以立木蓄积计算，计算方法为：原木材积除以该树种的出材率。

本解释所称“幼树”，是指胸径五厘米以下的树木。

滥伐林木的数量，应在伐区调查设计允许的误差额以上计算。

《最高人民检察院关于渎职侵权犯罪案件立案标准的规定》

一、渎职犯罪案件

（十八）违法发放林木采伐许可证案（第四百零七条）

……

涉嫌下列情形之一的，应予立案：

1. 发放林木采伐许可证允许采伐数量累计超过批准的年采伐限额，导致林木被超限额采伐 10 立方米以上的；

2. 滥发林木采伐许可证，导致林木被滥伐 20 立方米以上，或者导致幼树被滥伐 1000 株以上的；

3. 滥发林木采伐许可证，导致防护林、特种用途林被滥伐 5 立方米以上，或者幼树被滥伐 200 株以上的；

4. 滥发林木采伐许可证，导致珍贵树木或者国家重点保护的其他树木被滥伐的；

5. 滥发林木采伐许可证，导致国家禁止采伐的林木被采伐的；

6. 其他情节严重，致使森林遭受严重破坏的情形。

林业主管部门工作人员之外的国家机关工作人员，违反森林法的规定，滥用职权或者玩忽职守，致使林木被滥伐 40 立方米以上或者幼树被滥伐 2000 株以上，或者致使防护林、特种用途林被滥伐10立方米以上或者幼树被滥伐400株以上，或者致使珍贵树木被采伐、毁坏4立方米或者4株以上，或者致使国家重点保护的其他植物被采伐、毁坏后果严重的，或者致使国家严禁采伐的林木被采伐、毁坏情节恶劣的，按照刑法第三百九十七条的规定以滥用职权罪或者玩忽职守罪追究刑事责任。

64. 非法批准征收、征用、占用土地罪

非法批准征收、征用、占用土地罪是指国家机关工作人员徇私舞弊，违反《土地管理法》《森林法》《草原法》等法律以及有关行政法规中关于土地管理的规定，滥用职权，非法批准征用、占用耕地、林地等农用地以及其他土地，情节严重的行为。

其中，“违反土地管理法规”是指违反《土地管理法》《森林法》《草原法》等法律以及有关行政法规中关于土地管理的规定；“非法批准征收、征用、占用土地”是指非法批准征收、征用、占用耕地、林地等农用地以及其他土地。“徇私舞弊”是指国家机关工作人员为徇私情、私利，故意违背事实和法律，伪造材料，隐瞒情况，弄虚作假的行为。“滥用职权”是指国家机关工作人员违反土地管理法规的规定，无权批准征收、征用、占用土地而批准，超越批准权限批准征收、征用、占用土地，不按照土地保护、建设、利用总体规划的用途批准征收、征用、占用土地，或者违反法律规定的程序批准征收、征用、占用土地的行为。

非法批准征收、征用、占用土地罪的主体是特殊主体，即国家机关工作人员，主要是指在国家机关中从事土地管理以及城市规划的工作人员。

非法批准征收、征用、占用土地罪在主观方面表现为故意，即行为人明知自己违反土地管理法规徇私舞弊、滥用职权的行为会造成国家土地得不到正确使用，进而使得国家和人民利益受损的结果，并且希望或者放任这种结果的发生。

非法批准征收、征用、占用土地罪侵犯的客体是国家土地管理、城市规划等国家机关的正常活动。行为人通过徇私舞弊、滥用职权，导致国家土地不能得到正确的使用，进而使得国家和人民的利益遭受损失。

非法批准征收、征用、占用土地罪在客观方面表现为国家机关工作人员徇私舞弊，违反土地管理法规，滥用职权，非法批准征收、征用、占用土地。

根据《刑法》的规定，对犯非法批准征收、征用、占用土地罪的，处三年以下有期徒刑或者拘役；致使国家或者集体利益遭受特别重大损失的，处三年以上七年以下有期徒刑。

案例：以非法批准征收、征用、占用土地罪向人民法院提起自诉，法院应该受理吗？

林某所在的村里新盖了一片楼房，征用了村里部分土地。因对征收补偿不满意，林某便以某市规划和自然资源局徇私舞弊、滥用职权，违法强占其合法土地使用权为由，向人民法院提起了自诉。在自诉状中，林某称，该市规划和自然资源局以国有土地划拨决定书的方式，将其合法土地使用权无偿划拨给建设单位，认为该市规划和自然资源局触犯了非法批准征收、征用、占用罪，并提出了要求该市规划和自然资源局对自己以及家人进行安置、赔偿损失的诉讼请求。人民法院应该受理该案吗?

律师解析

在本案中，林某以某市规划和自然资源局触犯非法批准征收、征用、占用土地罪向人民法院提起自诉，当地法院依法不会受理该案。根据《刑事诉讼法》以及《最高人民法院关于适用〈中华人民共和国刑事诉讼法〉的解释》的规定，非法批准征收、征用、占用土地罪不属于告诉才处理的案件，不属于有证据证明的轻微刑事案件，同时也不属于有证据证明侵犯人身、财产权利应当追究刑事责任的案件。如果该市规划和自然资源局工作人员的行为确实涉嫌非法批准征收、征用、占用土地行为，那么，其已经触犯刑事法律的规定，林某可以向公安机关、人民检察院或者人民法院报案或者举报经立案审查后，将由检察机关提起公诉，但如果提出自诉，则人民法院不会受理该自诉案件。

诤言挚语

土地资源是我们赖以生存的物质基础，对土地资源进行合理、高效的利用对于现代经济社会来说有着举足轻重的作用。国家机关工作人员掌握着管理土地、规划城市的行政权力，要尽忠职守，使土地资源能够得到充分的运用，给国家、社会、人民创造更多的福祉。

相关法条

《中华人民共和国刑法》

第四百一十条 国家机关工作人员徇私舞弊，违反土地管理法规，滥用职权，非法批准征收、征用、占用土地，或者非法低价出让国有土地使用权，情节严重的，处三年以下有期徒刑或者拘役；致使国家或者集体利益遭受特别重大损失的，处三年以上七年以下有期徒刑。

《最高人民法院关于审理破坏林地资源刑事案件具体应用法律若干问题的解释》

第二条 国家机关工作人员徇私舞弊，违反土地管理法规，滥用职权，非法批准征用、占用林地，具有下列情形之一的，属于刑法第四百一十条规定的“情节严重”，应当以非法批准征用、占用土地罪判处三年以下有期徒刑或者拘役：

（一）非法批准征用、占用防护林地、特种用途林地数量分别或者合计达到十亩以上；

（二）非法批准征用、占用其他林地数量达到二十亩以上；

（三）非法批准征用、占用林地造成直接经济损失数额达到三十万元以上，或者造成本条第（一）项规定的林地数量分别或者合计达到五亩以上或者本条第（二）项规定的林地数量达到十亩以上毁坏。

第三条 实施本解释第二条规定的行为，具有下列情形之一的，属于刑法第四百一十条规定的“致使国家或者集体利益遭受特别重大损失”，应当以非法批准征用、占用土地罪判处三年以上七年以下有期徒刑：

（一）非法批准征用、占用防护林地、特种用途林地数量分别或者合计达到二十亩以上；

（二）非法批准征用、占用其他林地数量达到四十亩以上；

（三）非法批准征用、占用林地造成直接经济损失数额达到六十万元以上，或者造成本条第（一）项规定的林地数量分别或者合计达到十亩以上或者本条第（二）项规定的林地数量达到二十亩以上毁坏。

第七条 多次实施本解释规定的行为依法应当追诉且未经处理的，应当按照累计的数量、数额处罚。

《最高人民法院关于审理破坏土地资源刑事案件具体应用法律若干问题的解释》

第四条 国家机关工作人员徇私舞弊，违反土地管理法规，滥用职权，非法批准征用、占用土地，具有下列情形之一的，属于非法批准征用、占用土地“情节严重”，依照刑法第四百一十条的规定，以非法批准征用、占用土地罪定罪处罚：

（一）非法批准征用、占用基本农田十亩以上的；

（二）非法批准征用、占用基本农田以外的耕地三十亩以上的；

（三）非法批准征用、占用其他土地五十亩以上的；

（四）虽未达到上述数量标准，但非法批准征用、占用土地造成直接经济损失三十万元以上；造成耕地大量毁坏等恶劣情节的。

第五条 实施第四条规定的行为，具有下列情形之一的，属于非法批准征用、占用土地“致使国家或者集体利益遭受特别重大损失”：

（一）非法批准征用、占用基本农田二十亩以上的；

（二）非法批准征用、占用基本农田以外的耕地六十亩以上的；

（三）非法批准征用、占用其他土地一百亩以上的；

（四）非法批准征用、占用土地，造成基本农田五亩以上，其他耕地十亩以上严重毁坏的；

（五）非法批准征用、占用土地造成直接经济损失五十万元以上等恶劣情节的。

《最高人民法院关于审理破坏草原资源刑事案件应用法律若干问题的解释》

第三条 国家机关工作人员徇私舞弊，违反草原法等土地管理法规，具有下列情形之一的，应当认定为刑法第四百一十条规定的“情节严重”：

（一）非法批准征收、征用、占用草原四十亩以上的；

（二）非法批准征收、征用、占用草原，造成二十亩以上草原被毁坏的；

（三）非法批准征收、征用、占用草原，造成直接经济损失三十万元以上，或者具有其他恶劣情节的。

具有下列情形之一，应当认定为刑法第四百一十条规定的“致使国家或者集体利益遭受特别重大损失”：

（一）非法批准征收、征用、占用草原八十亩以上的；

（二）非法批准征收、征用、占用草原，造成四十亩以上草原被毁坏的；

（三）非法批准征收、征用、占用草原，造成直接经济损失六十万元以上，或者具有其他特别恶劣情节的。

《最高人民检察院关于渎职侵权犯罪案件立案标准的规定》

一、渎职犯罪案件

（二十一）非法批准征用、占用土地案（第四百一十条）

非法批准征用、占用土地罪是指国家机关工作人员徇私舞弊，违反土地管理法、森林法、草原法等法律以及有关行政法规中关于土地管理的规定，滥用职权，非法批准征用、占用耕地、林地等农用地以及其他土地，情节严重的行为。

涉嫌下列情形之一的，应予立案：

1. 非法批准征用、占用基本农田 10 亩以上的；

2. 非法批准征用、占用基本农田以外的耕地 30 亩以上的；

3. 非法批准征用、占用其他土地 50 亩以上的；

4. 虽未达到上述数量标准，但造成有关单位、个人直接经济损失 30 万元以上，或者造成耕地大量毁坏或者植被遭到严重破坏的；

5. 非法批准征用、占用土地，影响群众生产、生活，引起纠纷，造成恶劣影响或者其他严重后果的；

6. 非法批准征用、占用防护林地、特种用途林地分别或者合计 10 亩以上的；

7. 非法批准征用、占用其他林地 20 亩以上的；

8. 非法批准征用、占用林地造成直接经济损失 30 万元以上，或者造成防护林地、特种用途林地分别或者合计 5 亩以上或者其他林地 10 亩以上毁坏的；

9. 其他情节严重的情形。

65. 非法低价出让国有土地使用权罪

非法低价出让国有土地使用权罪是指国家机关工作人员徇私舞弊，违反《土地管理法》《森林法》《草原法》等法律以及有关行政法规中关于土地管理的规定，滥用职权，非法低价出让国有土地使用权，情节严重的行为。

非法低价出让国有土地使用权罪的主体是特殊主体，仅限于国家机关工作人员。

非法低价出让国有土地使用权罪在主观方面表现为故意，即行为人明知自己徇私舞弊、滥用职权，非法低价出让国有土地使用权的行为会造成国有资产流失的结果，并且希望或者放任这种结果的发生。同时，行为人在主观上具有徇私舞弊的动机。

非法低价出让国有土地使用权罪侵犯的客体是国家对于国有土地使用权的正常管理活动。

非法低价出让国有土地使用权罪在客观方面表现为国家机关工作人员徇私舞弊，滥用职权，违反《土地管理法》《森林法》《草原法》等法律以及有关行政法规中关于土地管理的规定，非法低价出让国有土地使用权，造成国有资产流失等严重后果。

根据《最高人民检察院关于渎职侵权犯罪案件立案标准的规定》，国家机关工作人员徇私舞弊，违反《土地管理法》《森林法》《草原法》等法律以及有关行政法规中关于土地管理的规定，滥用职权，非法低价出让国有土地使用权，涉嫌下列情形之一的，应予立案：

（1）非法低价出让国有土地 30 亩以上，并且出让价额低于国家规定的最低价额标准的百分之六十的；

（2）造成国有土地资产流失价额 30 万元以上的；

（3）非法低价出让国有土地使用权，影响群众生产、生活，引起纠纷，造成恶劣影响或者其他严重后果的；

（4）非法低价出让林地合计 30 亩以上，并且出让价额低于国家规定的最低价额标准的百分之六十的；

（5）造成国有资产流失 30 万元以上的；

（6）其他情节严重的情形。

案例：国家机关工作人员收受贿赂后，非法低价出让国有土地使用权的，是否应该择一重罪处罚？

王某是某局土地利用处处长，主要负责组织实施国有土地使用权出让、租赁、作价出资、转让、交易和政府土地收购工作。该市现因修建铁路需要对铁路沿线的某镇一处地块进行动迁安置，经讨论市政府决定由某房地产开发有限公司承建动迁户回迁安置楼建设项目。杨某是该项目的负责人，为了低价取得该国有土地使用权，杨某以过节送礼的名义先后共给予王某200万元人民币。不久之后，王某便利用自己职务上的便利，将该处国有土地的使用权以远低于该土地实际价值的价格出让给了杨某。在本案中，王某的行为构成非法低价出让国有土地使用权罪和受贿罪，应该择一重罪处罚吗？

律师解析

在本案中，王某作为国家机关工作人员，利用职务上的便利，非法收受他人财物，为他人谋取利益，构成受贿罪。同时，王某受贿后滥用职权，违反土地管理法规，非法低价出让国有土地使用权，其行为构成非法低价出让国有土地使用权罪。面对两个罪名的竞合，根据《最高人民法院、最高人民检察院关于办理渎职刑事案件适用法律若干问题的解释（一）》第三条的规定，国家机关工作人员实施渎职犯罪并收受贿赂，同时构成受贿罪的，除《刑法》另有规定外，以渎职犯罪和受贿罪数罪并罚。因此，根据上述规定，对王某应该以非法低价出让国有土地使用权罪和受贿罪数罪并罚，而不是择一重罪处罚。

诤言挚语

权力与职责相伴而生，是自由与约束的结合体。国家机关工作人员一方面享受人民赋予的权力，另一方面需要履行相应的责任，保证其权力行使的合法性。国家机关工作人员在履行公职的时候，必须要做到程序和实体都依法依规。当然，由于权力容易滋生腐败，为保证权力的正确行使，要把权力关进制度的笼子里，使国家机关系统在法治轨道上健康有效地运行。

相关法条

《中华人民共和国刑法》

第四百一十条　国家机关工作人员徇私舞弊，违反土地管理法规，滥用职权，非法批准征收、征用、占用土地，或者非法低价出让国有土地使用权，情节严重的，处三年以下有期徒刑或者拘役；致使国家或者集体利益遭受特别重大损失的，处三年以上七年以下有期徒刑。

《最高人民法院关于审理破坏林地资源刑事案件具体应用法律若干问题的解释》

第四条　国家机关工作人员徇私舞弊，违反土地管理法规，非法低价出让国有林地使用权，具有下列情形之一的，属于刑法第四百一十条规定的“情节严重”，应当以非法低价出让国有土地使用权罪判处三年以下有期徒刑或者拘役：

（一）林地数量合计达到三十亩以上，并且出让价额低于国家规定的最低价额标准的百分之六十；

（二）造成国有资产流失价额达到三十万元以上。

第五条　实施本解释第四条规定的行为，造成国有资产流失价额达到六十万元以上的，属于刑法第四百一十条规定的“致使国家和集体利益遭受特别重大损失”，应当以非法低价出让国有土地使用权罪判处三年以上七年以下有期徒刑。

第七条　多次实施本解释规定的行为依法应当追诉且未经处理的，应当按照累计的数量、数额处罚。

《最高人民法院关于审理破坏土地资源刑事案件具体应用法律若干问题的解释》

第六条　国家机关工作人员徇私舞弊，违反土地管理法规，非法低价出让国有土地使用权，具有下列情形之一的，属于“情节严重”，依照刑法第四百一十条的规定，以非法低价出让国有土地使用权罪定罪处罚：

（一）出让国有土地使用权面积在三十亩以上，并且出让价额低于国家规定的最低价额标准的百分之六十的；

（二）造成国有土地资产流失价额在三十万元以上的。

第七条　实施第六条规定的行为，具有下列情形之一的，属于非法低价出让国有土地使用权，“致使国家和集体利益遭受特别重大损失”：

（一）非法低价出让国有土地使用权面积在六十亩以上，并且出让价额低于国家规定的最低价额标准的百分之四十的；

（二）造成国有土地资产流失价额在五十万元以上的。

第九条　多次实施本解释规定的行为依法应当追诉的，或者一年内多次实施本解释规定的行为未经处理的，按照累计的数量、数额处罚。

《最高人民检察院关于渎职侵权犯罪案件立案标准的规定》

一、渎职犯罪案件

（二十二）非法低价出让国有土地使用权案（第四百一十条）

……

涉嫌下列情形之一的，应予立案：

1. 非法低价出让国有土地30亩以上，并且出让价额低于国家规定的最低价额标准的百分之六十的；

2. 造成国有土地资产流失价额30万元以上的；

3. 非法低价出让国有土地使用权，影响群众生产、生活，引起纠纷，造成恶劣影响或者其他严重后果的；

4. 非法低价出让林地合计30亩以上，并且出让价额低于国家规定的最低价额标准的百分之六十的；

5. 造成国有资产流失30万元以上的；

6. 其他情节严重的情形。

《国务院关于深化改革严格土地管理的决定》

（四）禁止非法压低地价招商。省、自治区、直辖市人民政府要依照基准地价制定并公布协议出让土地最低价标准。协议出让土地除必须严格执行规定程序外，出让价格不得低于最低价标准。违反规定出让土地造成国有土地资产流失的，要依法追究责任；情节严重的，依照《中华人民共和国刑法》的规定，以非法低价出让国有土地使用权罪追究刑事责任。

第八章

侵权型犯罪

66. 非法拘禁罪

非法拘禁罪是指以拘禁或者其他方法非法剥夺他人人身自由的行为。

非法拘禁罪的主体是一般主体，即达到刑事责任年龄，具备刑事责任能力的人。但国家机关工作人员利用职权实施非法拘禁行为构成犯罪的，要从重处罚。

非法拘禁罪在主观方面表现为故意，即行为人明知自己的行为会导致剥夺他人人身自由的结果，并且希望或者放任这种结果的发生。

非法拘禁罪侵犯的客体是他人的人身自由。

非法拘禁罪在客观方面表现为行为人采取关押、捆绑、禁闭等手段非法剥夺他人的人身自由。

根据《刑法》的规定，对犯非法拘禁罪的，处三年以下有期徒刑、拘役、管制或者剥夺政治权利。具有殴打、侮辱情节的，从重处罚。

犯此罪，致人重伤的，处三年以上十年以下有期徒刑；致人死亡的，处十年以上有期徒刑。使用暴力致人伤残、死亡的，依照《刑法》第二百三十四条（故意伤害罪）、第二百三十二条（故意杀人罪）的规定定罪处罚。

国家机关工作人员利用职权犯此罪的，从重处罚。

案例：国家机关工作人员实施非法拘禁行为致人死亡，构成故意杀人罪吗?

李某是某公安局执行大队的队长。在政府的某次征地拆迁中，张某一直未能和政府达成补偿协议，并且多次到政府门口闹事，扰乱社会秩序。一天，张某又到政府门前大声喧哗，被来政府办事的李某碰到。于是，李某决定对张某进行“教育”。某天他将张某拖拽到一间闲置房间里，并让张某自己在里面好好反思。然后，李某就把门锁上离开了。李某办完事后回到警局，忘记了张某被关这件事。结果，第二天张某在被关期间由于心脏病病发死亡了。在本案中，李某的行为是否构成故意杀人罪?

律师解析

在本案中，李某以“教育”张某为名，在没有履行合法手续的情况下将张某关起来，其行为已经完全符合非法拘禁罪的构成要件。而对于张某的死亡，李某则是完全没有预料到的。根据《刑法》第二百三十八条的规定，非法拘禁他人致人死亡的，属于非法拘禁罪的加重情节。这种情形指的是非法拘禁行为本身造成了他人死亡，行为人对他人死亡的结果不是出于故意的主观态度，而是由于疏忽大意或者过于自信的过失导致的。它与在非法拘禁过程中使用暴力致人死亡构成故意杀人罪的行为不同，其主观恶意要低很多，并且行为的暴力程度也要缓和许多。因此，李某的行为不构成故意杀人罪，其行为造成的致人死亡的结果，仅作为非法拘禁罪的加重情节进行处罚。此外，由于李某是国家机关工作人员，根据《刑法》第二百三十八条的规定，要对其从重处罚。

诤言挚语

人身自由权是宪法明确规定的公民的基本权利，同时也是享有政治自由的前提。法律保障公民的人身自由权，禁止非法拘禁和以其他方法剥夺或者限制公民的人身自由。然而，自由并不是绝对的，只有在法律允许的范围内行使才会得到保护。因此，国家机关工作人员作为公职人员，应该依法行使权力，维护社会公平正义，使权力与职责并行。

相关法条

《中华人民共和国刑法》

第二百三十八条 非法拘禁他人或者以其他方法非法剥夺他人人身自由的，处三年以下有期徒刑、拘役、管制或者剥夺政治权利。具有殴打、侮辱情节的，从重处罚。

犯前款罪，致人重伤的，处三年以上十年以下有期徒刑；致人死亡的，处十年以上有期徒刑。使用暴力致人伤残、死亡的，依照本法第二百三十四条、第二百三十二条的规定定罪处罚。

为索取债务非法扣押、拘禁他人的，依照前两款的规定处罚。

国家机关工作人员利用职权犯前三款罪的，依照前三款的规定从重处罚。

《最高人民检察院关于渎职侵权犯罪案件立案标准的规定》

二、国家机关工作人员利用职权实施的侵犯公民人身权利、民主权利犯罪案件

（一）国家机关工作人员利用职权实施的非法拘禁案（第二百三十八条）

……

国家机关工作人员利用职权非法拘禁，涉嫌下列情形之一的，应予立案：

1. 非法剥夺他人人身自由24小时以上的；

2. 非法剥夺他人人身自由，并使用械具或者捆绑等恶劣手段，或者实施殴打、侮辱、虐待行为的；

3. 非法拘禁，造成被拘禁人轻伤、重伤、死亡的；

4. 非法拘禁，情节严重，导致被拘禁人自杀、自残造成重伤、死亡，或者精神失常的；

5. 非法拘禁3人次以上的；

6. 司法工作人员对明知是没有违法犯罪事实的人而非法拘禁的；

7. 其他非法拘禁应予追究刑事责任的情形。

《人民检察院直接受理立案侦查的渎职侵权重特大案件标准（试行）》

三十四、国家机关工作人员利用职权实施的非法拘禁案

（一）重大案件

1. 致人重伤或者精神失常的；

2. 明知是人大代表而非法拘禁的，或者明知是无辜的人而非法拘禁的；

3. 非法拘禁持续时间超过一个月，或者一次非法拘禁十人以上的。

（二）特大案件

非法拘禁致人死亡的。

《部分罪案审查逮捕证据参考标准（试行）》

七、非法拘禁罪案审查逮捕证据参考标准

……

对提请批捕的非法拘禁案件，应当注意从以下几个方面审查证据：

（一）有证据证明发生了非法拘禁犯罪事实。

重点审查：

1. 犯罪现场照片、现场勘查笔录、犯罪工具实物或照片、伤情鉴定等证明发生拘禁他人或者以其他方法剥夺他人人身自由的行为的证据。

2. 证明非法拘禁犯罪事实发生的被害人陈述、证人证言、犯罪嫌疑人供述和解救被害人的相关证据等。

3. 证明拘禁他人或者以其他方法剥夺他人人身自由的行为系非法的证据。

（二）有证据证明非法拘禁犯罪事实系犯罪嫌疑人实施的。

重点审查：

1. 在犯罪嫌疑人实施拘禁地解救出被害人的证据；

2. 被害人的指认。

3. 犯罪嫌疑人的供认。

4. 证人证言。

5. 同案犯罪嫌疑人的供述。

6. 其他能够证明犯罪嫌疑人实施非法拘禁犯罪的证据。

（三）证明犯罪嫌疑人实施非法拘禁犯罪行为的证据已有查证属实的。

重点审查：

1. 其他证据能够印证的被害人的指认。

2. 其他证据能够印证的犯罪嫌疑人的供述。

3. 能够相互印证的证人证言。

4. 能够与其他证据相互印证的证人证言或同案犯供述。

5. 能够排除合理怀疑的被害人因非法拘禁在身体、精神方面受到损害的相关证明材料。

6. 其他查证属实的证明犯罪嫌疑人实施非法拘禁犯罪的证据。

67. 诬告陷害罪

诬告陷害罪是指捏造事实诬告陷害他人，意图使他人受刑事追究，情节严重的行为。其中，“捏造事实”是指捏造他人实施犯罪的事实，而不是一般事实。“诬告陷害”是指行为人向司法机关或者其他有关机关报告。“他人”是指任意第三人，但需要指向特定的对象。

诬告陷害罪的主体是一般主体，即达到刑事责任年龄，具备刑事责任能力的人。但国家机关工作人员实施诬告陷害行为构成犯罪的，要从重处罚。

诬告陷害罪在主观方面表现为故意，即行为人明知自己的诬告陷害行为会导致他人受到刑事追究，仍希望或者放任该危害结果的发生。

诬告陷害罪侵犯的客体是他人的人身权利和司法秩序。

诬告陷害罪在客观方面表现为行为人捏造了他人犯罪的事实，然后主动向有关机关进行告发或者采取的方法足以引起司法机关或有关单位的追究。同时，诬告陷害行为要指向特定的对象。如果行为人不是诬告陷害，只是错告或者检举失实，则不构成本罪。

根据《刑法》的规定，对犯诬告陷害罪的，处三年以下有期徒刑、拘役或者管制；造成严重后果的，处三年以上十年以下有期徒刑。国家机关工作人员犯此罪的，从重处罚。

案例：国家机关工作人员捏造事实，造成他人名誉受损，构成诬告陷害罪吗？

陈某是某国家机关宣传部门的工作人员，因之前生活上的摩擦与刘某产生矛盾。为了报复刘某，陈某利用自己工作上的便利，故意捏造刘某与某女子关系亲密的虚假信息，并以匿名的方式在某论坛发帖，导致刘某名誉遭受严重贬损。在本案中，陈某的行为构成诬告陷害罪吗？

律师解析

诬告陷害罪是指捏造他人犯罪的事实向司法机关或者有关机关告发，意图使他人受到刑事追究的行为。在本案中，虽然陈某也有捏造事实的行为，但其捏造的事实不是刘某的犯罪事实，而是使刘某名誉受损的事实。同时，陈某也未实施向司法机关或者有关机关告发刘某的行为。因此，陈某的行为构成的是诽谤罪，而不是诬告陷害罪。

诤言挚语

刑罚相对于其他法律责任而言，是最为严厉的惩罚。它可以限制我们的自由，甚至剥夺我们的生命。因此，刑法需要保持谦抑性，坚持罪刑法定的原则。然而，诬告陷害行为的目的在于使他人受到刑事追究，这不仅浪费了司法资源，同时也侵犯了他人的人身权利，并且也不符合刑法的任务。但是，我们也要把诬告陷害行为与错告、检举失实的行为区别开来，以保证公民能依法行使自己的监督权利。

相关法条

《中华人民共和国刑法》

第二百四十三条　捏造事实诬告陷害他人，意图使他人受刑事追究，情节严重的，处三年以下有期徒刑、拘役或者管制；造成严重后果的，处三年以上十年以下有期徒刑。

国家机关工作人员犯前款罪的，从重处罚。

不是有意诬陷，而是错告，或者检举失实的，不适用前两款的规定。

《人民检察院刑事诉讼规则》

第一百七十四条　错告对被控告人、被举报人造成不良影响的，人民检察院应当自作出不立案决定之日起一个月以内向其所在单位或者有关部门通报调查核实的结论，澄清事实。

属于诬告陷害的，应当移送有关机关处理。

《最高人民法院关于健全完善人民法院审判委员会工作机制的意见》

30. 审判委员会委员因依法履职遭受诬告陷害或者侮辱诽谤的，人民法院应当会同有关部门及时采取有效措施，澄清事实真相，消除不良影响，并依法追究相关单位或者个人的责任。

《最高人民法院、最高人民检察院、公安部、国家安全部、司法部关于对司法工作人员在诉讼活动中的渎职行为加强法律监督的若干规定（试行）》

第十条　人民检察院对司法工作人员在诉讼活动中的涉嫌渎职行为调查完毕后，应当制作调查报告，根据已经查明的情况提出处理意见，报检察长决定后作出处理。

……

（五）对于举报人、控告人捏造事实诬告陷害，意图使司法工作人员受刑事追究，情节严重的，依法追究刑事责任。调查人员与举报人、控告人恶意串通，诬告陷害司法工作人员的，一并追究相关法律责任。

对于司法工作人员涉嫌渎职犯罪需要立案侦查的，对渎职犯罪的侦查和对诉讼活动的其他法律监督工作应当分别由不同的部门和人员办理。

68. 非法搜查罪

非法搜查罪是指非法搜查他人身体、住宅的行为。

非法搜查罪的主体是一般主体，即达到刑事责任年龄，具备刑事责任能力的人。但司法工作人员滥用职权实施非法搜查行为构成犯罪的，要从重处罚。

非法搜查罪在主观方面表现为故意，即行为人明知自己的搜查行为违反法律的规定，但仍然实施。

非法搜查罪侵犯的客体是他人的人身权利和民主权利。

非法搜查罪在客观方面表现为行为人违反法律规定，对他人的人身或者住宅进行搜查。

根据《刑法》的规定，对犯非法搜查罪的，处三年以下有期徒刑或者拘役。司法工作人员滥用职权，犯此罪的，从重处罚。

案例：司法工作人员非法搜查，毁坏他人财物，应该数罪并罚吗？

刘某的儿子骑自行车与他人发生交通事故，双方协商后达成和解。几天后派出所所长张某带人闯入其家中，说要找刘某的儿子处理撞车的事情。此后，张某多次到刘某家中进行搜查。某日，张某又带人闯入刘某家中，并让联防队员到房间进行搜查。刘某要求其出示搜查手续，张某出示了一张空白的搜查证，在张某签字时，刘某将其搜查证抢了过去。张某一气之下将刘某收藏的陶瓷砸在地上，后经鉴定，该陶瓷价值50万元。在本案中，对张某是否应该以非法搜查罪和故意毁坏财物罪数罪并罚？

律师解析

张某作为司法工作人员，滥用职权，违反法律的规定，擅自对他人的住宅进行搜查，其行为已经构成非法搜查罪，并且要从重处罚。同时，在非法搜查期间，张某故意将刘某价值50万元的陶瓷砸碎，给刘某造成巨大的损失，其行为已经构成故意毁坏财物罪。张某实施了两个独立的犯罪，侵害了两个不同的法益。因此，应该对其以非法搜查罪和故意毁坏财物罪数罪并罚。

诤言挚语

人身自由和住宅安宁是宪法规定的每个公民享有的基本权利，法律禁止非法搜查公民的身体和非法搜查或者侵入公民的住宅。国家保障公民的基本权利，我们也应该遵守相应的义务，对于司法工作人员的合法行为要积极地予以配合。同时，司法工作人员不得滥用职权，侵犯公民权利，破坏司法秩序。

相关法条

《中华人民共和国刑法》

第二百四十五条　非法搜查他人身体、住宅，或者非法侵入他人住宅的，处三年以下有期徒刑或者拘役。

司法工作人员滥用职权，犯前款罪的，从重处罚。

《最高人民检察院关于渎职侵权犯罪案件立案标准的规定》

二、国家机关工作人员利用职权实施的侵犯公民人身权利、民主权利犯罪案件

（二）国家机关工作人员利用职权实施的非法搜查案（第二百四十五条）

……

国家机关工作人员利用职权非法搜查，涉嫌下列情形之一的，应予立案：

1. 非法搜查他人身体、住宅，并实施殴打、侮辱等行为的；

2. 非法搜查，情节严重，导致被搜查人或者其近亲属自杀、自残造成重伤、死亡，或者精神失常的；

3. 非法搜查，造成财物严重损坏的；

4. 非法搜查3人（户）次以上的；

5. 司法工作人员对明知是与涉嫌犯罪无关的人身、住宅非法搜查的；

6. 其他非法搜查应予追究刑事责任的情形。

《人民检察院直接受理立案侦查的渎职侵权重特大案件标准（试行）》

三十五、国家机关工作人员利用职权实施的非法搜查案

（一）重大案件

1. 五次以上或者一次对五人（户）以上非法搜查的；

2. 引起被搜查人精神失常的。

（二）特大案件

1. 七次以上或者一次对七人（户）以上非法搜查的；

2. 引起被搜查人自杀的。

69. 刑讯逼供罪、暴力取证罪

（一）刑讯逼供罪

刑讯逼供罪是指司法工作人员对犯罪嫌疑人、被告人使用肉刑或者变相肉刑，逼取口供的行为。

刑讯逼供罪的主体是司法工作人员。司法工作人员是指有侦查、检察、审判、监管职责的工作人员，包含受委托履行职责以及合同制的工作人员，如合同制的警察等。非司法工作人员，如其他国家机关工作人员，一般不能构成此罪，如果非司法工作人员单独实施类似行为可能构成非法拘禁罪和故

意伤害罪。

刑讯逼供罪在主观方面表现为故意，即行为人明知自己的行为已经构成了刑讯逼供仍然追求该目的。

刑讯逼供罪侵犯的是复杂客体，即公民的人身权利和国家司法机关的正常活动。该罪的行为对象只能是犯罪嫌疑人和被告人。

刑讯逼供罪在客观方面表现为为了获取口供，对犯罪嫌疑人、被告人使用肉刑或者变相肉刑的行为。其中，变相肉刑是指虽然没有实施直接的身体伤害，但其行为效果与直接实施肉刑对身体造成的伤害无异。如采用强光照射、连续审问的方式使犯罪嫌疑人无法休息、精神恍惚、崩溃等。如果仅仅是威胁、恐吓犯罪嫌疑人、被告人将对其使用肉刑，而实际上并未实施肉刑，不是本罪的刑讯逼供行为。

需要注意的是，根据《刑法》的规定，在刑讯逼供过程中，致人伤残、死亡的，应当依照故意伤害罪、故意杀人罪从重处罚。也就是说，致人伤残、死亡的行为必须是过失行为，即主观上存在过失。倘若刑讯逼供过程中，行为人在主观上有致人伤残、死亡的故意，则直接认定为故意伤害罪、故意杀人罪，应当与刑讯逼供罪数罪并罚。

（二）暴力取证罪

暴力取证罪是指司法工作人员以暴力逼取证人证言的行为。

暴力取证罪的主体同刑讯逼供罪一样，是司法工作人员，非司法工作人员一般情况下不能单独构成此罪。

暴力取证罪的主观方面表现为故意，即行为人明知自己的行为已经属于暴力取证，仍然继续追求获得证据的目的。

暴力取证罪侵犯的客体是公民的人身权利和国家司法机关的正常活动。本罪的犯罪对象为证人。此处证人采取广义的定义，既包括狭义的证人，也包括受害人、鉴定人等。证人既包括有作证资格的证人，也包括不知晓案件情况、不具有作证资格的人。

暴力取证罪在客观方面表现为行为人采用暴力，如吊打、鞭抽、电击、火烧等肉刑或其他变相肉刑逼取证人证言的行为。原则上，使用胁迫、欺骗、测谎仪器进行取证不属于暴力取证行为。

如果在暴力取证过程中，致人伤残、死亡的，应当依照故意伤害罪、故意杀人罪从重处罚。

根据《刑法》的规定，对犯刑讯逼供罪或暴力取证罪的，处三年以下有期徒刑或者拘役。致人伤残、死亡的，依照故意伤害罪、故意杀人罪从重处罚。

案例：非司法工作人员与司法工作人员进行“刑讯逼供”的，各自应当构成什么罪?

张某因涉嫌故意杀人罪被警方逮捕，李某与王某两位民警负责此次张某的审讯工作。两人脾气比较暴躁，办案手法也比较粗暴、极端。在对张某进行审讯的过程中，张某对指控其故意杀人的罪名进行否认，积极交代自己的活动行踪证明清白。在连续几天的讯问过程中，李某和王某发现张某的口供有很多矛盾之处，每次交代的关键细节都有出入，认为张某为了隐瞒真相而故意编造口供。李某与王某对张某的审讯工作失去了耐心，于是唆使在派出所打扫卫生的清洁工孙某对张某进行殴打。张某因受不了殴打，重新交代了犯罪事实。民警通过口供找到了犯罪的关键证据，并将张某移交检察院提起公诉。在本案中，李某、王某作为司法工作人员，是否构成刑讯逼供罪？非司法工作人员孙某是否构成刑讯逼供罪呢?

律师解析

在本案中，李某和王某作为警察，属于司法工作人员，清洁工孙某属于非司法工作人员。在对三者的犯罪行为进行认定时，不能单纯地从身份角度将三者的犯罪行为完全割裂开来。在刑法理论中，三者属于共犯关系，一般人与司法工作人员共同刑讯逼供的，应当以刑讯逼供罪的共犯论处。孙某虽然不具有司法工作人员的身份，但是因其与具有司法工作人员身份的李某和王某共同实施了刑讯逼供行为，所以孙某的行为也构成了刑讯逼供罪。综上，李某、王某、孙某三人都构成了刑讯逼供罪。

诤言挚语

公民的基本人身权利受到我国法律的严格保护。刑讯逼供、暴力取证行为严重侵犯了公民的人身权利，违背了宪法保障人权的基本精神。而按照刑讯逼供、暴力取证获得的口供与证据定案，往往可能会造成冤假错案，严重破坏我国的司法公信力。刑讯逼供、暴力取证是刑事司法的忌讳，疑罪从无应当被奉为圭臬。即使多年后冤假错案得到纠正，但迟来的正义非正义，现代法治进步的趋势应当是打击犯罪与保障人权并重，不可顾此失彼。

相关法条

《中华人民共和国刑法》

第二百四十七条　司法工作人员对犯罪嫌疑人、被告人实行刑讯逼供或者使用暴力逼取证人证言的，处三年以下有期徒刑或者拘役。致人伤残、死亡的，依照本法第二百三十四条、第二百三十二条的规定定罪从重处罚。

《最高人民检察院关于渎职侵权犯罪案件立案标准的规定》

二、国家机关工作人员利用职权实施的侵犯公民人身权利、民主权利犯罪案件

（三）刑讯逼供案（第二百四十七条）

……

涉嫌下列情形之一的，应予立案：

1. 以殴打、捆绑、违法使用械具等恶劣手段逼取口供的；

2. 以较长时间冻、饿、晒、烤等手段逼取口供，严重损害犯罪嫌疑人、被告人身体健康的；

3. 刑讯逼供造成犯罪嫌疑人、被告人轻伤、重伤、死亡的；

4. 刑讯逼供，情节严重，导致犯罪嫌疑人、被告人自杀、自残造成重伤、死亡，或者精神失常的；

5. 刑讯逼供，造成错案的；

6. 刑讯逼供3人次以上的；

7. 纵容、授意、指使、强迫他人刑讯逼供，具有上述情形之一的；

8. 其他刑讯逼供应予追究刑事责任的情形。

（四）暴力取证案（第二百四十七条）

……

涉嫌下列情形之一的，应予立案：

1. 以殴打、捆绑、违法使用械具等恶劣手段逼取证人证言的；

2. 暴力取证造成证人轻伤、重伤、死亡的；

3. 暴力取证，情节严重，导致证人自杀、自残造成重伤、死亡，或者精神失常的；

4. 暴力取证，造成错案的；

5. 暴力取证3人次以上的；

6. 纵容、授意、指使、强迫他人暴力取证，具有上述情形之一的；

7. 其他暴力取证应予追究刑事责任的情形。

《中华人民共和国国家赔偿法》

第十七条　行使侦查、检察、审判职权的机关以及看守所、监狱管理机关及其工作人员在行使职权时有下列侵犯人身权情形之一的，受害人有取得赔偿的权利：

……

（四）刑讯逼供或者以殴打、虐待等行为或者唆使、放纵他人以殴打、虐待等行为造成公民身体伤害或者死亡的；

……

70. 虐待被监管人罪

虐待被监管人罪是指监狱、拘留所、看守所、拘役所、劳教所等监管机构的监管人员对被监管人进行殴打或者体罚虐待，情节严重的行为。

虐待被监管人罪的主体是特殊主体，一般只能是监狱、拘留所、看守所、拘役所、劳教所等监管机构内的监管人员，这类主体依据职权履行监管职责，依法对被监管人进行管束，具备实施虐待被监管人的条件和可能；在共同犯罪理论场合，非监管人员与监管人员共同实施虐待行为的，也可以构成此罪的犯罪主体。

虐待被监管人罪在主观方面表现为故意，即行为人明知自己的虐待行为违反监管法规，仍然继续实施殴打、体罚虐待行为。如果在虐待被监管人过程中，致人伤残、死亡的，则应当依照故意伤害罪、故意杀人罪从重处罚。如果在殴打、体罚虐待被监管人的过程中，行为人主观上有致人伤残、死亡的故意，则直接认定为故意伤害罪、故意杀人罪，应当与虐待被监管人罪数罪并罚。

虐待被监管人罪侵犯的客体是国家监管机构正常的管理活动，以及被监管人的人身权利。被监管人，即依法被限制人身自由的人，包括经过法院判决的和在押未宣判的犯罪嫌疑人与被告人，也包括因其他原因而被限制人身自由的人，如因违反《治安管理处罚法》而被行政拘留的人。尽管被监管人的人身自由依照相关规定被依法剥夺，由监管机关、监管人员对其进行关押、看管，但是，监管机构只能限制其人身自由，而不得采取殴打、体罚等方式侵犯其人身权利。

虐待被监管人罪在客观方面表现为负有监管职责的监管人员违反监管法规，采取殴打、体罚等方式侵害被监管人的人身权利，其行为方式主要有以下两种：

（1）以直接方式侵害被监管人的人身权利。如多次实施殴打行为，情节严重，造成被监管人人身伤害；如体罚、虐待、强迫被监管人劳动、罚跑、罚站等，对被监管人身心健康造成严重损害。倘若情节轻微，则不以犯罪论处，由监管机构视其情节，根据相关规定给予行政处分、警告记过、批评教育等。

（2）以间接方式侵害被监管人的人身权利。即监管人员指使、教唆、暗示、威逼利诱、放任其他被监管人对被监管人实施殴打、体罚等虐待行为。监管人员对被监管人员的人身负有安全保障义务，当其他被监管人实施此行为时，应当及时制止。如果其放任其他被监管人实施虐待行为，这与监管人亲自实施，仅仅是行为方式上的差异，但是其侵害的法益与造成的后果是一样的，所以仍然应当认定为虐待被监管人罪。在量刑时，根据其各自的地位与所起的作用进行认定。

根据《刑法》的规定，对犯虐待被监管人罪的，处三年以下有期徒刑或者拘役；情节特别严重的，处三年以上十年以下有期徒刑。致人伤残、死亡的，依照《刑法》第二百三十四条（故意伤害罪）、第二百三十二条（故意杀人罪）的规定定罪从重处罚。

监管人员指使被监管人殴打或者体罚虐待其他被监管人的，依照前述的规定定罪处罚。

案例：监狱监管人员与其他被监管人殴打、虐待被监管人，情节严重的，各自构成什么罪？

梁某是一名监狱狱警。某日，梁某在值班巡视监控过程中发现一个监室出现异常情况，于是连忙跑到该监室询问同监室人员孙某相关情况。孙某告诉梁某是同监室的张某和蔡某因发生口角而打架斗殴。梁某到该监室内教育张某和蔡某，但二人情绪都非常激动，梁某觉得二人都无视自己，便将他们带到处于监控死角的厕所里，对两人拳打脚踢。打完后，梁某觉得两人仍然不服气，于是指使孙某用胶鞋再次对两人进行殴打，打完后将两人带回监室。此后，梁某经常逼迫孙某殴打张某、蔡某。张某、蔡某遭受不了长期殴打，便向监狱驻监检察机关告发梁某、孙某。监管人员梁某与被监管人员孙某各自构成什么罪？

律师解析

本案中，梁某是监狱的监管人员，对被监管人负有看管和保护的职责。但是，梁某却违反监管法规，违背自身肩负的双重职责，其不仅直接殴打被监管人员张某和蔡某，并且多次威逼利诱被监管人员孙某对张某和梁某实施殴打行为，严重侵犯了被监管人的人身权利，也违反了监管法规，破坏了监管机关正常的监管秩序。对于梁某的行为，应当以虐待被监管人罪论处。

而对于被监管人员孙某，因其不具有监管人员的身份，原则上不能成为虐待被监管人罪的行为主体，但是根据共犯理论，孙某与具有监管人员身份的梁某共同实施了犯罪行为，其应当被认定为虐待被监管人罪的共犯，因此，孙某的行为也构成虐待被监管人罪。在量刑上，考虑到孙某是受梁某胁迫而实施的虐待行为，属于从犯的地位，应当对其适用从轻、减轻或者免除处罚的规定。

诤言挚语

虐待被监管人罪是监管人员违反监管法规，利用其职权优势，对被监管人实施的侵犯其人身权利的犯罪行为，该行为严重破坏了监管机关正常的监管秩序，属于渎职侵权案件，由检察机关立案侦查。一般情况下，检察机关为了规范监管机关的监管活动，会在监狱等监管机构设立驻监检察机关，受理控告、申诉、检举等工作。如果被监管人遭受了虐待、殴打等行为，可以向驻监检察官进行控告。

相关法条

《中华人民共和国刑法》

第二百四十八条 监狱、拘留所、看守所等监管机构的监管人员对被监管人进行殴打或者体罚虐待，情节严重的，处三年以下有期徒刑或者拘役；情节特别严重的，处三年以上十年以下有期徒刑。致人伤残、死亡的，依照本法第二百三十四条、第二百三十二条的规定定罪从重处罚。

监管人员指使被监管人殴打或者体罚虐待其他被监管人的，依照前款的规定处罚。

《最高人民检察院关于渎职侵权犯罪案件立案标准的规定》

二、国家机关工作人员利用职权实施的侵犯公民人身权利、民主权利犯罪案件

（五）虐待被监管人案（第二百四十八条）

……

涉嫌下列情形之一的，应予立案：

1. 以殴打、捆绑、违法使用械具等恶劣手段虐待被监管人的；

2. 以较长时间冻、饿、晒、烤等手段虐待被监管人，严重损害其身体健康的；

3. 虐待造成被监管人轻伤、重伤、死亡的；

4. 虐待被监管人，情节严重，导致被监管人自杀、自残造成重伤、死亡，或者精神失常的；

5. 殴打或者体罚虐待3人次以上的；

6. 指使被监管人殴打、体罚虐待其他被监管人，具有上述情形之一的；

7. 其他情节严重的情形。

71. 私自开拆、隐匿、毁弃邮件、电报罪

私自开拆、隐匿、毁弃邮件、电报罪是指邮政工作人员私自开拆、隐匿、毁弃邮件、电报的行为。其中“私自”是指邮政工作人员未经法定程序擅自处理他人的信件，侵犯他人的通信自由和通信秘密。“开拆”是指未经收件人或寄件人的同意打开他人的邮件、电报。“隐匿”是指将他人的邮件、电报拦截，隐藏起来。“毁弃”是指对他人的邮件、电报采取破坏措施，使得他人无法收到邮件、电报。

私自开拆、隐匿、毁弃邮件、电报罪的主体是特殊主体，即邮政工作人员。

私自开拆、隐匿、毁弃邮件、电报罪在主观方面表现为故意，即行为人明知是他人的信件，且自己没有经过合法程序，而擅自开拆、隐匿、毁弃他人的邮件、电报。

私自开拆、隐匿、毁弃邮件、电报罪侵犯的客体是国家邮电部门的正常活动秩序以及他人的通信自由和通信秘密。

私自开拆、隐匿、毁弃邮件、电报罪在客观方面表现为邮政工作人员未经同意，未履行合法手续，私自开拆、隐匿、毁弃邮件、电报。私自开拆、隐匿、毁弃邮件、电报罪属于选择罪名，该罪的行为方式有三种，即开拆、隐

匿、毁弃。行为人只要实施其中一种行为即可构成犯罪，实施两种或者两种以上的，也不数罪并罚。

根据《刑法》的规定，对犯私自开拆、隐匿、毁弃邮件、电报罪的，处二年以下有期徒刑或者拘役。犯此罪而窃取财物的，依照《刑法》第二百六十四条（盗窃罪）的规定定罪从重处罚。

案例：邮局工作人员私自开拆邮件窃取财物，其行为构成私自开拆邮件罪吗?

李某是某邮政局的工作人员，平时负责邮件的分拣工作。一天，李某在分拣台分拣邮件时，由于邮件的盒子有点破损，发现盒子里装有价值不菲的珍稀药材。于是，李某就私自打开该邮件，并将里面的药材拿走了一部分。然后，李某又重新将邮件包好。在本案中，李某的行为构成私自开拆邮件罪吗?

律师解析

私自开拆邮件罪是指邮政工作人员未经同意，私自打开他人的邮件，侵犯他人通信自由和通信秘密的行为。李某是邮政工作人员，且实施了私自开拆邮件的行为，但是，李某开拆邮件的目的是窃取财物，其主观上具有非法占有的目的。因此，李某的行为构成盗窃罪。根据《刑法》第二百五十三条的规定，邮政工作人员私自开拆邮件而窃取财物的，应当以盗窃罪从重处罚。因此，李某私自开拆邮件的行为是其犯盗窃罪的加重处罚情节。

诤言挚语

通信自由和通信秘密是宪法赋予每个公民的基本权利，受到国家法律的保护。除因国家安全或者追查刑事犯罪的需要，并由公安机关或者检察机关依照法律规定的程序对通信进行检查外，任何组织或者个人不得以任何理由侵犯公民的通信自由和通信秘密。私自开拆、隐匿、毁弃邮件、电报的行为侵犯了公民的通信自由和通信秘密权，且扰乱了国家邮政活动的正常开展。因此，对于上述行为造成的恶劣影响、严重后果，要追究相关人员刑事责任，以此来规范邮政工作人员的行为。

相关法条

《中华人民共和国刑法》

第二百五十三条 邮政工作人员私自开拆或者隐匿、毁弃邮件、电报的，处二年以下有期徒刑或者拘役。

犯前款罪而窃取财物的，依照本法第二百六十四条的规定定罪从重处罚。

第二百六十四条 盗窃公私财物，数额较大的，或者多次盗窃、入户盗窃、携带凶器盗窃、扒窃的，处三年以下有期徒刑、拘役或者管制，并处或者单处罚金；数额巨大或者有其他严重情节的，处三年以上十年以下有期徒刑，并处罚金；数额特别巨大或者有其他特别严重情节的，处十年以上有期徒刑或者无期徒刑，并处罚金或者没收财产。

《中华人民共和国邮政法》

第三条 公民的通信自由和通信秘密受法律保护。除因国家安全或者追查刑事犯罪的需要，由公安机关、国家安全机关或者检察机关依照法律规定的程序对通信进行检查外，任何组织或者个人不得以任何理由侵犯公民的通信自由和通信秘密。

除法律另有规定外，任何组织或者个人不得检查、扣留邮件、汇款。

第七十一条 冒领、私自开拆、隐匿、毁弃或者非法检查他人邮件、快件，尚不构成犯罪的，依法给予治安管理处罚。

《中华人民共和国邮政法实施细则》

第五十八条 邮政工作人员隐匿、毁弃、私拆、盗窃邮件，贪污、冒领用户款项的，邮政企业应当追回赃款赃物，可以并处罚款，还可以根据情节轻重，给予行政处分。具体办法由邮电部规定。

72. 报复陷害罪

报复陷害罪是指国家机关工作人员滥用职权、假公济私，对控告人、申诉人、批评人、举报人实行报复陷害的行为。

其中，“滥用职权”是指国家机关工作人员超越职权，擅自处理自己无权管辖的事情，或者利用职权违法处理自己职责范围内的事项。“假公济私”是指利用自己作为公务人员的身份地位实现自己的私人目的。“控告人”是指对自己权益受到侵害而向有关单位进行控告的人。“申诉人”是指对现有的处理结果不服，而向上级机关或者同级机关申诉的人。“批评人”是指对国家机关、国家工作人员某些行为提出建议、批评的人。“举报人”是指对国家机关或者国家工作人员的违法犯罪行为向有关单位进行举报的人。

报复陷害罪的主体是特殊主体，即国家机关工作人员。

报复陷害罪在主观方面表现为故意，即国家机关工作人员明知自己滥用职权、假公济私进行报复陷害的行为，会侵害控告人、申诉人、批评人、举报人的民主监督权利，仍然实施报复陷害的行为。

报复陷害罪侵犯的客体是公民的民主监督权利和国家机关的正常活动。

报复陷害罪在客观方面表现为国家机关工作人员滥用职权、假公济私，对控告人、申诉人、批评人、举报人实行报复陷害的行为。该罪有特定的犯罪对象，即控告人、申诉人、批评人、举报人。报复陷害的具体方式包括利用职权克扣奖金、津贴，违反程序降职降级等。

根据《刑法》的规定，对犯报复陷害罪的，处二年以下有期徒刑或者拘役；情节严重的，处二年以上七年以下有期徒刑。

案例：国家机关工作人员打击报复证人，构成报复陷害罪吗？

某政府扩建办公大楼，与某建筑公司签订了建筑工程承包合同。在合同履行期间，因为建筑工程质量问题引起纠纷，双方诉诸法院。经审理，政府败诉。负责该项目的政府工作人员姜某，由于没有严格履行自己的职责受到了上级的处罚，因此怀恨在心，遂对案件的证人张某实行打击报复。在张某依照合法程序请求政府出具证明时，姜某利用职权不仅拒绝受理，而且将其材料故意损毁，导致张某遭受很大的损失。在本案中，姜某的行为构成报复陷害罪吗？

律师解析

报复陷害罪是指国家机关工作人员滥用职权、假公济私，对控告人、申诉人、批评人、举报人实行报复陷害的行为。该罪的犯罪主体是特殊主体，即国家机关工作人员，并且该罪的犯罪对象也是特定的，包括控告人、申诉人、批评人、举报人。姜某属于国家机关工作人员，并且利用了职权上的便利。但是，张某属于证人。因此，姜某的行为不构成报复陷害罪，其行为符合打击报复证人罪的构成要件。综上，姜某的行为构成打击报复证人罪。

诤言挚语

对于国家机关和国家工作人员，每个公民都有提出批评建议的权利；对于国家机关和国家工作人员的违法失职行为，每个公民都有向有关单位提出申诉、控告或者检举的权利。上述的批评权、申诉权、控告权、举报权是公民的基本权利，是公民对国家机关和国家工作人员监督的方式。国家保障公民的民主权利，任何人不得对公民行使监督权利的行为进行压制和打击报复。

相关法条

《中华人民共和国刑法》

第二百五十四条 国家机关工作人员滥用职权、假公济私，对控告人、申诉人、批评人、举报人实行报复陷害的，处二年以下有期徒刑或者拘役；情节严重的，处二年以上七年以下有期徒刑。

《最高人民检察院关于渎职侵权犯罪案件立案标准的规定》

二、国家机关工作人员利用职权实施的侵犯公民人身权利、民主权利犯罪案件

（六）报复陷害案（第二百五十四条）

……

涉嫌下列情形之一的，应予立案：

1. 报复陷害，情节严重，导致控告人、申诉人、批评人、举报人或者其近亲属自杀、自残造成重伤、死亡，或者精神失常的；

2. 致使控告人、申诉人、批评人、举报人或者其近亲属的其他合法权利受到严重损害的；

3. 其他报复陷害应予追究刑事责任的情形。

73. 破坏选举罪

破坏选举罪是指在选举各级人民代表大会代表和国家机关领导人员时，以暴力、威胁、欺骗、贿赂、伪造选举文件、虚报选举票数或者编造选举结果等手段破坏选举或者妨害选民和代表自由行使选举权和被选举权，情节严

重的行为。

其中，破坏的选举活动必须是选举各级人民代表大会代表和国家机关领导人员的活动。“选举各级人民代表大会代表和国家机关领导人员”，是指依照《全国人民代表大会和地方各级人民代表大会选举法》《全国人民代表大会常务委员会关于县级以下人民代表大会代表直接选举的若干规定》《全国人民代表大会组织法》《地方各级人民代表大会和地方各级人民政府组织法》等有关法律选举各级人民代表大会代表和国家机关领导人员的活动，包括选民登记、提出候选人、投票选举、补选、罢免等整个选举活动。

破坏选举罪的主体是一般主体，即达到刑事责任年龄，具备刑事责任能力的人。

破坏选举罪在主观方面表现为故意，即行为人明知自己破坏选举的行为会影响他人行使选举权和被选举权以及扰乱选举秩序，并且仍然希望、追求这种结果的发生。

破坏选举罪侵犯的客体是公民的选举权和被选举权以及国家的选举秩序。

破坏选举罪在客观方面表现为：

（1）行为人在选举中实施了暴力、威胁、欺骗、贿赂、伪造选举文件、虚报选举票数等手段。其中，“暴力”包括两种方式：第一种是对选民、各级人民代表大会代表等人员实施人身打击或者强制，例如绑架、拘禁；第二种是以暴力扰乱选举秩序，使得选举工作无法顺利进行。“威胁”也包括两种方式：第一种是以要对身体实施暴力进行威胁，使之害怕、感到恐惧，例如杀害、伤害等手段；第二种是以要实施毁坏财物、破坏名誉等行为进行威胁，从而达到精神控制，使选民、各级人民代表大会代表等人员不能自由行使选举权和被选举权，或者不能在选举活动中正常履行其组织和管理的职能。“欺骗”是指虚构事实并公开传播，破坏选举秩序，误导选民、人民代表作出与其真实意愿不相符的选择。同时，“欺骗”必须是编造严重不符合事实的情况，或者捏造对选举有重大影响的虚假事实等情况。在选举活动中，对候选人进行介绍或者候选人在介绍自己时，对一些不是很重要的事实有所夸大或者隐瞒，但并没有影响选举活动的正常进行，不能认定为以欺骗手段破坏选举。“贿赂”是指用金钱或者其他物质利益收买选民、各级人民代表大会代表等人员，使他们违反自己的真实意愿参加选举活动。“伪造选举文件”是指伪造选民证、选票等选举文件。“虚报选举票数”是指主持选举工作的人员对于统计出来的票数情况进行虚假报告的行为，包括多报和少报。

（2）行为人破坏选举的行为足以造成破坏选举或者妨害选民和代表自由行使选举权和被选举权的后果。“破坏选举”是指破坏选举工作的正常进行。“妨害选民行使选举权和被选举权”是指使用不正当的方法阻止选民参加登记或者投票，或者威胁、诱骗选民违背自己的意志进行投票，以及使选民放弃自己的被选举权等。

（3）破坏选举行为必须是情节严重的，才构成犯罪。“情节严重”主要是指破坏选举手段恶劣、后果严重，或者造成恶劣影响等。

根据《刑法》的规定，实施破坏选举的行为，情节严重的，处三年以下有期徒刑、拘役或者剥夺政治权利。

案例：国家机关工作人员利用职权破坏评奖大会，构成破坏选举罪吗？

某村为响应国家保护环境的号召，特地开展了“讲文明，树新风”的活动。为了鼓励村民积极参加该活动，村集体决定通过召开村民大会的方式，投票评选出“最佳村民奖”，并以1000元现金作为奖励。同时，镇政府派来工作人员李某监督此次活动的进行，以保证评选的公平。在评选的过程中，有三位候选人，其中候选人张某是李某的亲戚。李某利用职权，暗箱操作，使得张某最终获得“最佳村民奖”。在本案中，李某的行为构成破坏选举罪吗？

律师解析

破坏选举罪是指在选举各级人民代表大会代表和国家机关领导人员时，以暴力、威胁、欺骗、贿赂、伪造选举文件、虚报选举票数等手段破坏选举或者妨害选民和代表自由行使选举权和被选举权，情节严重的行为。其中，破坏的活动必须是选举各级人民代表大会代表和国家机关领导人员的活动。在本案中，李某破坏的仅是村民自发组织的评奖活动，不符合破坏选举罪的构成要件。因此，李某的行为不构成破坏选举罪。

诤言挚语

选举权和被选举权是宪法赋予公民的基本权利，是公民行使政治自由、参与政治生活的方式。国家维护选举秩序，打击破坏选举的行为。人民代表和国家机关工作人员是民意的象征，是民主的体现，因此，选举工作力求做到公开、透明、诚信。同时，对于选举过程中出现的暴力、威胁、贿赂等行为，要严格禁止，以此保障选举的顺利进行。

相关法条

《中华人民共和国刑法》

第二百五十六条　在选举各级人民代表大会代表和国家机关领导人员时，以暴力、威胁、欺骗、贿赂、伪造选举文件、虚报选举票数等手段破坏选举或者妨害选民和代表自由行使选举权和被选举权，情节严重的，处三年以下有期徒刑、拘役或者剥夺政治权利。

《最高人民检察院关于渎职侵权犯罪案件立案标准的规定》

二、国家机关工作人员利用职权实施的侵犯公民人身权利、民主权利犯

罪案件

（七）国家机关工作人员利用职权实施的破坏选举案（第二百五十六条）

……

国家机关工作人员利用职权破坏选举，涉嫌下列情形之一的，应予立案：

1. 以暴力、威胁、欺骗、贿赂等手段，妨害选民、各级人民代表大会代表自由行使选举权和被选举权，致使选举无法正常进行，或者选举无效，或者选举结果不真实的；

2. 以暴力破坏选举场所或者选举设备，致使选举无法正常进行的；

3. 伪造选民证、选票等选举文件，虚报选举票数，产生不真实的选举结果或者强行宣布合法选举无效、非法选举有效的；

4. 聚众冲击选举场所或者故意扰乱选举场所秩序，使选举工作无法进行的；

5. 其他情节严重的情形。

《人民检察院直接受理立案侦查的渎职侵权重特大案件标准（试行）》

四十、国家机关工作人员利用职权实施的破坏选举案

（一）重大案件

1. 导致乡镇选举无法进行或者选举无效的；

2. 实施破坏选举行为，取得县级领导职务或者人大代表资格的。

（二）特大案件

1. 导致县级以上选举无法进行或者选举无效的；

2. 实施破坏选举行为，取得市级以上领导职务或者人大代表资格的。

《中华人民共和国公职人员政务处分法》

第三十二条 有下列行为之一的，予以警告、记过或者记大过；情节较重的，予以降级或者撤职；情节严重的，予以开除：

……

（五）以暴力、威胁、贿赂、欺骗等手段破坏选举的。

74. 妨害作证罪

妨害作证罪是指以暴力、威胁、贿买等方法阻止证人作证或者指使他人作伪证的行为。其中，“暴力”是指对证人进行人身控制等限制自由的行为，例如捆绑。“威胁”是指行为人以要实施暴力行为或者其他行为来对证人达到精神控制，使之感到恐惧。“贿买”是指以金钱、财物或者其他利益来诱使证人不要作证或者作伪证。

妨害作证罪的主体是一般主体，即达到刑事责任年龄，具备刑事责任能力的人。司法工作人员实施妨害作证的行为构成犯罪的，要从重处罚。

妨害作证罪在主观方面表现为故意，即行为人明知自己妨害作证的行为会侵犯他人的权利以及会破坏司法秩序，仍然对该种结果的发生持希望、追求的态度。

妨害作证罪侵犯的客体是国家司法机关的正常诉讼活动和公民依法作证的权利。采用暴力、威胁方式阻止证人作证，侵犯了他人的人身权利。

妨害作证罪在客观方面表现为两种行为方式，第一种是以暴力、威胁、贿买等方法阻止证人作证；第二种是指使他人作伪证。

妨害作证罪是行为犯，不论其是否成功阻止证人作证以及被威胁、教唆、指使的证人是否作伪证，只要实施了妨害作证的行为即构成该罪。但对于实施妨害作证行为，情节显著轻微，危害不大的，不能认定为犯罪。例如，害怕作证后遭到报复，所以劝说证人不要作证。其中，“情节严重”是指行为人采取的手段恶劣或者造成了极大的危害，严重扰乱了司法秩序。此外，妨害作证的行为可以发生在刑事诉讼、民事诉讼、行政诉讼等诉讼活动中。

根据《刑法》的规定，对犯妨害作证罪的，处三年以下有期徒刑或者拘役；情节严重的，处三年以上七年以下有期徒刑。司法工作人员实施妨害作证行为的，从重处罚。

案例：司法工作人员收受他人的钱财，实施妨害作证的行为，应该数罪并罚吗？

李某是某基层法院民事庭庭长，负责审理一起买卖合同纠纷案件。该案中出卖人张某主张买受人刘某未按时支付货款，违反了合同约定，要求其赔偿违约金20万元。由于张某未能保留相关证据，所以害怕在诉讼中败诉。因此，张某找到李某，对李某承诺如果该案胜诉，则事后给予李某10万元现金。于是，李某利用职权对该案的证人施压，教唆、引诱证人作假证，使得张某胜诉。事后，张某按照承诺给了李某10万元现金。在本案中，李某是否应该以受贿罪、妨害作证罪数罪并罚？

律师解析

在本案中，李某属于国家工作人员，利用自己职务上的便利，非法收受他人财物，为他人谋取利益，其行为构成受贿罪。同时，李某以威胁的方式指使他人作伪证，妨碍了诉讼活动的正常进行，扰乱了司法秩序，其行为构成妨害作证罪。按照《刑法》第三百零七条的规定，司法工作人员实施妨害作证行为的，要从重处罚。李某实施了两个独立的行为，侵犯了两个不同的法益。因此，对李某应该以受贿罪、妨害作证罪数罪并罚。

诤言挚语

证人证言属于法定证据种类之一，对司法机关查明案件事实具有重要作用。依法作证是我们每个公民的法定义务，为保证该项义务的履行，应该制止妨害作证的行为，以此来保证诉讼活动顺利、有序地进行。实践中，司法工作人员以暴力、威胁、贿买等方法阻止证人作证或者指使他人作伪证，不仅会侵害他人的合法权益，而且会破坏司法秩序、降低司法公信力。因此，对于妨害作证的行为，国家要严厉打击。

相关法条

《中华人民共和国刑法》

第三百零七条第一款、第三款　以暴力、威胁、贿买等方法阻止证人作证或者指使他人作伪证的，处三年以下有期徒刑或者拘役；情节严重的，处三年以上七年以下有期徒刑。

司法工作人员犯前两款罪的，从重处罚。

《国家监察委员会、最高人民法院、最高人民检察院、公安部、司法部关于在扫黑除恶专项斗争中分工负责、互相配合、互相制约严惩公职人员涉黑涉恶违法犯罪问题的通知》

三、准确适用法律

6. ……

国家机关工作人员包庇、纵容黑社会性质组织，该包庇、纵容行为同时还构成包庇罪、伪证罪、妨害作证罪、徇私枉法罪、滥用职权罪、帮助犯罪分子逃避处罚罪、徇私舞弊不移交刑事案件罪，以及徇私舞弊减刑、假释、暂予监外执行罪等其他犯罪的，应当择一重罪处罚。

8. 公职人员利用职权或职务便利实施包庇、纵容黑恶势力、伪证、妨害作证，帮助毁灭、伪造证据，以及窝藏、包庇等犯罪行为的，应酌情从重处罚。事先有通谋而实施支持帮助、包庇纵容等保护行为的，以具体犯罪的共犯论处。

《最高人民法院、最高人民检察院关于办理虚假诉讼刑事案件适用法律若干问题的解释》

第六条　诉讼代理人、证人、鉴定人等诉讼参与人与他人通谋，代理提起虚假民事诉讼、故意作虚假证言或者出具虚假鉴定意见，共同实施刑法第三百零七条之一前三款行为的，依照共同犯罪的规定定罪处罚；同时构成妨害作证罪，帮助毁灭、伪造证据罪等犯罪的，依照处罚较重的规定定罪从重处罚。

75. 帮助毁灭、伪造证据罪

帮助毁灭、伪造证据罪是指帮助当事人毁灭、伪造证据，情节严重的行为。其中，“帮助”是指行为人自己采取实际行动、与当事人共同采取行动或者为当事人毁灭、伪造证据提供便利。“毁灭”包括使证据从物理上消灭，也包括破坏证据使得证据无法使用，从而没有证明能力。“伪造”是指将与案件无关的物体伪造成证据，或者将已有的证据进行篡改等情形，使得证据不具有真实性。

帮助毁灭、伪造证据罪的主体是一般主体，即达到刑事责任年龄，具备刑事责任能力的人。司法工作人员实施帮助毁灭、伪造证据行为构成犯罪的，要从重处罚。

帮助毁灭、伪造证据罪在主观方面表现为故意，即行为人明知自己帮助毁灭、伪造的证据与当事人实施的犯罪有关，仍然实施上述行为，破坏司法机关的追诉活动。

帮助毁灭、伪造证据罪侵犯的客体是司法机关正常的追诉活动。

帮助毁灭、伪造证据罪在客观方面表现为行为人实施了帮助当事人毁灭、伪造证据的行为。主要有以下几种形式：第一种，行为人单独实施了毁灭、伪造证据的行为；第二种，行为人与当事人共同实施了毁灭、伪造证据的行为；第三种，行为人为当事人毁灭、伪造证据提供了便利条件；第四种，行为人教唆当事人实施毁灭、伪造证据的行为。

帮助毁灭、伪造证据罪属于危险犯，只要行为人实施的毁灭、伪造证据的行为具有破坏追诉活动正常进行、影响司法活动客观公正的危险即可成立犯罪，并不要求其毁灭、伪造的证据在诉讼过程中被实际采用。毁灭、伪造证据的行为不仅可以发生在诉讼活动中，也可以发生在诉讼活动前。但是，成立该罪，需要达到情节严重的程度。所谓“情节严重”，是指毁灭、伪造的证据是社会上重大案件的证据或者是案件的关键证据，采取的手段恶劣，多次帮助他人毁灭、伪造证据的以及帮助多人毁灭、伪造证据的。

根据《刑法》的规定，犯帮助毁灭、伪造证据罪的，处三年以下有期徒刑或者拘役。司法工作人员实施帮助毁灭、伪造证据的行为，要从重处罚。

案例：当事人自己毁灭、伪造证据的，构成帮助毁灭、伪造证据罪吗？

杨某是某公安局局长，因涉嫌贪污罪被立案调查。张某负责管理公安局的账务。在调查期间，杨某利用其公安局局长的职权，要求张某将其贪污的某笔款项从账目中消除。张某按照杨某的指示，通过技术手段使得那笔款项在账目上显示不出来。在本案中，杨某的行为构成帮助毁灭、伪造证据罪吗？

律师解析

帮助毁灭、伪造证据罪是指行为人帮助当事人毁灭、伪造证据，情节严重的行为。其中“当事人”是指涉嫌犯罪的当事人，不包括涉嫌犯罪的本人。因为实施犯罪的人不具有刑法上的期待可能性，即犯罪人本人实施的毁灭、伪造自己犯罪证据的行为属于事后不可罚行为，刑法不能期望犯罪人不这样做。因此，在本案中，涉嫌贪污罪的杨某指使张某毁灭证据的行为不构成帮助毁灭、伪造证据罪。但是，张某销毁账目的行为构成该罪。

诤言挚语

刑事诉讼是解决被追诉人刑事责任的活动，要坚持以事实为根据，以法律为准绳的原则。证据作为认定案件事实的依据，在刑事诉讼活动中具有重要作用，当事人可以以证据来维护自己的合法权利，同时司法人员也是以证据作为裁判的依据。因此，要保证证据的客观、真实、合法。司法工作人员参与诉讼活动的整个过程，与之有密切关系，并且掌握一定职权，更容易干涉诉讼活动的进行。所以，司法工作人员应严格要求自己，保证司法活动的客观公正，以维护社会的公平正义。

相关法条

《中华人民共和国刑法》

第三百零七条第二款、第三款 帮助当事人毁灭、伪造证据，情节严重的，处三年以下有期徒刑或者拘役。

司法工作人员犯前两款罪的，从重处罚。

《国家监察委员会、最高人民法院、最高人民检察院、公安部、司法部关于在扫黑除恶专项斗争中分工负责、互相配合、互相制约严惩公职人员涉黑涉恶违法犯罪问题的通知》

8. 公职人员利用职权或职务便利实施包庇、纵容黑恶势力、伪证、妨害作证，帮助毁灭、伪造证据，以及窝藏、包庇等犯罪行为的，应酌情从重处罚。事先有通谋而实施支持帮助、包庇纵容等保护行为的，以具体犯罪的共犯论处。

76. 泄露不应公开的案件信息罪

泄露不应公开的案件信息罪是指司法工作人员、辩护人、诉讼代理人或者其他诉讼参与人，泄露依法不公开审理的案件中不应当公开的信息，造成信息公开传播或者其他严重后果的行为。

泄露不应公开的案件信息罪的主体是特殊主体，主要涉及司法工作人员、辩护人、诉讼代理人或其他诉讼参与人。

其中，司法工作人员是指有侦查、检察、审判、监管职责的工作人员。

辩护人是指在刑事诉讼中接受犯罪嫌疑人、被告人及其法定代理人的委托，或者受法律援助机构指派，依法为犯罪嫌疑人、被告人辩护，维护其合法权利的人。

诉讼代理人是指公诉案件的被害人及其法定代理人或者近亲属、自诉案件的自诉人及其法定代理人委托代为参加诉讼的人和附带民事诉讼的当事人及其法定代理人委托代为参加诉讼的人。

其他诉讼参与人是指除了公安机关司法人员及当事人之外，参与诉讼活动并在诉讼中享有一定的诉讼权利、承担一定的诉讼义务的人，主要包括法定代理人、诉讼代理人、辩护人、证人、鉴定人和翻译人员。

泄露不应公开的案件信息罪在主观方面表现为故意，即行为人明知自己泄露依法不公开审理的案件中不应当公开的信息，会造成信息公开传播或者其他严重后果，仍放任危害结果的发生。

泄露不应公开的案件信息罪侵犯的客体为国家司法机关的正常诉讼活动以及国家司法权的正常行使。

泄露不应公开的案件信息罪在客观方面表现为司法工作人员、辩护人、诉讼代理人或者其他诉讼参与人，泄露依法不公开审理的案件中不应当公开的信息，造成信息公开传播或者其他严重后果的行为。其中，不公开审理的案件，主要包括以下案件类型：（1）有关国家秘密的案件；（2）有关个人隐私的案件；（3）审判的时候被告人不满十八周岁的案件；（4）涉及商业秘密的案件；（5）经当事人申请决定不公开审理的案件。

根据《刑法》的规定，对犯泄露不应公开的案件信息罪的，处三年以下有期徒刑、拘役或者管制，并处或者单处罚金。有前述行为，泄露国家秘密的，依照《刑法》第三百九十八条（故意泄露国家秘密罪）的规定定罪处罚。

单位犯此罪的，对单位判处罚金，并对其直接负责的主管人员和其他直接责任人员，处三年以下有期徒刑、拘役或者管制，并处或者单处罚金。

案例：辩护人严某利用网络舆论泄露强奸案相关细节，是否构成泄露不应公开的案件信息罪？

犯罪嫌疑人杨某现年15岁，因涉嫌强奸罪被公安机关逮捕后刑事拘留。律师严某系犯罪嫌疑人杨某的辩护人，在案件侦查起诉阶段，辩护人严某为夺取舆论制高点，为犯罪嫌疑人减轻罪责，在网络上大肆宣传被害人的阴道撕裂系旧伤而非此次杨某的行为所导致，并将其他有关被害人隐私细节在互联网上大肆渲染。那么，辩护人严某的行为是否构成泄露不应公开的案件信息罪？

律师解析

辩护人严某的行为构成泄露不应公开的案件信息罪。首先，严某以律师身份作为辩护人，符合该罪主体要件的要求。其次，严某在互联网大肆渲染案件细节系出于故意，将案件信息泄露以制造舆论。最后，因犯罪嫌疑人在审判时未满18周岁，系未成年人，该案件属于《刑事诉讼法》规定的不公开审理的案件类型，再加上本案涉嫌强奸涉及被害人个人隐私，严某泄露的细节属于案件中不应公开的信息，但其却利用网络大肆渲染，已经造成信息的广泛传播，给被害人造成了严重影响，符合泄露不应公开的案件信息罪的客观方面的要求。综上，严某的行为构成泄露不应公开的案件信息罪，依法应当被追究刑事责任。

诤言挚语

虽说“受人之托，忠人之事”，但是做事要有底线。案件代理人的责任是用法律武器最大限度地维护当事人的合法权益，但行使权利的前提是不侵犯别人的权利，不违反法律的规定。为一己私利泄露不应公开的案件信息，将会受到法律的制裁。

相关法条

《中华人民共和国刑法》

第三百零八条之一 司法工作人员、辩护人、诉讼代理人或者其他诉讼参与人，泄露依法不公开审理的案件中不应当公开的信息，造成信息公开传播或者其他严重后果的，处三年以下有期徒刑、拘役或者管制，并处或者单处罚金。

有前款行为，泄露国家秘密的，依照本法第三百九十八条的规定定罪处罚。

公开披露、报道第一款规定的案件信息，情节严重的，依照第一款的规定处罚。

单位犯前款罪的，对单位判处罚金，并对其直接负责的主管人员和其他直接责任人员，依照第一款的规定处罚。

《中华人民共和国刑事诉讼法》

第一百八十八条 人民法院审判第一审案件应当公开进行。但是有关国家秘密或者个人隐私的案件，不公开审理；涉及商业秘密的案件，当事人申请不公开审理的，可以不公开审理。

不公开审理的案件，应当当庭宣布不公开审理的理由。

第二百八十五条 审判的时候被告人不满十八周岁的案件，不公开审理。但是，经未成年被告人及其法定代理人同意，未成年被告人所在学校和未成年人保护组织可以派代表到场。

《最高人民法院、最高人民检察院、公安部、司法部关于依法惩治性侵害未成年人犯罪的意见》

5. 办理性侵害未成年人犯罪案件，对于涉及未成年被害人、未成年犯罪嫌疑人和未成年被告人的身份信息及可能推断出其身份信息的资料和涉及性侵害的细节等内容，审判人员、检察人员、侦查人员、律师及其他诉讼参与人应当予以保密。

对外公开的诉讼文书，不得披露未成年被害人的身份信息及可能推断出其身份信息的其他资料，对性侵害的事实注意以适当的方式叙述。

图书在版编目（CIP）数据

职务犯罪案件实务操作与案例精解 / 韩骁著 . -- 北京 : 中国法制出版社 , 2022.7

（企业高级法律顾问实务操作系列）

ISBN 978-7-5216-2724-4

Ⅰ . ①职… Ⅱ . ①韩… Ⅲ . ①职务犯罪－案例－中国 Ⅳ . ① D924.305

中国版本图书馆 CIP 数据核字（2022）第 102417 号

责任编辑　秦智贤　　　　封面设计　杨泽江

职务犯罪案件实务操作与案例精解

ZHIWU FANZUI ANJIAN SHIWU CAOZUO YU ANLI JINGJIE

著者 / 韩骁

经销 / 新华书店

印刷 / 三河市国英印务有限公司

开本 / 710 毫米 ×1000 毫米　16 开　　　印张 / 20.5　字数 / 296 千

版次 / 2022 年 7 月第 1 版　　　2022 年 7 月第 1 次印刷

中国法制出版社出版

书号 ISBN 978-7-5216-2724-4　　　定价：76.00 元

北京市西城区西便门西里甲 16 号西便门办公区

邮政编码：100053　　　传真：010-63141600

网址：http: / / www. zgfzs. com　　　编辑部电话：**010-63141798**

市场营销部电话：010-63141612　　　印务部电话：**010-63141606**

（如有印装质量问题，请与本社印务部联系。）